Der Worktrotter-Ratgeber

für Dänemark

Der Worktrotter-Ratgeber
für Dänemark

Eine detaillierte und praktische Anleitung
zum Leben und Arbeiten in DK

Von Dagmar Fink

1. Auflage 2009

Umschlaggestaltung: Roland Poferl Print-Design, Köln, Deutschland
Umschlagbild: Casper Tybjerg, Dänemark
Layout: DuexDesign, Kopenhagen, Dänemark
Lektorat und Korrektorat: Annette Wolf, Leipzig, Deutschland
Druck: DIP-Digitaler-Print, Witten, Deutschland
Printed in Germany

ISBN: 978-3-941696-01-3

Besuchen Sie uns im Internet:
    http://www.worktrotter.com
    http://www.worktrotter.dk/guide

Für Lars

Inhaltsverzeichnis

Teil 1: Allgemeines

Teil 2: Praktisches

Warum dieser Ratgeber?

Gab es früher Globetrotter, Weltreisende aus Spaß, so gibt es heute immer mehr Reisende aus Arbeitsgründen – ich nenne sie „Worktrotter".

Die Globalisierung hat dieses Reisephänomen beschleunigt. Arbeit wird aus Kostengründen aus einem Land in ein anderes verschoben, ohne dass dort alle Kenntnisse verfügbar sind, weshalb sie oft „eingeflogen" werden – immer öfter auch aus dem Ausland. Wurde der Wettbewerb um qualifizierte Arbeitskräfte bisher eher landesweit ausgetragen, wird er sich in den nächsten Jahren immer stärker als weltumspannend ausprägen.

Zudem wird in der Freizeit viel gereist, und viele Leute studieren im Ausland. Wen wundert es also, dass es immer mehr gemischte Paare aus verschiedenen Kulturen gibt. In Zukunft wird diese Gruppe im Wettbewerb um qualifizierte Arbeitskräfte stärker mitspielen, denn viele von ihnen sind sehr gut ausgebildet und werden das gemeinsame Leben in dem Land aufbauen, das ihnen *beiden* die besten Chancen bietet.

Nach einigen Abwägungen war 2006 bei mir die Entscheidung gefallen: Ich würde zu meinem „dänischen Prinzen" nach Kopenhagen ziehen, denn es gab dort mehr Computer für mich als Schiffe für ihn in Süddeutschland.

Bei meinem Umzug nach Dänemark war ich überzeugt, dass ich dafür gut gewappnet war. Ich hatte in verschiedenen Ländern (Deutschland, Rumänien, Schweden, USA) gewohnt und lange in einer großen, internationalen IT-Firma mit Teams aus vielen Ländern zusammengearbeitet, war also mit unterschiedlichen Kulturen bekannt und hatte mich – so weit es ging – über Dänemark erkundigt. Und schließlich lernt man am besten durch Erfahrungen, nicht wahr? Also los!

Rückblickend hätte ich mir gewünscht, dass mir ein paar meiner Erfahrungen erspart geblieben wären – nichts Dramatisches, dennoch eine Vielzahl überraschender Situationen. Meine erste große Überraschung erlebte ich, als ich auf meinem Lohnzettel lesen musste, dass mir 60% Steuern abgezogen worden waren, weil ich vergessen hatte, meine Steuerkarte abzugeben. Verflixt nochmal! Ich hatte sie bestellt, und sie lag bereit, ich hatte bloß im Trubel der ersten Tage vergessen, sie in der Firma abzugeben. Und viele andere irritierende Situationen … Wenn ich bloß mehr über Dänemark gewusst hätte – wie viele Fehler und Fallstricke hätte ich umgehen können!

Ich begann irgendwann zu überlegen, dass es schade wäre, wenn meine Erfahrungen keinem nutzen würden – und das war der Grundstein zum Schreiben dieses praktischen Ratgebers. Ich hoffe, dass meine Erfahrungen Ihnen helfen werden, sich besser auf ein Leben in Dänemark vorzubereiten.

Und nun lassen Sie mich Ihnen mein Dänemark vorstellen.

Willkommen!
  Viel Glück und Erfolg in Dänemark!

Velkommen!
  Held og lykke i Danmark!

                                                          Ihre Dagmar Fink

Zielgruppe

Der Worktrotter-Ratgeber ist vor allem an diejenigen gerichtet, die als ausgebildete Fachkräfte nach Dänemark kommen, um dort zu wohnen und zu arbeiten. Dazu zählen sowohl Leute, die auswandern, als auch jene, die aus beruflichen Gründen und nur für ein paar Jahre in Dänemark leben wollen. Alle werden sich anfangs mit ähnlich praktischen Fragen konfrontiert sehen.

Für Flüchtlinge und Einwanderer aus nichtwestlichen Ländern stellen sich viele Immigrationsaspekte anders dar. Diese alle zu erfassen, hätte den Umfang dieser Ausgabe gesprengt – sie konnten deshalb nicht berücksichtigt werden. Dennoch wird der Ratgeber auch für sie hilfreich sein.

Umzuziehen – und besonders auszuwandern – muss gut vorbereitet sein. Das vorliegende Buch beleuchtet das Leben in Dänemark aus verschiedenen Perspektiven. Damit haben Sie die Möglichkeit, Ihre Entscheidung gut informiert und wohlüberlegt zu treffen.

Für diejenigen, die den Schritt gewagt haben, werden zahlreiche praktischen Fragen auftauchen: Welche Schritte sind beim Umzug vorzunehmen, in welcher Reihenfolge, welche Fristen sind zu beachten, wohin wendet man sich wegen einer bestimmten Sache, wie wird dies oder jenes in Dänemark gehandhabt usw. Natürlich gibt es die Informationen nach langer Suche auch im Internet, doch weiß man anfangs noch nicht, nach welchen Informationen man überhaupt suchen soll. Zudem sind die meisten Webseiten nur auf Dänisch verfügbar.

Dieses Buch wird Ihnen in kompakter Form und verständlicher Sprache alle notwendigen Details liefern, die Sie anfangs brauchen, und Ihnen weiterführende Adressen, Links und Orte nennen, bei denen Sie mehr erfahren können. Sie erhalten eine umfassende Übersicht über die wichtigsten Bereiche eines Neustarts in Dänemark, denn der Ratgeber ist als praktische „Starthilfe" angelegt – besonders für das erste Jahr. Und dies ist um so interessanter, als der Inhalt erprobt ist und in ihm meine und die Tipps vieler meiner internationalen Freunde zusammengefasst sind.

Wie ist der Ratgeber zu lesen?

Das Buch ist in 2 Teile gegliedert:

Der erste Teil enthält allgemeine Informationen zu Dänemark. Kurz gefasst wird auf Geschichte, Geographie, politisches System und Königshaus eingegangen. Daran anschließend werden bedeutende dänische Persönlichkeiten und dänische Firmen vorgestellt, da sie großen Einfluss auf das Land hatten und haben.

Der zweite Teil kann wie eine Gebrauchsanweisung gelesen werden. Die Kapitel sind nach der Reihenfolge geordnet, in der die Themen für Sie beim Umzug wahrscheinlich relevant werden, doch müssen sie nicht zwingend nacheinander gelesen werden. Vielmehr können Sie sich gezielt die Themen heraussuchen, die für Sie von Interesse sind.

Damit Sie sich in Dänemark schneller zurechtfinden, gibt es am Ende des Buches eine Übersicht von wichtigen Kontaktadressen.

Alle Informationen im Buch beziehen sich, soweit verfügbar, auf das Jahr 2009. Da sich Administratives in Dänemark schnell ändert, werden alle Informationen in Abständen überprüft und über *http://www.worktrotter.dk/guide* aktualisiert verfügbar sein.

Im Ratgeber wird auf wichtige Webseiten verwiesen, auf denen Sie weitergehende Informationen finden können. Doch sind auch Weblinks einem ständigen Wandel unterworfen. Deshalb haben alle Links eine Nummer – sie sind mit *(Lx)* gekennzeichnet, wobei *x* die Nummer des Linkes ist. Die Linksammlung wird über *http://www.worktrotter.dk/guide* abrufbar sein. Damit können sich registrierte Benutzer der Worktrotter-Webseite das Eintippen der Weblinks ersparen.

Und es kommt noch besser: Auch die Weblinks werden regelmäßig auf ihre Aktualität überprüft, so dass Sie auch später noch Informationen finden, die so aktuell wie möglich sind.

Falls Sie in Dänemark noch keinen Internetanschluss haben, können Sie in Bibliotheken kostenlosen Internetzugang bekommen.

Der Ratgeber enthält zahlreiche dänische Bezeichnungen, die Sie als Suchwörter im Internet eingeben können, oder die Ihnen als Orientierung im Alltag oder Behördendschungel dienen, wenn Sie Ihre Anliegen vorbringen wollen. Sie sind durch <u>Unterstreichungen</u> besonders hervorgehoben.

Es sind viele Tipps enthalten. Da sich meine Informationen jedoch am detailliertesten auf den Kopenhagener Raum beziehen, wäre ich für Tipps zu anderen Landesteilen sehr dankbar. Senden Sie diese bitte an *feedback@worktrotter.dk*.

Im Ratgeber werden einige Namen von Firmen genannt, die in bestimmten Bereichen tätig sind. Diese sind jedoch keine Empfehlungen, sondern nur als Beispiele zu verstehen.

Vieles im Buch basiert natürlich auf meiner subjektiven Wahrnehmung und meinen eigenen Erfahrungen – eine Gewähr auf ausschließliche Objektivität kann deshalb nicht gegeben werden. Um jedoch meine eigene Perspektive zu ergänzen, habe ich 15 Ausländer (Expats) aus 9 Ländern zu Wort kommen lassen. Diese von mir geführten Interviews werden im Kapitel 6 zusammengefasst wiedergegeben.

Obwohl dem Buch eine intensive Recherche vorausging, mögen dem Leser Unzulänglichkeiten oder gar Fehler auffallen – das bleibt nicht aus. Dafür wird keine Gewähr übernommen. Jedoch wäre ich Ihnen für Anregungen, Verbesserungsvorschläge, Hinweise auf Fehler o. Ä. sehr dankbar. Senden Sie diese bitte an *feedback@worktrotter.dk*, damit Fehler korrigiert und Ihr Feedback für künftige Ausgaben berücksichtigt werden können. Die korrigierten Textstellen werden auch über *http://www.worktrotter.dk/guide* zur Verfügung gestellt.

Danke

Damit dieses Buch überhaupt zustande kommen konnte, habe ich viel Hilfe, Ratschläge, Informationen und Materialien erhalten.

Viele Expats haben mir von ihren Erlebnissen in Dänemark berichtet und dadurch zu einer kompletteren Sicht beigetragen. Zudem haben mir viele Dänen mit ihrem Expertenwissen geholfen, um die Dinge so detailliert wie möglich zu beschreiben. Für diese Unterstützung sei allen herzlich gedankt!

Die folgenden Personen möchte ich besonders hervorheben:

- Anne Kamphausen (Deutschland)
- Annika Schwenk (Deutschland)
- Barbara und Ron Baynes (Südafrika/ Großbritannien)
- Becky Greene (Großbritannien)
- Benny Myssing Pedersen (Dänemark)
- Bernd Reuß (Deutschland)
- Bettina Wismann (Dänemark)
- Bjarne Andersen (Dänemark)
- Bo Fønss (Dänemark)
- Bodil Terkelsen (Dänemark)
- Brian Keith (Kanada)
- Dagmar und Andreas Geiss (Deutschland)
- Ebbe Vonsbæk (Dänemark)
- Guillermo Martinez (Spanien)
- Hanne Langkjær-Øhlenschlæger (Dänemark)
- Harry Jørgensen (Dänemark)
- Helen Springall (Großbritannien)
- Holger Kropp (Deutschland)
- Jan Svensen (Dänemark)
- Jennifer Herløv (Hong Kong)
- Lawrence White (Großbritannien)
- Line Corr (Dänemark)
- Lone Alstrup und Søren Krüger (Dänemark)
- Lucie Schellberg (Deutschland)
- Marcus Faber (Deutschland)
- Morten Duedahl (Dänemark)
- Michael Christiansen (Dänemark)
- Nuray Uzun (Türkei)
- Paula Jota Pedersen (Brasilien)
- Pernille Jordt Duedahl (Dänemark)
- Petra Hechenberger (Österreich)
- Rachelle Mee-Chapman (USA)
- Rasmus Nygaard (Dänemark)
- Rebecca Fay Orman (USA)
- Sharon Benton (USA)
- Soumitra Burman (Indien)
- Tom Wismann (Dänemark)
- Tina Engelsgård (Dänemark)
- Udo Schröder (Deutschland)
- Ursula Behrle (Deutschland)

Viele der „Einsparungstipps" aus Kapitel 17 bauen auf dem Wissen von Charlotte McKay und ihren Freunden auf. Die „Sicherheitstipps" aus Kapitel 18 habe ich Fiona Thomas, der Präsidentin des „Ladies International Network København" (LINK), zu verdanken. Vielen Dank dafür, dass diese Informationen einem breiten Publikum zur Verfügung gestellt werden können!

Ib Stig Sørensen vom Københavns Erhvervscenter (KEC) hat mir in unseren Gesprächen sehr geholfen, meine Ideen zum Thema „Ausländer in Dänemark" zu konkretisieren und auszubauen. Vielen Dank für diese Unterstützung.

Des Weiteren möchte ich mich bei Annette Wolf, meiner deutschen Lektorin und Korrektorin, bei Marianne Duehart, der Layouterin des Ratgebers, sowie bei James Bonham, dem Webdesigner der Worktrotter-Webseite, für ihre exzellente Arbeit herzlich bedanken.

Für die zur Verfügung gestellten Bilder geht mein Dank an Mikael Colville-Andersen / Copenhagen Cycle Chic sowie an die Firmen Jyske Bank, Eva Solo und Velux. Außerdem bin ich Casper Tybjerg und „Sund og Bælt" sehr dankbar dafür, dass ich ihr Bild für den Umschlag des Ratgebers verwenden durfte.

Erwin M. Schmidt sei für seine Ratschläge und seine Links zu potenziellen Helfern gedankt und Klaus Schmidt für seine Unterstützung bei logistischen Aspekten.

Vor allem möchte ich mich aber bei meinem dänischen „Prinzen", Lars Jordt, bedanken, der mir mit seinen guten Ideen, seinem endlosen Wissen und seiner liebevollen Geduld immer beigestanden hat.

Dänemark

Teil 1: Allgemeines

1 Kulturschock

In meinen Gesprächen mit Ausländern (Expats) in Dänemark ist mir klargeworden, dass viele mit dem Thema „Kulturschock" nicht vertraut sind und beim Umzug davon völlig überrascht und überwältigt sind. Deshalb soll in diesem Kapitel darauf eingegangen werden. Mehr dazu können Sie in der im Kapitel 25 angegebenen Literatur finden.

Zu beachten

Dieses Thema ist nicht nur typisch für Dänemark. Sie könnten in jedem Land einen Kulturschock erleben.

Weisen Sie den Gedanken nicht von sich, dass Sie damit kein Problem haben werden. Auch wenn Sie als Expat in einem Land gut zurechtkommen, können Sie in einem anderen einen Kulturschock erleben, weil sich die Landeskultur des letzteren von der Ihres Heimatlandes stärker unterscheidet.

Der Titel dieses Kapitels klingt dramatisch – so, als ob dieses Problem plötzlich (als Schock) erscheint, jedoch werden die „Symptome" langsam auftauchen und sich als Irritationen bemerkbar machen.

Das Bild unten versucht das Phänomen „Kulturschock" zu verbildlichen. Die Werte von Kultur A passen nicht mit denen von Kultur B zusammen, wodurch es zwangsläufig zu Irritationen kommt – auf beiden Seiten.

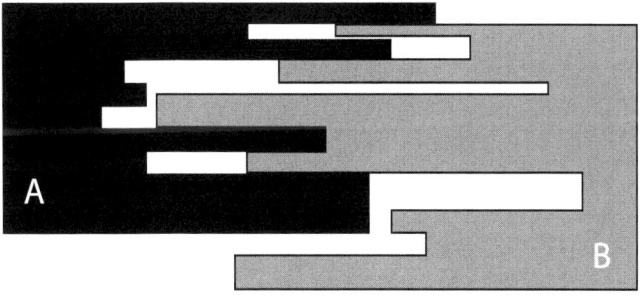

Der Begriff „Kulturschock" wurde Mitte der 1950er Jahre eingeführt, wobei Cora duBois und Kalervo Oberg diesbezüglich eine wichtige Rolle spielten. Damit werden Gefühle und Ängste bezeichnet, die Menschen durchleben, die in eine fremde Umgebung versetzt werden, in der bekannte Normen und Regeln nicht mehr zutreffen. Das, was in der alten Umgebung selbstverständlich bezüglich Begrüßung, Höflichkeitsformeln, Verhalten in Allgemeinplätzen etc. war, läuft in dem neuen Land anders ab als bisher gewohnt, weshalb es zu Negativität, Verwirrung, Verlegenheit usw. kommen kann. Man fühlt sich seiner Kenntnisse und Fähigkeiten beraubt, und eine gewisse Verunsicherung macht sich breit.

Horchen Sie nach Ihrem Umzug regelmäßig in sich hinein. Wie geht es Ihnen? Sollten Sie längere Zeit nicht gut drauf sein, sich niedergeschlagen fühlen, so sind Sie wahrscheinlich in der kritischen Phase der kulturellen Anpassung angekommen.

Kalervo Oberg hat ein 4-Phasen-Modell beschrieben, auf das bis heute verwiesen wird: „Honeymoon-Phase", Krise, Erholung und Anpassung. Wie stark diese Phasen erlebt werden und wie lange sie dauern, ist bei jedem unterschiedlich, doch wird sie jeder in irgendeiner Form durchleben. Eine 5. Phase gilt für die Personen, die wieder in ihre eigene Kultur zurückkehren, der „umgekehrte Kulturschock".

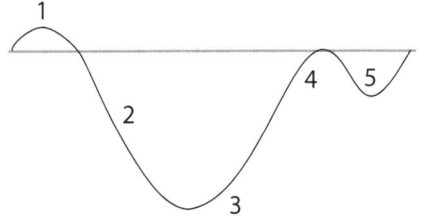

1. Honeymoon-Phase

2. Krise

3. Erholung

4. Anpassung

5. Umgekehrter Kulturschock

In der „**Honeymoon**(Flitterwochen)-Phase" ist alles spannend. Das Land bietet neue Möglichkeiten, man kann Neues erkunden und neue Menschen kennen lernen. Das Andere wird als interessant empfunden, und jeder Tag ist ein kleines Abenteuer. Diese Phase ist durch ein Hoch der Gefühle bestimmt und kann von wenigen Tagen bis zu mehreren Monaten dauern.

Doch kennen wir das Phänomen auch aus Partnerschaften: Das, was uns vorher angezogen hat, wird nach einer Weile ermüdend und störend. Ähnlich verhält es sich auch hier: Das Neue wird als irritierend empfunden, denn die Unterschiede werden immer deutlicher, und die Situationen, in denen die bisherigen Kenntnisse nicht angewendet werden können, häufen sich. So beginnt sich die Phase der **Krise** bemerkbar zu machen. Mitreisende Partner erleben sie als schwieriger als ihre arbeitenden Partner, denn derjenige, der arbeitet, hat am Arbeitsplatz Ablenkung und Erfolgserlebnisse und lernt Leute kennen. Der andere Partner dagegen hat wenig Beschäftigung, dafür aber viel Zeit zum Nachdenken und Grübeln, was in dieser Situation überhaupt nicht hilfreich ist. Wichtig ist, sich der potenziellen Schwierigkeiten bewusst zu sein, sie zu erkennen und Gegenmaßnahmen zu treffen (siehe „Was kann in der Krise getan werden?"). Sonst besteht die Gefahr, dass die Belastung zu groß und frühzeitig der Heimweg angetreten wird. Die Krisenphase beginnt in der Regel mit dem Einstieg in den Alltag und kann mehrere Monate dauern.

Nachdem man mehr über das Land erfahren und Hintergründe und Zusammenhänge besser verstanden hat, schwächen sich die negativen Seiten des Lebens in der neuen Umgebung ab und die Phase der **Erholung** setzt ein. Man entwickelt Verständnis für die neue Kultur und das Land, wobei eigene Fähigkeiten wieder genutzt werden und die Orientierung leichter wird.

All dies hilft, die neue Kultur verstehen zu lernen und zu akzeptieren. Damit setzt die Phase der **Anpassung** ein. Positive Aspekte werden in das eigene Leben integriert, während man andererseits lernt, mit denen besser umzugehen, die einem Schwierigkeiten bereiten.

Die 4 Phasen beziehen sich auf ein Leben im Ausland. Doch werden sich ähnliche „Symptome" bemerkbar machen, wenn Sie wieder in Ihr Heimatland zurückkehren. Hierbei handelt es sich um einen **„umgekehrten Kulturschock"**, eine Phase, die in der Regel nicht so stark ausgeprägt ist wie das Erleben einer fremden Kultur. Vieles ist Ihnen ja bekannt: Sprache, Umgangsformen, Regeln etc. Dennoch haben Sie sich während Ihres Aufenthaltes im Ausland weiterentwickelt, und vieles ist Teil Ihres Lebens geworden, was nun erneut wegbricht. Das kann abermals zu Irritationen führen.

In welcher Phase befinden Sie sich? Die Phase der Krise ist wohl die schwierigste. Im Folgenden gibt es deshalb ein paar Tipps, wie man sie besser meistern kann.

Auswirkungen der Krise

Ausländer bemerken, dass es wegen fehlenden Sprachkenntnissen und aus Unkenntnis der Verhältnisse häufig zu Missverständnissen kommt. Man kann sich nicht richtig ausdrücken, man weiß in bestimmten Situationen nicht, wie man vorgehen soll – kurz, man steht hilflos da.

Die Verhältnisse in einem neuen Land werden als suboptimal, sonderbar und lächerlich wahrgenommen. Immer öfters gehen die Gedanken zurück ins Herkunftsland, in dem „alles viel besser" war, und so geschieht es nicht selten, dass das Heimatland idealisiert wird.

Hinzu kommt ein Gefühl der Einsamkeit, denn das altbekannte soziale Netz existiert nicht mehr, man kann sich nicht mehr mit seinen Freunden treffen und hat noch keine neuen Freunde gefunden.

In dieser Stimmung ist es fast unweigerlich, dass Betroffene Zuflucht bei Menschen mit gleichem Hintergrund suchen und sich gegenseitig bestehende Klischees über das fremde Land bestätigen. Oder sie reagieren mit innerem Rückzug, wodurch sich ihre Einsamkeit und Hilflosigkeit noch verstärkt. Nicht selten verweigern sie sich auch der neuen Sprache, was den Teufelskreis nur verschärft. Weitere Symptome prägen das Bild: Schlaflosigkeit, Niedergeschlagenheit, ein Gefühl von Orientierungslosigkeit und von Unfähigkeit, weil es scheint, als ob die einfachsten Dinge nicht mehr erledigt werden können.

All dies resultiert daraus, dass sich Betroffene ihres kulturellen und Fähigkeitsfundaments beraubt fühlen. Deshalb müssen Vorkehrungen getroffen werden, damit sie wieder ihre frühere Stärke zurückerlangen.

Zu beachten
Denken Sie daran, dass auch Kinder von Kulturschock betroffen sein können! Alpträume und ungewöhnliche Schlafmuster können darauf hindeuten.

Vorbeugen

– Machen Sie sich frühzeitig mit der neuen Kultur vertraut: Sie finden in den Kapiteln 2–6 ausreichend Informationen darüber, was Dänemark zu bieten hat und welche Umgangsformen üblich sind. Lesen Sie Bücher, in denen die dänische Mentalität genauer unter die Lupe genommen wird. Verweise darauf finden Sie im Kapitel 25.

–   Überprüfen Sie frühzeitig, ob Sie möglicherweise unrealistische Erwartungen aufbauen. Diese können die Frustration in der Phase der Krise noch verstärken. Mehr dazu im Kapitel 4.
Kapitel 6 beschreibt, wie andere Ausländer Dänemark erlebt und wie sie den Anfangsprozess gemeistert haben. Lesen Sie, was andere toll fanden, denn vielleicht haben Sie dies noch nicht erkannt oder schätzen es nicht ausreichend.

–   Lernen Sie die Sprache, um mit anderen kommunizieren zu können und das Land besser zu verstehen. Mehr dazu im Kapitel 14.

–   Bemühen Sie sich von Anfang an, ein neues Netzwerk aufzubauen. Tipps dazu können Sie im Kapitel 16 finden.

–   Gehen Sie soweit wie möglich Ihren alten Gewohnheiten und Hobbys nach. Wie das in Dänemark möglich ist, können Sie im Kapitel 16 lesen.

–   Treiben Sie Sport, denn bei Bewegung werden Hormone produziert, die sich positiv auf Ihre Stimmung auswirken.

Was kann in der Krise getan werden?

Ein erster großer Schritt ist natürlich, die Schwierigkeiten als Folge des Kulturschocks zu erkennen. Treffen einige der obigen Schwierigkeiten auf Sie zu? Fühlen Sie sich deshalb nicht als unfähig oder wertlos, denn diese Probleme sind „normal" – viele andere haben sie auch.
Der zweite Schritt betrifft Ihren Umgang mit der Krise. Sie haben die Wahl: Sie können sich als Opfer fühlen und andere für Ihre harte Zeit beschuldigen, Sie können Ihre Zeit „aussitzen" – oder Sie können sich bewusst dafür entscheiden, Ihren Aufenthalt zu einer tollen Erfahrung werden zu lassen.
Die folgenden Tipps können Ihnen helfen, den Kulturschock schneller zu bewältigen. Es gibt jedoch kein Rezept. Jeder muss seine eigenen Lösungen finden.

- Ziehen Sie sich auf keinen Fall zurück!
  Obwohl in dieser Phase Energielosigkeit kennzeichnend ist, müssen Sie sich zu gewissen Unternehmungen aufraffen, eventuell sogar zwingen, denn sonst kommen Sie in einen Teufelskreis, der schwer zu durchbrechen ist.

- Sprechen Sie mit anderen über Ihren Zustand.
  Schon das Wissen darüber, dass es anderen genauso geht wie Ihnen, mildert die Auswirkungen unheimlich.

- Verkehren Sie mit Leuten, die die Anpassung geschafft haben.
  Sie können Ihnen Tipps und Ratschläge geben und sind der lebende Beweis, dass Ihre Probleme überstanden werden können.
  Meiden Sie Personen, die ihre Situation hassen und ihre Partner dafür beschuldigen. Übereinstimmung in Negativität wird Ihnen nicht helfen.

- Vergleichen Sie nicht das alte mit dem neuen Land.
  In dem alten Land waren Sie schon eingelebt, in dem neuen stehen Sie am Anfang. Vergleiche zwischen beiden Ländern vor Ansässigen zu ziehen, vermittelt ihnen den Eindruck, dass Sie deren Land nicht mögen. Folglich werden sie wenig Mitgefühl mit Ihnen zeigen.

- Suchen Sie aktiv Hilfe.
  Treten Sie in Kontakt mit Leuten in Ihrem Netzwerk, sei es das neue in Dänemark oder Freunde von daheim. Die Leute in Ihrem neuen Netzwerk können Ihnen Tipps geben und erzählen, wie sie selber die Probleme vor Ort gelöst haben. Probieren Sie Meditation und Entspannungsmethoden aus. Sie können vielleicht helfen.

- Gehen Sie alten Gewohnheiten nach oder bauen Sie neue Routinen auf.
  Es ist wichtig, jeden Tag Wiedererkennungseffekte zu haben, und Dinge, die einem guttun.

- Richten Sie Ihre Aufmerksamkeit auf Probleme, die Sie ändern können.
  Energie auf Unumstößliches zu richten, ist völlig sinnlos – besonders in dieser Phase.

- Fokussieren Sie auf Positives.
Sie brauchen Erfolgserlebnisse und Lichtblicke, und zwar schnell. Wenn Sie nur negative Aspekte wahrnehmen, ist es wichtig, sich positive *bewusst* in Erinnerung zu rufen. Lesen Sie Kapitel 6, um mehr darüber zu erfahren, was andere Leute als positiv in Dänemark empfunden haben.
Versuchen Sie jeden Tag, mindestens einen positiven Aspekt zu erkennen. Was ist Ihnen gelungen, was ging gut, welche positive Überraschung hatten Sie? Schätzen Sie auch die kleinen Dinge, denn oft werden diese als selbstverständlich abgetan.

- Tun Sie sich Gutes!
Womit könnte Ihre Niedergeschlagenheit gemildert werden? So profan das klingen mag, Essen hat oft eine immense Wirkung auf unsere Stimmung. Bereiten Sie sich Ihre Lieblingsgerichte zu, oder gehen Sie aus und gönnen Sie sich in einem guten Restaurant ein leckeres Essen! Sparen können Sie zu einem anderen Zeitpunkt.

- Geben Sie Ihrem Leben eine Richtung.
Denken Sie daran, was Sie erreichen wollen. Wann würden Sie das Leben in Dänemark als lohnend empfinden? Diese Suche könnte Ihnen neue Möglichkeiten eröffnen und ein neues Ziel geben, um Ihre Selbstsicherheit wiederzuerlangen.

- Führen Sie versuchsweise ein Tagebuch.
Halten Sie Ihre Schwierigkeiten fest, unbedingt aber auch Ihre Lösungsversuche. An manchen Tagen wird sogar das Lesen Ihrer eigenen Tipps helfen.

- Geben Sie sich Zeit und seien Sie geduldig – auch mit sich selbst.
Die Anpassung an ein fremdes Land geschieht langsam und braucht Zeit. Es ist verständlich, dass Sie schnell aus dem Tief herauskommen und die Anpassungsschmerzen hinter sich haben wollen, jedoch werden Ungeduld und zu starker Druck dieser Entwicklung nur entgegenwirken.

- Wenn das alles nicht hilft und Sie professionelle Hilfe brauchen, sollten Sie mit Ihrem Hausarzt sprechen. Vielleicht können Leute in Ihrem Netzwerk Empfehlungen geben, denn Sie sollten nicht nur einen Psychologen finden, der zu Ihnen passt, sondern vor allem einen, mit dem Sie sich sprachlich ausreichend gut verständigen können. Auf der Worktrotter-Webseite *(L1) http://www.worktrotter.dk/resources* finden Sie Empfehlungen von anderen Expats.

– Richten Sie auch in der Krise den Blick nach vorne!
Probleme zu „sammeln", um ein negatives Gesamtbild des Landes zu konstruieren, ist keine Lösung. Richten Sie Ihren Fokus darauf, wie Sie aus dem Tief herauskommen und diesem Land etwas Positives abgewinnen können. Überlegen Sie sich, was Ihnen helfen kann. Abreise sollte nur die allerletzte Option sein, wenn alles andere vergeblich war.

Es gibt unzählige Expats, die das Leben in Dänemark genießen, und sie tun das, weil sie schöne Seiten daran entdeckt haben. Versuchen Sie diese auch für sich zu finden, auch wenn sie sich für jeden anders darbieten.

Obwohl ich schon in 4 Ländern gewohnt habe, hat mir mein Umzug nach Dänemark sehr zu schaffen gemacht. So lustig das klingen mag: Einer meiner Lichtblicke war ein Thai-Kochkurs (!). Von dem Augenblick an ging es bergauf ...

Finden Sie heraus, was Ihnen helfen könnte, und irgendwann ist das Dunkel vorbei und Sie können Freude am Leben in Dänemark finden.

2 Das Land

Bei einem Umzug ist es hilfreich, etwas mehr über das Land zu wissen. In diesem Kapitel wird auf wichtige Aspekte eingegangen, die das Kennenlernen erleichtern werden.

2.1 Allgemeine Informationen

2.1.1 Geschichte

Welche wichtigen Ereignisse kommen in der dänischen Geschichte vor, und wodurch wurde Dänemark geprägt? Dieser Abschnitt soll einen kurzen Einblick geben und Interesse auf Mehr wecken.

Anders als in den meisten Geschichtsbüchern möchte ich nicht mit den alten Wikingern beginnen, denn das Aktuelle wird einen größeren Einfluss auf unser Leben in diesem Land haben als Geschehnisse, die viele Jahrhunderte zurückliegen.

* * *

Obwohl das „Gespenst Finanzkrise" im Jahr 2009 auch über Dänemark schwebt, geht es der dänischen Wirtschaft gut, und das schon seit langem. Viele führen das florierende Wirtschaftsleben auf das Konzept von „Flexicurity" (Flexibility and Securiy = Flexibilität und Sicherheit) zurück, das Anfang der 1990er Jahre eingeführt worden ist. Dieses erlaubt es Firmen, personalmäßig flexibel zu sein: Sie können je nach wirschaftlicher Lage ihre Personaldecke erweitern oder verringern, jedoch nicht auf Kosten der Arbeitnehmer, denn diese sind durch ein solides Sozialnetz abgesichert.

* * *

Dänemark machte durch die sogenannte Mohammedkrise im Jahr **2005** und **2008** weltweit Schlagzeilen. Zwölf Zeichnungen wurden in der dänischen Zeitung „Jyllands Posten" gedruckt, die den Propheten Mohammed unter anderem als Terroristen darstellten. Die muslimische Welt war darüber völlig entrüstet, und bis heute werden in der arabischen Welt dänische Waren und Firmen boykottiert.

* * *

19

Im März **2003** beschloss das dänische Parlament mit einer geringen Mehrheit die Teilnahme Dänemarks am Irak-Krieg und beteiligte sich mit etwa 500 Soldaten daran. Ende 2007 war die Mission Dänemarks im Irak abgeschlossen.

Hingegen wurde Ende **2001** mit großer Mehrheit die Beteiligung am Afghanistan-Krieg beschlossen. Anfangs wurden etwa 300 Soldaten nach Afghanistan geschickt, doch wurde das dänische Kontingent mehrere Male aufgestockt. Ende 2008 waren etwa 600 Soldaten in Afghanistan im Einsatz.

✳ ✳ ✳

1992 sprach sich das dänische Volk in einer Volksabstimmung gegen die Einführung der Euro-Währung aus, obwohl es **1973** dem Beitritt zur EU zugestimmt hatte.

✳ ✳ ✳

Dänemark wurde **1992** überraschend Fußball-Europameister. Das dänische Fußballteam hatte sich nicht für die Teilnahme qualifiziert – als jedoch Jugoslawien wegen des Balkankrieges von der Teilnahme ausgeschlossen wurde, rückte Dänemark nach. Auch heute noch führen viele Dänen den Sieg auf die dänische Entspanntheit und Gelassenheit zurück.

✳ ✳ ✳

In den 1960/70er Jahren bewegte sich Dänemark (wie auch viele Länder in Europa) mit großen Schritten in Richtung Sozialismus. Alle waren gleich, und das Verteilen des Wohlstandsstaates war auf seinem Höhenpunkt angelangt. Das brachte Dänemark Anfang der **1980**er Jahre nahe an den Ruin. Ein Politiker meinte damals dazu, das Land bewege sich in Richtung Abgrund, tue das jedoch in einem Wagen erster Klasse.

Die während der Schlüter-Regierung (1982–1993) eingeführten Arbeitsmarktreformen (bekannt unter dem Begriff „Kartoffelkur") stießen natürlich nicht auf allgemeine Zustimmung. Schlüter wurde bei einer Rede im Jahre **1985** mit Eiern und Tomaten beworfen – für die eher friedlichen Dänen ein starkes Zeichen der Unzufriedenheit.

Die Reformen hatten jedoch eine positive Wirkung auf das Staatsbudget, die Arbeitslosigkeit verringerte sich nach und nach, und auch Privatisierungen kamen in Gang.

Das größte Verdienst der Schlüter-Regierung wird von einigen darin gesehen, dass die finanzielle Verantwortung zum Thema wurde – sowohl in der Regierung als auch in der Bevölkerung.

Viele Außenpolitiker der NATO-Länder werden sich an die irritierende dänische „Fußnotenpraxis" dieser Zeit erinnern. Eine Mehrheit im dänischen Parlament erzwang, in Fußnoten zu den NATO-Beschlüssen festzuhalten, wenn Dänemark Beschlüssen nicht zustimmte. Als der amerikanische Präsident Reagan zu dieser dänischen Fußnotenpraxis befragt wurde, erboste seine Antwort viele Dänen, dass er nur dänisches Gebäck kenne.

* * *

Die 68er-Bewegung war auch in Dänemark stark. Außer einer ausgeprägten Gleichberechtigung zwischen Mann und Frau war eine weitere ihrer Folgen die Besetzung des heutigen Christiania-Geländes in Kopenhagen im Jahre **1971**. Ein verlassenes Militärgelände wurde besetzt, um einen Freistaat zu gründen und den Traum eines Lebens – basierend auf Gemeinschaft und Freiheit – zu verwirklichen. Nach vergeblichen Versuchen, das Gelände zu räumen, wurde der Status von Christiania als „sozialen Experiments" toleriert. Seither gab es viele Prozesse, Diskussionen, polizeiliche Interventionen – nicht zuletzt wegen des mit Love-and-Peace einhergehenden Drogenkonsums. Bis heute ist jedoch noch keine Entscheidung gefallen. 2007 kam das Thema wieder auf, wahrscheinlich angefacht durch immens gestiegene Grundstückspreise in Kopenhagen. Ein solch großes, im Zentrum der Stadt liegendes, grünes, von Kanälen durchzogenes idyllisches Areal ist eine Goldgrube, und einige der gut betuchten Bürger würden eine Menge Geld für eine Wohnung oder ein Haus in dieser Gegend bezahlen.

* * *

Nach dem Zweiten Weltkrieg hatte Dänemark begonnen, sich von einem Landwirtschafts- in ein Industrieland zu verwandeln. Um die steile Entwicklung zu unterstützen, kamen in den späten **1960**er Jahren die ersten Gastarbeiter aus der Türkei und Pakistan ins Land. Das war ein großer Einschnitt in eine äußerst homogene Gesellschaft mit einem starken Gefühl für dänische Werte und mit kaum ausländischen Mitbürgern. Später kamen Einwanderer aus anderen Ländern sowie viele Flüchtlinge aus Katastrophengebieten hinzu.

In dieser Zeit der wirtschaftlichen Entwicklung und der fehlenden Arbeitskräfte wurden auch mehr und mehr Frauen in den Arbeitsmarkt aufgenommen. Das Geschlechterverständnis änderte sich eklatant und gipfelte in der 68er-Bewegung, die einen immensen Einfluss auf das Mann-Frau-Verhältnis hatte – und heute noch spürbar ist. Heute zählt der Prozentsatz der arbeitenden Frauen in Dänemark zu den höchsten in Europa.

✳✳✳

Dänemark spielte **1962** während der Kubakrise eine interessante Rolle bei der Vermittlung von Informationen zu den Bewegungen russischer Schiffe. Als einige der ausgefahrenen Schiffe umdrehten und durch den Øresund und Großen Belt wieder in Richtung Russland zurückkehrten, wurde klar, dass Russland seine Kräfte nach Hause beordert hatte und nicht in den Konflikt eingreifen würde.

✳✳✳

Für alle, die nicht aus dem Norden stammen, sind die Buchstaben **Æ, Ø, Å** ungewohnt. Alle drei sind eigenständige Buchstaben und haben ihren eigenen Platz in der obigen Reihenfolge am Ende des Alphabets.
Æ, Ø: wird seit etwa 1200 verwendet, seit die lateinischen Buchstaben in Dänemark eingeführt wurden.
Å: wurde bei der Rechtschreibreform von **1948** offiziell eingeführt. Davor wurde „aa" verwendet, wodurch Texte oft schwer zu lesen waren. In Namen kann weiterhin „aa" benutzt werden, und die Träger der Namen können entscheiden, ob sie sich mit „å" oder „aa" schreiben wollen. Auf diese Wahloption ist die unterschiedliche Schreibweise z. B. von Aalborg und Århus zurückzuführen.

✳✳✳

Dänemark war **1940–1945** unter deutscher Besatzung, obwohl es sich neutral verhalten hatte. Da von außen keine Hilfe zu erwarten war, entschied die dänische Regierung schnell, sich ohne Kampf zu ergeben, wodurch die Zahl der Kriegsopfer gering gehalten werden konnte. Dem Land wurde eine gewisse Freiheit und Selbstständigkeit erlaubt; die Regierung, die Gerichte, die Polizei konnten weiterhin aktiv bleiben.

Als Zeichen des Widerstandes während der deutschen Besatzung fokussierten sich die Dänen sehr stark auf ihren König und dänische Traditionen. Es gab jedoch auch heftigeren Widerstand: Sabotageakte und Rettungen von Juden über den Øresund nach Schweden. Bei Sabotageaktionen wurden auch Dänen getötet, die mit den Deutschen zusammenarbeiteten – zum Teil regelrechte Hinrichtungen.

Erst seit Ende der 1990er Jahre wurde begonnen, kontrovers über diese Form des dänischen Widerstandes zu diskutieren. Es wird heute eingeräumt, dass einige der Hinrichtungen nicht Widerstandsaktionen waren, sondern Eigeninteressen dahintersteckten, um so ungeliebte Personen bequem aus dem Weg zu räumen. Der im Jahre 2008 erschienene Film „Flammen og Citronen" (deutscher Titel: „Tage des Zorns") beleuchtet dieses Thema.

Auch heute noch werden am 4. Mai, am Tag der Befreiung von der deutschen Besatzung, in den Fenstern vieler Wohnungen Kerzen angezündet, um daran zu erinnern, dass wieder Licht ins Leben der Leute kommen konnte.

* * *

Ein Wahrzeichen des dänischen Alltagslebens darf an dieser Stelle nicht vergessen werden: mobile Wurststände (pølsevogn), liebevoll „Café kalte Füße" (café kolde fødder) genannt. Die ersten 6 Wagen wurden **1921** von Charles Svendsen Stevns in Kopenhagen aufgestellt. Es wird gesagt, dass die dänischen Autofahrer nur bei 2 Phänomenen im Stau geduldig sind: wenn die dänische königliche Garde von oder zur Wachablösung auf Schloss Amalienborg marschiert und wenn ein pølsevogn zu oder von seinem „Arbeitsplatz" gefahren wird.

* * *

Nordschleswig war über Jahrzehnte hinweg ein Spielball der deutsch-dänischen Geschichte. Dänemark war im Ersten Weltkrieg neutral geblieben, doch wurde im Versailler Vertrag festgeschrieben, dass die Bevölkerung in den Grenzgebieten über ihre Zugehörigkeit abstimmen sollte. Das wurde in Nordschleswig umgesetzt, und dadurch kam es nach der Volksabstimmung im Jahre **1920** wieder zu Dänemark. Um das zu feiern, wurde ein großes Fest veranstaltet. König Christian X. ritt auf einem weißen Hengst über die Grenze, um seine Landsleute zu begrüßen. Es wird jedoch gemunkelt, dass kein weißer Hengst zur Stelle war und deshalb ein Hengst weiß angemalt wurde.

* * *

Wohl die wenigsten denken an Dänemark als eine ehemalige Kolonialmacht. Nicht nur Grönland und die Färöer gehören zu diesem Land, sondern bis **1944** auch Island. Auch die Inseln St. Thomas, St. Croix und St. John in der *Karibik* gehörten ab dem späten **17.** Jahrhundert dazu, wurden aber 1917 an die USA verkauft und sind heute der US-Bundesstaat Virgin Islands.

* * *

Dänische Frauen erhielten **1915** das Wahlrecht.

* * *

1866 markiert den Beginn der sogenannten Anteilsbewegung (<u>andelsbevægel-</u>se), die zum Ziel hatte, durch enge Zusammenarbeit und durch Zusammenschlüsse von kleinen Eignern und Erzeugern deren Position zu stärken.

Arla, die größte Molkerei Dänemarks, ist auf diese Bewegung zurückzuführen. Kleine Molkereien schlossen sich damals zusammen, um ihre Produktions- und Absatzmöglichkeiten zu verbessern. Inzwischen ist Arla jedoch ein riesiger dänisch-schwedischer Konzern, der nach den Gesetzen der Marktwirtschaft funktioniert. Ein Aufschrei ging **2005** durch das dänische Volk, als bekannt wurde, dass Arla-Verkäufer der Großhandelskette Metro bessere Konditionen unter der Bedingung angeboten hatten, Produkte der kleinen Molkerei Hirtshals aus ihrem Sortiment zu nehmen. Seither – in der dänischen Tradition der Unterstützung der Kleinen und Schwachen – kaufen viele aus Prinzip keine Arla-Produkte mehr, sondern nur noch jene der kleinen Molkereien.

Das Prinzip der Zusammenschlüsse wirkt sich natürlich positiv auf die kleinen Firmen aus, denn ohne Zusammenschluss würden viele davon nicht wettbewerbsfähig sein und nicht überleben. Der Nachteil ist allerdings, dass die Produktvielfalt dadurch eingeschränkt wird, was besonders beim Lebensmittelkauf auffällt.

Die Anteilsbewegung hat auch sogenannte Einkaufsvereine (<u>indkøbsfore-</u>ninger) hervorgebracht, die Verträge mit unterschiedlichen Firmen abgeschlossen haben, um den Mitgliedern Rabatte einzuräumen. Mehr dazu im Kapitel 17.

Das Konzept der dänischen Genossenschaftswohnungen (<u>andelsboliger</u>) ist ebenfalls auf die Anteilsbewegung zurückzuführen. Bewohner schließen sich zusammen und sind gemeinsame Besitzer des Hauses, in dem sie wohnen. Mehr dazu im Kapitel 11.

* * *

In dem von dem preußischen Kanzler Bismarck angezettelten Krieg hat Dänemark **1864** Schleswig-Holstein an Deutschland verloren. Das war ein harter Schlag, denn dadurch schrumpfte Dänemark um ein Drittel seiner Landesgröße. Vor dem deutsch-dänischen Krieg war Dänemark eine regionale, danach jedoch nur noch eine marginale Macht.

* * *

1849 wurde die absolutistische Monarchie abgeschafft. Dänemark ging zum Parlamentarismus über und bekam ein demokratisches Grundgesetz. Doch es dauerte bis **1901**, bis die erste wirklich demokratische dänische Regierung an die Macht kam.

∗ ∗ ∗

Anfang des 19. Jahrhunderts wurde Dänemark mit verheerenden Folgen in die Napoleonischen Kriege hineingezogen: **1807** wurde Kopenhagen stark zerstört, als es von Engländern bombardiert wurde. Damit nicht genug, denn die Engländer nahmen die dänische Flotte mit, und so verlor Dänemark seine Stellung als bedeutende Seemacht. Zusätzlich musste **1813** der Staatsbankrott erklärt werden, und Norwegen, das zu dem Zeitpunkt zu Dänemark gehörte, ging im Jahre **1814** an Schweden.

∗ ∗ ∗

Vor dem Absolutismus hatte der Adel die Macht. Der König, der durch den Reichsrat bestimmt wurde, musste vor seiner Krönung ein Dokument unterschreiben, das seine Rechte definierte. Der Adel musste keine Folgschaft leisten, wenn der König in den Krieg ziehen wollte, denn er hatte keine Macht, Unterstützung einzufordern.

Nachdem Frederik III. im Jahre **1660** die absolutistische Monarchie eingeführt hatte, konnte der König Abgaben und Steuern bestimmen und entscheiden, ob in den Krieg gezogen wurde oder nicht. Die Adligen waren gezwungen, Menschen und Geld beizusteuern. Absolute Monarchen konnten die Krone an ihre Nachkommen vererben.

Dass die absolutistische Monarchie in Dänemark eingeführt wurde, hing mit der Belagerung Kopenhagens 1657–1659 durch die Schweden zusammen. Der Großteil des Adels war geflüchtet und hatte die Stadt und ihren König schändlich im Stich gelassen. Es war das Bürgertum, das Frederik III. half, Kopenhagen zu retten, und ihn anschließend unterstützte, die alleinige Macht von den wenigen zurückgebliebenen Adligen einzufordern. Diese gaben ohne Blutvergießen auf – eine außergewöhnliche Tatsache. Denn in anderen europäischen Ländern wurde die Einführung des Absolutismus mit blutigen Opfern erkämpft.

Wie die Reiseleiterin Hanne Langkjær-Ohlenschlæger auf einer ihrer wunderbaren Touren durch Kopenhagen einmal erklärt hat, ist in Gemälden leicht an der Form der Krone zu erkennen, ob ein König ein absolutistischer Monarch war und somit die entsprechende Alleinherrschaft hatte. Besteht sie aus einem nach oben offenen „Kranz", so hatte er sie nicht. Besteht die Krone jedoch aus Bögen, die sich in der Mitte der Krone vereinen, so handelte es sich um einen absoluten Monarchen. Die geschlossenen Bögen sollen verbildlichen, dass sich mit ihm der Machtkreis schließt und über ihm nur noch Gott steht.

***

Der südliche Teil Schwedens, Skåne, Halland und Blekinge, der bis im 17. Jahrhundert zu Dänemark gehörte, musste nach der Schlacht von Skåne **1659** an Schweden abgetreten werden. Damit verlor Dänemark seine Stellung als stärkste Macht in Skandinavien.

***

Die drei skandinavischen Länder Dänemark, Norwegen und Schweden bekamen im Jahre **1397** mit Margrete I. zum ersten Mal dasselbe Oberhaupt. Die Länder waren in der Kalmarunion vereint, die das Blutbad von Stockholm 1520 beendete, als Christian II. schwedische Adelsmänner und Geistliche ermorden ließ. Es folgte ein Aufstand, wonach Schweden wieder seinen eigenen König wählte.

***

In einer Sage wird erzählt, dass **1219** die dänische Flagge, der Dannebrog, in Tallinn bei einer Schlacht zwischen Dänen und dem deutschen Ritterorden vom Himmel fiel. Daraufhin siegten die Dänen, und von da an besaßen sie eine nationale Flagge. Das Kreuzdesign findet man auch bei den anderen nordischen Flaggen (Schweden, Norwegen, Finnland, Island und die Faröer Inseln) wieder.

***

Die Wikingerzeit erstreckte sich von **800** bis **1050**.

Die Wikinger waren gefürchtete Seemänner, die weite Entfernungen segelten und oft mit geplünderten Gütern zurückkamen. Spuren von ihnen sind in entfernten Landstrichen zu finden: Sie haben Paris belagert (die Normandie ist wohl nach ihnen, den Normännern, benannt), sind bis nach Gibraltar, aber auch bis Neufundland, Konstantinopel und Russland gekommen.

Sie waren wegen ihrer Grobheit und ihres kriegerischen Verhaltens sehr gefürchtet. Jedoch waren sie auch sehr gute Handelsleute.

Gorm der Alte (Gorm den Gamle) ist der erste Wikingerkönig, von dem Schriftspuren erhalten geblieben sind. Sie stehen auf dem kleinen Runenstein bei Jelling auf Jütland. Sein Sohn Harald Blauzahn (Harald Blåtand), der König ab **949** war, eroberte weite Teile Skandinaviens und führte das Christentum in Dänemark ein. Sein Runenstein in Jelling ist der größte (2,34 m) und prächtigste in Skandinavien und wird als der Taufstein Dänemarks angesehen.

✳ ✳ ✳

Und damit endet dieser kleine Exkurs in die dänische Geschichte. Es folgen weitere interessante Aspekte zu Dänemark.

2.1.2 Geographie

Dänemark gehört eher zu den kleinen Staaten der Europäischen Union, liegt aber mit seiner Fläche von 43.000 km² vor den Niederlanden und Belgien. Die zerklüftete Küstenlinie kommt auf eine Länge von 7.314 km.

Etwa ein Drittel von Dänemarks Fläche entfällt auf 407 Inseln, von denen die größten Seeland, Fünen, Lolland, Bornholm, Falster, Langeland und Møn sind.

Grönland und die Färöer Inseln gehören zu Dänemark, sind jedoch selbstverwaltet.

Das Land ist sehr flach und liegt im Durchschnitt nur 31 m über dem Meeresspiegel. Die meisten Hügel befinden sich in Ostjütland, so auch die höchste Erhebung. Der höchste natürliche Punkt ist Møllehøj (170,86 m), wobei Yding Skovhøj durch sein Steinmonument auf der Spitze 173 m erreicht; beide bei Skanderborg.

Dänemark hat sehr viele Seen. Die größten Seen sind: Arresø (39 km²), Stadil Fjord (19 km²), Esrum Sø (18 km²), Mossø (17 km²), Saltbæk Vig (16 km²), Tissø (13 km²). Jedoch gibt es wegen des geringen Gefälles wenige fließende Gewässer, genaugenommen nur einen Fluss, den Gudenå (Gottes Strom), und auch den erst, seit dieser als solcher definiert wurde.

Obwohl Dänemark ein Industrieland ist, wird ein großer Teil der Landesfläche (66%) landwirtschaftlich genutzt.

14% der Fläche sind Wälder. Rold Skov (in Nordjütland, zwischen Aalborg und Hobro), Gribskov (in Nordseeland) und Almindingen (auf Bornholm) sind die größten Waldgebiete. Bornholm ist überhaupt der waldreichste Teil Dänemarks.

Außer mit Deutschland hat Dänemark keine weitere Land-Grenze, und auch die ist nur 69 km lang. Alle weiteren Grenzen sind Wasser: Die Westküste Jütlands wird von der Nordsee, der Nordwesten vom Skagerrak, der Nordosten vom Kattegat und der Osten von der Ostsee umspült.

Beeindruckend ist es, an der nördlichsten Spitze Dänemarks in Skagen zu stehen, wo sich Skagerrak und Kattegat vereinen und die Wellen von beiden Seiten aufeinanderschlagen. Sehr beliebt bei Touristen sind Fotos, auf denen man mit einem Bein im Skagerrak steht und mit dem anderen im Kattegat.

Der Øresund liegt zwischen Südschweden und Seeland, der Große Belt (Storebælt) zwischen Seeland und Fünen und der Kleine Belt (Lillebælt) zwischen Fünen und Jütland.

Die Øresundbrücke – eine Schrägseilbrücke (beendet 2000) – und die Große Beltbrücke – eine Hängebrücke (beendet 1998) – sind zwei unheimlich beeindruckkende Bauwerke.

Jeder Ort in Dänemark ist höchstens 52 km von der Küste entfernt, was es sehr leicht macht, ans Wasser zu kommen.

Klima

Das gemäßigte Küstenklima Dänemarks weist mäßig warme Sommer und milde Winter auf. Die Durchschnittstemperaturen liegen im Sommer bei 16 °C und im Winter bei etwa 0 °C, natürlich mit den entsprechenden Schwankungen, wobei der Sommer angenehm warm werden kann. Da die Winter mild sind, gibt es sehr selten Schnee.

Alles, was mit Wasser zu tun hat, gibt es in Dänemark reichlich. So auch Regen. Es regnet regelmäßig und das ganze Jahr über, im Durchschnitt jeden zweiten Tag, am häufigsten jedoch in den Herbstmonaten.

Wind weht fast ständig und verwandelt sich oft zu Sturm.

Die Tage sind im Sommer sehr lang (von etwa 3:00 bis 23:00 Uhr), wobei der Nordhimmel nie wirklich dunkel wird. Dafür sind sie im Winter um so kürzer (etwa 9:00 bis 16:00 Uhr), und oft bleibt es den ganzen Tag über grau. Ein Mitarbeiter des Kirchenministeriums hatte 1953 die denkwürdige Bemerkung geäußert, dass Dänemark für die Ganzjahresbewohnung nicht geeignet sei. Dem kann in Anbetracht des dänischen Winters nur zugestimmt werden, und es ist ratsam, frühzeitig im Jahr damit zu beginnen, etwas für die Stimmung an trüben Tagen zu tun.

Tiere

Etwa 50 Säugetierarten bevölkern Dänemark, von denen der Hirsch die größte ist. Ab und zu schwimmt ein Elch von Schweden herüber, wird aber nicht ansässig. Des Weiteren gibt es Tümmler, Seehunde, Rehe, Füchse, Eichhörnchen und nicht zu vergessen Igel.

Es gibt über 400 Vogelarten, von denen etwa 200 Wandervögel sind. Dänemark eignet sich gut als Zwischenstopp auf ihren langen Reisen.

Die wohl beeindruckendsten Vögel sind verschiedene Arten von Adlern, Falken, Eulen usw. Diesbezüglich ist ein Besuch im Adlerwildpark „Eagle World" *(L2) http://www.eagleworld.dk* in Nordjütland sehr zu empfehlen, dessen Verdienst es ist, dass Adler in Dänemark wieder Fuß gefasst haben.

Bei so viel Wasser und so vielen Seen gibt es zahlreiche Wasservogelarten, unter anderem auch den Schwan, den dänischen Nationalvogel.

Es gibt auch ein paar Schlangenarten, von denen jedoch nur die Kreuzotter (hugorm) giftig ist. Sie ist an ihrem Zickzackmuster leicht zu erkennen.

2.1.3 Religion

In grauer Vorzeit glaubten die Dänen an die nordischen Götter – der Asaglauben, mit dem Gott „Odin" als Oberhaupt. Das Christentum wurde 965 unter Harald Blåtand eingeführt, wobei es sich anfangs um den katholischen Glauben handelte. Christian III. führte die Reformation im Jahre 1536 durch und machte Dänemark evangelisch. Dieser Glaube ist auch heute derjenige, der am stärksten in Dänemark verbreitet ist und die offizielle Staatskirche (die letzte in Europa) darstellt. Sie wird deshalb auch als Volkskirche (Folkekirke) bezeichnet.

Laut Danmarks Statistik (vom Oktober 2008) sind etwa 4,5 Mio. Einwohner in der Folkekirke. Die restliche 1 Mio. Bürger gehören etwa 80 anerkannten Glaubensrichtungen an, wobei viele überhaupt keiner angehören. Wie viele Menschen genau den jeweiligen Glaubensrichtungen angehören, ist nicht leicht zu sagen. Es gibt etwa 150.000 Muslime, 35.000 Katholiken, 7.000 Juden, des Weiteren Baptisten, Methodisten, Zeugen Jehovas, Buddhisten, Hinduisten und viele mehr.

Obwohl so viele in der Volkskirche sind, sind Dänen eher unreligiös. In die Kirche wird selten gegangen, und die meisten gehen nur einmal im Jahr hin – an Heiligabend.

2.1.4 Die dänische Flagge

Der Dannebrog, wie die dänische Flagge heißt, ist blutrot, rechteckig und mit einem weißen Kreuz versehen, dessen kürzerer Ast in Richtung Fahnenmast zeigt. Gleichfalls gibt es noch eine andere Flaggenversion – hierbei handelt es sich um die königliche Fahne. Sie ist gezackt, etwas dunkler als blutrot und darf nur vom Königshaus, von dänischen Behörden und einigen Firmen und Privatpersonen (mit Sondergenehmigung) gehisst werden. Einige Yachten und Segelvereine dürfen die gespaltene Version allerdings auch verwenden, wobei sie eine kleine Identifikationsmarke haben müssen.

Fast jedes Kind kann einem sagen, dass die dänische Flagge im Jahre 1219 in Estland vom Himmel gefallen ist, und mit etwas, das von oben kommt, wird nicht gespaßt. Entsprechend nehmen Dänen ihre Flagge sehr ernst und haben strenge Regeln für das Hissen von Flaggen. Keine Nationalflagge außer der dänischen und den anderen nordischen Flaggen darf ohne Genehmigung gehisst werden. Der Dannebrog darf nicht vor Sonnenaufgang oder nach Sonnenuntergang am Fahnenmast hängen. Wird dies vergessen, werden die Nachbarn einen sicher darauf aufmerksam machen.

Nun hatte ich gedacht, dass vor allem in Sommerhausgebieten mit den vielen Fahnenmasten das Hissen der dänischen Flagge eine normale Sache sei. Als wir sie aber wegen des schönen Wetters nach 3 Tagen erneut oben hatten, wurden wir gefragt, ob schon wieder einer von uns Geburtstag hätte – Fahne heißt also Feiern.

Gerne werden Tischdekorationen oder sogar Weihnachtsbaumdekorationen mit kleinen dänischen Fähnchen gemacht. Geburtstagsgeschenke sind oft in mit dänischen Fähnchen bedrucktem Geschenkpapier verpackt. Hat ein Kollege plötzlich Fähnchen an seinem Platz, so hat er entweder Geburtstag oder es gab Nachwuchs. Sind am Nachbarhaus Fähnchen angebracht, gilt das Gleiche. Oft lotsen Fähnchen die Gäste von einer Abzweigung zu dem Haus hin, in dem gefeiert wird. Zum Geburtstag der Königin, an Feiertagen und bei wichtigen Staatsbesuchen wird der Dannebrog gehisst, und die Busse werden mit Fähnchen geschmückt.

Das kannte ich vorher so nicht. Wegen des Zweiten Weltkrieges war es in Deutschland verpönt und suspekt, als Privatperson eine deutsche Fahne zu hissen. Durch die Fußballweltmeisterschaft im Jahre 2006 begann sich dieser verklemmte Umgang jedoch zu entspannen. Und so bekam ich – durch das muntere Verwenden von Fähnchen in Dänemark animiert – auch Lust, ein kleines deutsches Zeichen an unserem Fahnenmast zu setzen. Als wir dem dänischen Wimpel einen deutschen dazugesellten, war die allgemeine Frage (ohne Ausnahme): „Dürft ihr das?" Zum Glück ja, denn für Wimpel sind (noch) keine Regeln vorgeschrieben.

Besonders bemerkenswert fand ich das Fahnenmast-Verkaufsargument: Sollte der Vertrag für ein Sommerhaus vor einem gewissen Datum unterschrieben werden, so würde ein Fahnenmast kostenlos mitgeliefert. Dieses Angebot hätte in meinem Heimatland keinen beeindruckt – in Dänemark allemal.

Und sieht es nicht schön aus, wenn überall rotweiße Fähnchen munter im Wind wehen? Ein schöner Sommertag kann dadurch sogar noch schöner werden.

2.1.5 Sicherheit

Dänemark allgemein und auch die Großstadt Kopenhagen sind relativ sicher. Selten wird von Überfällen, Vergewaltigungen und Morden berichtet.

Die letzten Jahre waren etwas untypisch wegen der Randale der „ungdomshus"-Verteidiger (siehe Kapitel 2.4.1.) und der Randalen der Nachkommen von Einwanderern (Dänen der zweiten Generation) im Jahr 2007. Bei den Krawallen wurden Autos und Mülltonnen angezündet und Molotowcocktails geworfen.

2007 zündeten Jugendliche aus Langeweile in den Ferien Autos an.

Später bekämpften sich die „Hells Angels" (ein Motorrad- und Rockerclub) mit Ausländerbanden und lieferten sich Schießereien.

Bei allen Zwischenfällen überwog jedoch das Gefühl, dass die Polizei die Situationen im Griff hatte und erfolgreich an Lösungen arbeitete. Mehr zum Thema „Sicherheit" finden Sie in Kapitel 18.

2.2 Politisches System

2.2.1 Die dänische Monarchie

Das dänische Königshaus existiert seit etwa 1.000 Jahren, und obwohl es schon Wikingerkönige vor Gorm dem Alten gab, startet die offizielle Königsfolge mit ihm.

Die absolutistische Monarchie (König als Alleinherrscher) war in Dänemark im Jahre 1660 etabliert worden. 1849 wurde das Grundgesetz geändert und ein Parlament gebildet, jedoch gab der König erst 1901 wirklich die Macht an das Parlament ab, womit Dänemark zur konstitutionellen Monarchie wurde. Seitdem hat das königliche Oberhaupt keine politischen Aufgaben mehr, sondern beschränkt sich auf Repräsentation.

Die heutige dänische Königin Margrethe II. heiratete 1967 den französischen Diplomaten Henri Marie Jean André Graf von Laborde de Monpezat, der den Titel „Prinzgemahl" bekam. Sie haben 2 Söhne: Frederik (*1968) und Joachim (*1969).

Margrethe II. bestieg 1972 den Thron, nachdem 1953 Thronfolge- und Grundgesetz so abgeändert wurden, dass Frauen diese Rolle übernehmen konnten.

Kronprinz Frederik heiratete 2004 Mary, geb. Donaldson (aus Australien), und hat 2 Kinder mit ihr: Christian (*2005) und Isabella (*2007).

Prinz Joachim war 1995–2005 mit Alexandra, geb. Manley (aus Hong Kong), verheiratet, mit der er 2 Söhne hat: Nikolai (*1999) und Felix (*2002). 2008 heiratete er Marie, geb. Cavallier (aus Frankreich).

Die Königin und der Prinzgemahl wohnen gewöhnlich in den Wintermonaten auf Schloss Amalienborg in Kopenhagen, das Kronprinzenpaar Frederik und Mary im Kanzleihaus (Kancellihuset) auf Schloss Frederiksborg, während Prinz Joachim und Prinzessin Marie auf Schloss Schackenburg in Süddänemark nahe Tønder wohnen.

Die Reihe der Könige in Dänemark ist einfach zu merken. Nach 1448 kam Christian I. an die Macht, gefolgt von Hans. Von da an wechselten sich „Christians" und „Frederiks" auf dem Thron ab: Christian II., Frederik I., Christian III., Frederik II. usw. Nach Christian X. folgte Frederik IX. und dann die heutige Königin Margrethe II.

Mit dem heutigen Kronprinzen Frederik wird die Reihe fortgesetzt, so dass nach ihm (als Frederik X.) sein Sohn Christian XI. folgen wird. Viele Schulkinder werden es dem Königshaus danken, dass die Königsreihe dadurch noch einprägsamer wird.

Zwei dänische Könige seien besonders erwähnt:
– Christian IV. (siehe Kapitel 3.1.2.)
– Christian IX., der auch der „Schwiegervater Europas" genannt wurde. Seine Tochter Alexandra heiratete Edward VII. von England, Tochter Dagmar heiratete Alexander III. von Russland, der Sohn Vilhelm wurde Georg I. von Griechenland, und sein Enkel Carl wurde Haakon VII. von Norwegen.

Da Mitglieder der Königsfamilie nicht in die Politik eingreifen dürfen, gab es Diskussionen, als 2008 bekannt wurde, dass Kronprinz Frederik als großer Sportfan für das Olympische Komitee kandidieren möchte, denn daraus könnte die Gefahr erwachsen, dass einige seiner Aussagen eine politische Dimension annehmen. Die Dänen sind in dieser Sache geteilter Meinung, aber unterstützen im Allgemeinen seine Kandidatur.

Zwischen dem Königshaus und dem dänischen Volk gibt es ein unverkrampftes Verhältnis, und nicht selten wird ein Mitglied der königlichen Familie irgendwo ohne großes Geleit gesehen.

Der Prinzgemahl hatte anfangs einen schweren Stand, und das Volk stand ihm etwas skeptisch gegenüber. Sicherlich spielte die Sprache dabei eine Rolle – bis heute ist sein Dänisch etwas französisch eingefärbt. Mit der Akzeptanz der jungen eingeheirateten Frauen (Alexandra, Mary, Marie) ging es später weitaus schneller. Vielleicht liegt dies daran, dass Dänen heute Ausländern gegenüber offener sind, doch können hübsche, charmante Damen sowieso viel leichter Herzen erobern.

Die Dänen schätzen ihre kreative und künstlerische Königin sehr. Die meisten Dänen werden den Start ihrer Neujahrsfeier so einrichten, dass sie sich die Neujahrsrede der Königin anhören können. In dieser wird sie gewöhnlich die wichtigen Ereignisse des Jahres erwähnen und durchaus auch – allerdings milde – auf Schiefstände im Land oder auf Fehlverhalten der Dänen hinweisen. Grönländer, Färöer und die vielen Dänen auf See werden immer in ihre Rede mit eingeschlossen.

Da halten wir es doch mit ihr und schließen mit einem „Gott bewahre Dänemark" dieses Kapitel ab.

2.2.2 Regierung

Das dänische Parlament heißt „Folketinget" und hat seinen Sitz auf Christiansborg im Zentrum von Kopenhagen. Es wird alle 4 Jahre wiedergewählt, wobei Neuwahlen auch früher ausgeschrieben werden können. Nachdem sich durch die Koalitionsgespräche eine potenzielle Mehrheit herauskristallisiert, wird die Königin den Leiter der entsprechenden Mehrheit beauftragen, eine Regierung zu bilden.

Zurzeit werden die Geschäfte von einer im Jahre 2007 gewählten Minderheitsregierung geleitet - mit dem Ministerpräsident Lars Løkke Rasmussen (seit 5.4.2009 - davor Anders Fogh Rasmussen) an der Spitze. Sie ist aus den Parteien „Venstre" und „Konservative Folkeparti" zusammengesetzt und wird von der „Dansk Folkeparti" unterstützt (mehr über Parteiprofile: siehe S. 35f.).

Die 179 Sitze sind nach der Wahl vom 13.11.2007 wie folgt verteilt:

Venstre (V)	47
Konservative Folkeparti (KF)	17
Dansk Folkeparti (DF)	25
Socialdemokratiet (SD)	45
Socialistisk Folkeparti (SF)	23
Radikale Venstre (RV)	9
Liberal Alliance (LA)	2
Enhedslisten (EL)	4
Färöer	2
Grönland	2
Unabhängige	3

In Dänemark gibt es eine 2%-Hürde für die Wahl ins Folketing, was 4 Sitzen im Parlament entspricht. Diese Hürde gilt jedoch nicht für Grönland und die Färöer Inseln, die immer Recht auf je 2 Sitze haben. Dass die „Liberal Alliance" nur 2 Sitze innehat, kommt daher, dass sich 3 ihrer Mitglieder im Folketing nach der Wahl aus der Partei verabschiedet haben. Sie behalten jedoch für die aktuelle Legislaturperiode ihre Sitze im Folketing als Unabhängige.

Die Namen der dänischen Parteien sind für Neulinge etwas verwirrend: Auf den ersten Blick scheint es fast nur Linke, dem sozialistischen Gedankengut Zugewandte, und Rechte, dem nationalistischen Gedankengut Zugewandte, zu geben. Dem ist jedoch ganz und gar nicht so.

In der folgenden Abbildung sind die Parteien mit ihrer politischen Ausrichtung von links nach rechts aufgeführt, wobei Enhedslisten viel weiter links als Dansk Folkeparti rechts orientiert ist.

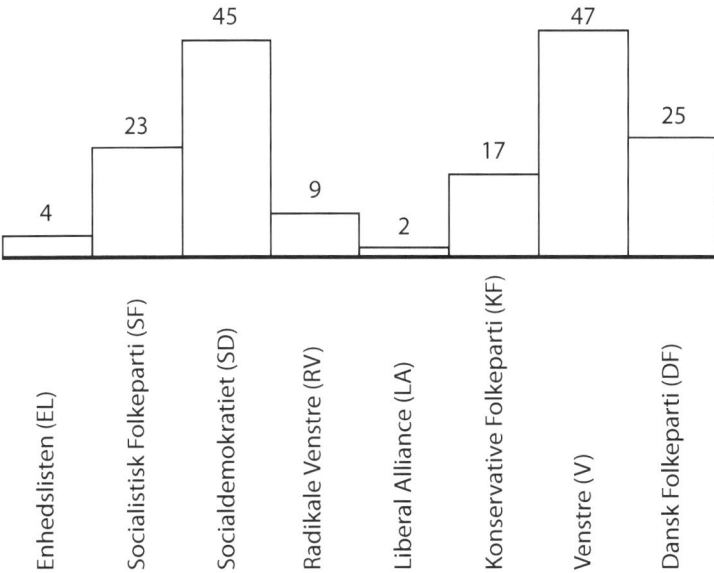

Zum besseren Verständnis im Folgenden ein verkürztes politisches Profil der Parteien in der obigen Ordnung (Liste steht für Wahlliste):

Enhedslisten (Abk: EL, Liste Ø) = äußerste Linke
Gegründet: 1989
Die Partei steht für eine sozialistische Gesellschaft. Das Volk und nicht die ökonomischen Machthaber soll die Macht über den Fortschritt ausüben. Die Partei fordert kürzere Arbeitszeiten, längere Ferien, kostenlose Kindergärten, kostenlose Zahnarztbehandlungen und Arzneien. Mehr private Unternehmen sollen vom Staat übernommen werden, um eine demokratische Leitung durchzusetzen.

Socialistisk Folkeparti (Abk: SF, Liste F) = Sozialisten
Gegründet: 1959
Socialistisk Folkeparti will, dass die Gesellschaft nicht von Kapitalkräften bestimmt, sondern von den Bürgern gelenkt wird. Die Marktwirtschaft soll durch demokratische Strukturen ersetzt werden. Einflussnahme und Demokratie sollen gestärkt werden – auch die Arbeitsdemokratie.

Socialdemokratiet (Abk: S, Liste A) = Sozialdemokraten
Gegründet: 1871
Socialdemokratiet steht für einen demokratischen Sozialismus ein, in dem alle gleich sind. Es ist in Ordnung, dass Unternehmen Privatpersonen gehören, jedoch muss der Staat die Gleichheit der Menschen gewährleisten. Alle haben ein Recht auf Arbeit, und Vollbeschäftigung wird angestrebt.

Radikale Venstre (Abk: RV, Liste B) = Sozialliberale
Gegründet: 1905
Sie sind Verfechter der dänischen Neutralität und wollen die militärischen Einflüsse minimalisieren. Sie sprechen sich für eine starke dänische EU-Mitgliedschaft ohne Einschränkung aus, um den Einfluss Dänemarks in der EU zu stärken. Innenpolitisch soll die Lohnsteuer reduziert werden.

Liberal Alliance (Abk: LA, Liste Y) = liberale Mitte
Gegründet: 2007
„Liberal Alliance", wie sie seit 2008 heißt (davor „Ny Alliance" = neue Allianz), tritt für eine bessere Integration von Ausländern ein. Der Wohlstand soll Vorrecht vor Wohlfahrt haben, denn Gutverdiener schaffen neue Arbeitsplätze. Arbeiten soll attraktiver werden, und die Lohnsteuer soll bei maximal 40% liegen.

Konservative Folkeparti (Abk: KF, Liste C) = Konservative
Gegründet: 1916
Die Konservative Folkeparti will, dass der Staat die Schwachen unterstützt, ohne dabei jedoch die Starken zu benachteiligen. Nach dem Prinzip von Erneuern und Bewahren soll das Beste von Traditionen und Erfahrungen so eingesetzt werden, dass eine Gesellschaft im Gleichgewicht geschaffen wird.

Venstre (Abk: V, Liste V) = Liberale
Gegründet: 1870
Der Partei Venstre nach wird die Gemeinschaft am stärksten, wenn jeder Einzelne die größte Freiheit hat, einem guten Leben nachzustreben.

1993 machte der ehemalige Staatsminister Anders Fogh Rasmussen mit seinem Standpunkt Furore, der Wohlfahrtsstaat sei so stark gewachsen, dass die Bürger von Unterstützung abhängig geworden seien.

Der Name der Partei (<u>Venstre</u> = die Linke) deutet auf eine linke Positionierung hin, jedoch ist die Partei eher im moderaten rechten Flügel angesiedelt. Der Name stammt von der historischen Sitzordnung nach Einführung des Parlamentes. Damals saßen die Liberalen (aus denen die Venstre-Partei hervorging) auf der linken und die Konservativen auf der rechten Seite des Parlamentssaales.

Dansk Folkeparti (Abk: DF, Liste O) = Rechtspopulisten
Gegründet: 1995
Die Dansk Folkeparti will den Einfluss der Europäischen Union verringern und eine schärfere Einwanderungspolitik durchsetzen. Sie will ein Garant für den Wohlfahrtsstaat sein und befürchtet, dass Einwanderer ihn missbrauchen könnten, weil sie nicht die gleichen Werte wie die Dänen haben.

$$* * *$$

Im Jahre 2007 gab es viel Bewegung in den Parteien. Mitglieder im Parlament wechselten aus einer Partei in die andere, traten aus Parteien aus, und es wurde eine neue Partei gegründet („Ny Alliance", der Name wurde 2008 in „Liberal Alliance" geändert). Viele setzten große Hoffnungen in die neue Partei. Es wurde prognostiziert, dass sie ausreichend viele Sitze bekommen würde, um den Einfluss der Dansk Folkeparti auf die Regierung zu kippen. In den Tagen vor der Wahl bröckelten jedoch die Fronten, sogar innerhalb der neuen Partei, und das erhoffte Ergebnis wurde nicht erreicht.

Natürlich versucht auch in Dänemark die Opposition an die Macht zu kommen und will dafür ihre Vorteile und Ergebnisse hervorheben. Mein Eindruck ist jedoch, dass die Vorschläge und Ergebnisse der Regierungsparteien nicht aus Prinzip und von vornherein verdammt werden, nur um sich selbst zu profilieren, sondern dass es darum geht, wirkliche Lösungen für die Probleme des Landes zu finden. Auch Parlament und Regierung sind m. E. eher bürgernahe und handeln im Sinne des Landes und nicht des eigenen Machterhaltes wegen.

Entsprechend hoch ist die Wahlbeteiligung der Dänen. Im Allgemeinen liegt sie bei Folketing-Wahlen zwischen 80 und 90% (2007: 86,6%), während sie bei Kommunalwahlen bei etwa 70% liegt – eine Wahlbeteiligung, von der andere Länder nur träumen können.

Ausländische Bürger, die in Dänemark gemeldet sind, dürfen bei Kommunalwahlen wählen, jedoch nicht bei Folketing-Wahlen, wobei die meisten Dänen, die außerhalb von Dänemark leben, die Teilname an beiden Wahlen verwehrt ist.

Das dänische Parlament geht bezüglich neuer Gesetze pragmatisch vor: Sie werden recht schnell erlassen; stellt sich ein Gesetz jedoch als Fehlschlag heraus, wird nicht gescheut, es auch schnell wieder zu kippen.

Ausschüsse sind ein wichtiges Kontrollelement der Regierung. Das Folketing hat 25 ständige Ausschüsse (z. B. Steuerausschuss), die Details von Gesetzesentwürfen untersuchen und am Ende einen Bericht ihrer Ergebnisse an die Regierung abgeben.

Etwa 37% im Folketing sind Frauen, und das Durchschnittsalter der Folketing-Mitglieder liegt bei etwa 46 Jahren – und damit sehr niedrig im Vergleich zu anderen Ländern. Das lässt auf frischen Wind im Parlament hoffen und darauf, dass die Belange junger Leute und die neuen Entwicklungen in der Gesellschaft berücksichtigt werden.

Noch eine kurze Anekdote zum Thema „Bürgernähe": Als ein Freund bei einer Fahrradtour einen platten Reifen an seinem Fahrrad hatte, blieb ein Jogger stehen, um über das kleine Malheur zu sprechen. Dieser Jogger war kein anderer als der ehemalige Staatsminister Anders Fogh Rasmussen.

2.2.3 Administration

Seit einer umfassenden Kommunalreform im Jahre 2007 ist Dänemark in 5 Regionen aufgeteilt, die aus insgesamt 98 Kommunen bestehen:

Region Hovedstaden (Hauptstadt):	29 Kommunen
Region Sjælland (Seeland):	17 Kommunen
Region Nordjylland (Nordjütland):	11 Kommunen
Region Midtjylland (Mitteljütland):	19 Kommunen
Region Syddanmark (Süddänemark):	22 Kommunen

Die Kommunen der verschiedenen Regionen sind im Kapitel 23.3 aufgelistet.

Die Kommunalreform geht mit einer Neuverteilung der Aufgaben zwischen Staat, Regionen und Kommunen einher. Die wichtigsten Aufgaben sind:

Staat

> Steuern, Ausbildung, Beschäftigung (zusammen mit Kommunen), Außenpolitik etc.

Regionen

> Gesundheit, soziale Dienste, regionale Entwicklung etc.

Kommunen

> Bürgernahe Dienste: soziale Dienste (z. B. Kindergärten) und Dienstleistungen für Bürger, Beschäftigung (zusammen mit dem Staat) etc.
> Deshalb ist bei *(L3) http://borger.dk* sehr oft die Auswahl der Kommune notwendig, damit die angebotenen Dienste der entsprechenden Kommune gewählt werden können.

Einwohner

Dänemark hat etwa 5,5 Mio. Einwohner, wovon etwa 3 Mio. im erwerbstätigen Alter sind.

Entsprechend des vom Folketing, dem dänischen Parlament, bereitgestellten EU-Vergleiches haben Dänen eine durchschnittliche Lebenserwartung von etwa 80 Jahren (Frauen) und 76 Jahren (Männer). EU-Zahlen zum Vergleich: höchste Lebenserwartung für Frauen: etwa 84 Jahre, Männer: 78,5 Jahre; niedrigste Lebenserwartung für Frauen: 76 Jahre, Männer: 65 Jahre.

Einwohnerzahlen, Stand 01.01.2009 (laut Danmarks Statistik):

Dänemark	5.511.451	
Region Hovedstaden	1.662.285	(Region Hauptstadt)
Region Sjælland	821.252	(Region Seeland)
Region Nordjylland	580.515	(Region Nordjütland)
Region Midtjylland	1.247.732	(Region Mitteljütland)
Region Syddanmark	1.199.667	(Region Süddänemark)

Einwohnerverteilung
2009

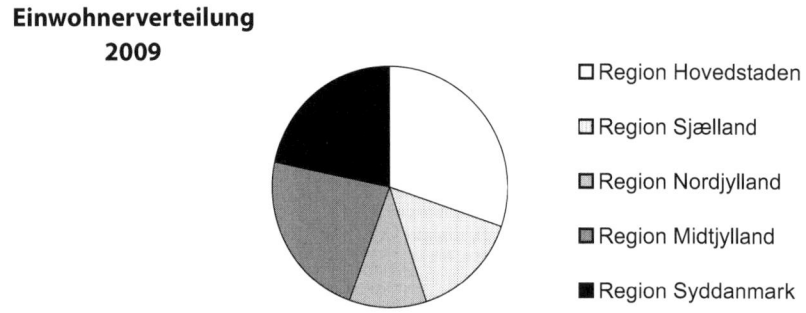

☐ Region Hovedstaden

☐ Region Sjælland

☐ Region Nordjylland

▨ Region Midtjylland

■ Region Syddanmark

Demnach lebt fast die Hälfte der Einwohner auf der Insel Seeland.

Die 10 größten Städte, Stand 01.01.2009 (laut Danmarks Statistik):

Kopenhagen	518.574	Vejle	105.884
Århus	302.618	Randers	94.221
Aalborg	196.292	Viborg	92.823
Odense	187.929	Kolding	88.519
Esbjerg	114.595	Silkeborg	88.016

Die obige Liste zeigt anschaulich, dass nach Kopenhagen die Größe der Städte schnell abnimmt und die meisten Orte in Dänemark beschaulich und klein sind. Das Ballungsgebiet rund um Kopenhagen wird **Storkøbenhavn** (Großkopenhagen) genannt und umfasst weit mehr als 1 Mio. Menschen.

Sie werden wohl ein gewisses Spannungsverhältnis zwischen Kopenhagen und Jütland feststellen, was nicht zuletzt in vielen Witzen zum Ausdruck kommt. Kopenhagener werden gerne als besserwisserisch bezeichnet, während Kopenhagener/Seeländer der Meinung sind, dass sie den Rest des Landes finanziell unterstützen.

2.3 Ausländerpolitik und Integration

Touristen erwähnen oft, wie freundlich Dänen seien. Doch wenn sie sich hier niederlassen wollen und die Koffer auspacken, scheint sich die Atmosphäre zu verändern. Es fällt auf, dass die Ausländerdiskussion etwas negativ gefärbt ist. Warum das?

Im Folgenden einige Hintergrundinformationen:
Ausländische Mitbürger (etwa 526.000) machen inzwischen etwa 9,5% der dänischen Bevölkerung aus.

Laut Danmarks Statistik (01.01.2009) stammen die 10 größten ausländischen Bevölkerungsgruppen aus folgenden Ländern:

Türkei	58.191	Bosn.-Herz.	22.093
Deutschland	30.385	Pakistan	19.880
Irak	28.917	Ex-Jugoslawien	17.141
Polen	27.198	Somalia	16.689
Libanon	23.563	Norwegen	15.956

Ausländerverteilung
2009

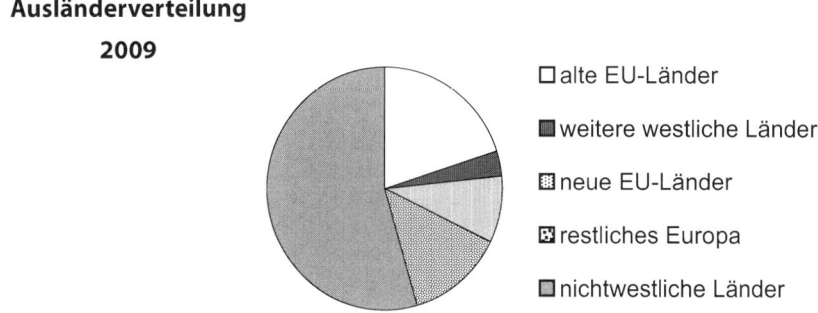

☐ alte EU-Länder

◼ weitere westliche Länder

▦ neue EU-Länder

▨ restliches Europa

◻ nichtwestliche Länder

Die Graphik oben zeigt, dass etwa 23% der ausländischen Mitbürger aus westlichen Ländern stammen, die einen ähnlichen Hintergrund wie Dänemark haben;

22% kommen aus der neuen EU und den osteuropäischen Ländern außerhalb der EU, während etwa 55% aus Ländern mit völlig anderen Werten als denen in Dänemark verankerten stammen.

Die Ausländergeschichte Dänemarks ist relativ kurz: Sie setzte vor etwa 40 Jahren ein. Bis dahin hatte das Land eine äußerst homogene Bevölkerung mit einem starken Bewusstsein für dänische Werte. Dass innerhalb einer Zeitspanne von etwa 40 Jahren die Anzahl der ausländischen Mitbürger auf über 9% gestiegen ist, kann natürlich als eine Bedrohung empfunden werden. Hinzu kommt, dass in den letzten 30–40 Jahren die Ausländerpolitik auf Einwanderungsströme von Flüchtlingen und Einwanderern ausgerichtet war, die aus deutlich anderen Kulturen kamen und von denen viele Schwierigkeiten hatten, Arbeit zu finden. Diese Entwicklung bewirkt eine gewisse Unsicherheit darüber, ob der dänische Wohlfahrtsstaat den Bedürfnissen aller Zuzügler nachkommen könne. Dieser Umstand beeinflusst die Haltung der Dänen gegenüber Ausländern und lässt sie Neuankömmlingen gegenüber etwas distanziert erscheinen.

Dänemark befindet sich jedoch in einer Phase des Wandels.

Die Bemühungen haben sich dahingehend gewandelt, gut ausgebildete und qualifizierte Arbeitskräfte aus dem Ausland anzuziehen, um den aktuellen Bedarf auf dem Arbeitsmarkt zu stillen und zusätzliche Geschäftsfelder aufzubauen.

Laut einem Artikel von 2008 in der dänischen Zeitung „Berlingske Tidende" haben die zusätzlichen 38.000 ausländischen Mitbürger des Jahres 2007 etwa 10 Mrd. DKK (etwa 1,333 Mrd. EUR) erwirtschaftet. Außerdem bekommen die Gutausgebildeten hohe Gehälter, zahlen beträchtliche Steuern und tragen somit intensiv zum Wohlstand Dänemarks bei und sind keine Bedrohung für den Wohlfahrtsstaat.

Doch braucht der Gesinnungswandel Zeit, besonders wenn politische Parteien die Angst schüren, dass Ausländer die dänischen Werte verwässern und den Wohlfahrtsstaat schwächen.

Das Thema „Integration" geht mit der früheren Ausländerdiskussion einher. Die vorhandenen Integrationsprogramme haben zum Ziel, Ausländern demokratische Werte und die dänische Sprache in schnellster Zeit zu vermitteln, um sie umgehend in den Arbeitsmarkt integrieren zu können.

Da die meisten Leser dieses Buches jedoch aus demokratischen Ländern kommen, eine Ausbildung absolviert und oft schon einen Arbeitsvertrag beim Umzug nach Dänemark abgeschlossen haben, stellen sie kein „Integrationsproblem" im herkömmlichen Sinne dar. Dementsprechend wurden sie beim Thema „Integration" bisher nicht wirklich bedacht. Es gab keine besondere Unterstützung für gutausgebildete Neubürger aus der westlichen Welt, denn sie werden automatisch als integriert angesehen, auch wenn sie sich selbst noch als Außenseiter fühlen.

Gute Nachricht: Diese Ansicht beginnt sich nun zu ändern. Bei einer Konferenz im September 2008 bezüglich gutausgebildeter ausländischer Arbeitskräfte wurden Schritte diskutiert, um Dänemark für diese attraktiver zu machen, ihre Integration zu erleichtern und sie somit zum Bleiben zu bewegen.

Doch wann ist jemand integriert?
Reicht es, einen Job zu haben oder eigenständig zu sein, oder meint man damit das Gehören zu einer Gemeinschaft? Das Verständnis darüber, wann jemand als „integriert" gilt, ist sehr unterschiedlich.

Viele Leser werden einen Job haben oder zumindest gute Chancen haben, einen zu bekommen. Auch das Stadium des Eigenständigseins kann relativ schnell erreicht werden. Trotz fremder Sprache können Neulinge ihren Weg gut mit Englisch (im Süden Dänemarks auch mit Deutsch) finden; Nachrichten können aus aller Welt empfangen und das Leben kann genossen werden.

Die soziale Integration stellt sich jedoch als deutlich schwieriger dar. Durch die große internationale Gemeinschaft kann zwar recht schnell ein internationaler Bekanntenkreis aufgebaut werden, doch Kontakt zur dänischen Bevölkerung zu knüpfen, ist schwieriger. Dänen haben oft einen aus Kindestagen stammenden ausgedehnten Freundeskreis und sind entsprechend sozial gesättigt. Sie sind auch eher zurückhaltend, wobei viele meinen, dass es nicht Reserviertheit, sondern Schüchternheit ist, die Dänen zurückhält.

Es ist trotzdem wichtig, sich zu bemühen, Kontakte zu knüpfen. Sie werden in diesem Buch hilfreiche Informationen dazu finden, damit Sie Dänen und die dänische Kultur besser verstehen, leichter Kontakt zu Dänen finden und ein soziales Netzwerk aufbauen können. Obwohl Sie mit Englisch (zum Teil mit Deutsch) durchkommen können, ist das Erlernen der dänischen Sprache zentral wichtig, um dänische Freunde zu finden.

2.4 Dänische Werte

In diesem Kapitel wird vor allem auf Besonderheiten der zentralen dänischen Werte eingegangen. Denjenigen, die mit demokratischen Werten nicht vertraut sind, sei die Broschüre „Mitbürger in Dänemark" vom Integrationsministerium empfohlen: *(L4) http://www.nyidanmark.dk/en-US/citizenship/citizen_in_denmark/choose_language/*.

2.4.1 Demokratie

Demokratie (griech. demokratia = Herrschaft des Volkes) ist ein zentraler Grundstein der dänischen Gesellschaft. Sie wird in vielen Bereichen in Dänemark gelebt. Ein Beispiel dafür sind andelsboliger, dänische Genossenschaftswohnungen (siehe Kapitel 11), die auf dem Prinzip aufgebaut sind, dass die Gemeinschaft eine Immobilie besitzt und sie gemeinsam leitet. Entscheidungen werden nach dem Mehrheitsprinzip getroffen. In foreninger, dänischen Vereinen, läuft es ähnlich ab (siehe Kapitel 16.1), ebenso bei der Regierung. Ich habe in Dänemark tatsächlich das Gefühl, dass die Regierung sich darum kümmert, was das Volk will und braucht. Eine E-Mail an ein Ministerium wird beantwortet. Werden Missstände oder Unzufriedenheiten benannt, meldet sich die Behörde, und wenn die Vorschläge Sinn machen (und Geld verfügbar ist), werden sie sogar umgesetzt. Starke demokratische Züge werden Sie auch am Arbeitsplatz feststellen.

Manchmal nimmt Demokratie jedoch interessante Züge an. Zum Beispiel kam es 2007 in Kopenhagen zu schlimmen Unruhen, als ein schon lange besetztes Haus, das „ungdomshus" (Jungendhaus) von der Adresse Jagtvej 69 in Kopenhagen Nørrebro, geräumt wurde. Junge Leute hatten es vor langer Zeit besetzt, seither bewohnt und dort ihren Freiraum gehabt, um anders leben zu können. Nach Meinung der ehemaligen Hausbesetzer hatte der damalige Bürgermeister ihnen das Haus geschenkt. Die spätere Stadtverwaltung war anderer Meinung und verkaufte es. Als das Haus Anfang 2007 geräumt wurde, kam es zu schlimmen Ausschreitungen, Straßenschlachten, brennenden Autos und Molotowcocktails.

Die Gespräche dauerten sehr lange. Dabei ging es bald nicht mehr um das Recht auf einen Freiraum für Andersdenkende, sondern es wurde gefordert, dass die Gemeinschaft – der Steuerzahler – für ihn zu zahlen habe.

Überhaupt ist es eine oft anzutreffende Haltung in Dänemark, dass der Staat bzw. das System für den Einzelnen und seine privaten Unbillen aufzukommen hat – und dies wird als ein demokratisches Recht angesehen.

Bei Spaziergängen durch Kopenhagen stieß man noch lange nach den <u>ungdomhus</u>-Unruhen auf Straßenschilder, die mit „Jagtvej" (Name der Straße, auf der das Jugendhaus gestanden hatte) überklebt waren. Dies war Teil einer Protestaktion der Hausbewohner – eine Aktion, die 2007 Touristen sicherlich irritiert hat, denn „Jagtvej" fand sich plötzlich überall.

2.4.2 Redefreiheit

Ein wichtiges Element der Demokratie ist die Redefreiheit. Sie wird in Dänemark intensiv praktiziert – nicht nur im öffentlichen Leben und in den Medien, nein, auch der Mensch auf der Straße lebt dieses Basisrecht aus. Sie werden erleben, dass unbekannte Menschen Ihnen ihre Meinung mitteilen.

Das Recht auf freie Meinungsäußerung scheint allerdings höher zu stehen als in Betracht zu ziehen, ob damit Gefühle anderer verletzt werden könnten. Es ist wichtig, sich klarzumachen, dass es sich dabei nicht um einen persönlichen Angriff handelt, sondern um die Praktizierung der Redefreiheit – gepaart mit einem ausgeprägten Regel- und Ordnungssinn.

Die sogenannte Mohammedkrise (2005/2008), als Karikaturen des Propheten Mohammed in dänischen Zeitungen erschienen waren, hat viel mit dem Thema „Redefreiheit" zu tun. Aus dänischer Perspektive (wobei nicht alle Dänen diese teilen) gehörten die Karikaturen zum freien Meinungsausdruck. Als muslimische Verbände und Länder sich in ihrem Glauben von den Zeichnungen verletzt fühlten und auf eine Entschuldigung drängten, verhärteten sich die Fronten, denn auf dänischer Seite wurde die Forderung als Einschränkung der Redefreiheit verstanden.

2.4.3 Regeln und Ordnung

Sie werden überrascht sein, bei den als so locker bekannten Dänen nicht nur viele Regeln anzutreffen, sondern auch ein direktes Einfordern ihrer Befolgung.

Es gibt für viele Bereiche Regeln, niedergeschriebene sowie überlieferte. Viele der überlieferten gehören zur Landeskultur, und weil das Land so homogen ist, sind sie den meisten bekannt und werden befolgt (mehr dazu siehe Kapitel 5).

Zum Beispiel weiß jeder Däne, dass es bei einer Einladung für 18:00 Uhr Abendessen gibt, während eine Einladung für 20:00 Uhr bedeutet: ohne Essen. Leberpastete (leverpostej) ohne knusprigen Schinken oder Mittagessen (frokost) ohne
Roggenbrot (rugbrød) sind kaum möglich. Es gibt Regeln beim Ablauf von Feiern
und für (Essens-)Gewohnheiten an bestimmten Tagen. Bei Besuchen bringt man
ein Gastgebergeschenk mit, und man ruft an einem der nächsten Tage an, um sich
zu bedanken.

Pünktlichkeit ist ein wichtiges Thema: Die Uhrzeit ist kein vager Richtwert,
sondern eine exakte Zeitvorgabe – man erwartet pünktliches Erscheinen, egal, ob
es sich um ein Meeting oder ein Fest handelt.

Natürlich gibt es auch niedergeschriebene Vorschriften, die uns schützen sollen – auch vor uns selbst: Verhalten im Verkehr, Ausstattung des Fahrrades, Gesetze
usw.

Auf das Einhalten von Regeln wird sehr geachtet. Sogar Kinder tun dies
schon, und diejenigen, die dagegen verstoßen, werden zurechtgewiesen – *eine*
Methode, Regeln jemandem nahe zu bringen. Viele sind jedoch von der Wichtigkeit der Regeln und ihrer Befolgung überzeugt und demzufolge irritiert, wenn
sich jemand das Recht herausnimmt, sich über Regeln hinwegzusetzen.

2.4.4 „Jantelov" und Gleichheit für alle

Gleichheit gehört mit Demokratie und Redefreiheit zu den zentralen Elementen
in der dänischen Kultur. In diesem Zusammenhang fällt oft das Wort „Jantelov"
(„Jantegesetz"). Damit ist ein Verhaltenskodex gemeint, der „10 Gebote" enthält:
Keiner soll annehmen, etwas zu gelten, etwas Besonderes zu sein oder besser zu
sein als andere, mehr zu wissen als die anderen, ihnen etwas beibringen zu wollen
und keiner soll über die anderen lachen. Kurz gesagt: Alle sind gleich, und es ist
verpönt, wenn einer aus dem Rahmen fällt.

Obwohl „Jantelov" erst 1933 durch den Roman „Ein Flüchtling kreuzt seine
Spuren" des dänisch-norwegischen Schriftstellers Aksel Sandemose einen Namen
bekommen hat, war der Begriff schon lange ein Teil der nordischen Mentalität.
Die kleine Stadt Jante – so der im Roman bezeichnete Ort – steht als Beispiel für
eine Kleinstadt, in der keiner anonym ist und wo starker Gruppenzwang herrscht.

Anfangs dachte ich, es sei eine althergebrachte Geschichte. Nichts Besonderes zu sein und nichts zu sagen zu haben – das passt für mich in alte Tage und in

sehr enge, kleine Gemeinschaften und nicht in eine fortschrittliche Gesellschaft wie Dänemark. Doch „Jantelov" hat bis heute noch Einfluss.

Nun, wie wirkt sich „Jantelov" im Alltag aus? In welchen Situationen ist davon zu spüren?

– Sich hervorzuheben und sich selbst zu preisen, wird weder gemocht noch gern gesehen. Angeberei ist gänzlich verpönt.

– „Jantelov" wird auch mit Neid in Verbindung gebracht. Fährt einer ein „dickes Auto", so wird spekuliert, ob dies mit rechten Dingen zugeht (wahrscheinlich wird auch ein bisschen nachgeforscht).

– Erschwindeln von Vorteilen wird nicht geduldet, und man scheut sich auch nicht, das Fehlverhalten anzuzeigen.

– Unterschiedliche Behandlung wird prinzipiell nicht praktiziert. Diskussionen darüber, dass einige besser seien als andere (z. B. beim Thema „Eliteschulen") oder bevorzugt bzw. anders behandelt werden sollen, sind schwierig. Einen Mitarbeiter wegen seiner guten Arbeit zu loben, ist ebenfalls schwierig. Dem Mitarbeiter selbst wird das Lob eher unangenehm sein, und auch die Kollegen werden es nicht gerne hören, wenn einer hervorgehoben wird.

– Beim Ausbrechen aus vorgegebenen Strukturen wird manchmal unterstellt, dass man besser sein möchte als andere. Verbesserungsvorschläge eines Neulings werden nicht unbedingt akzeptiert, weil er es ja nicht besser wissen soll.

Gleichheit für alle ist im Ansatz zweifellos kein schlechter Gedanke.

Die Auswirkungen des Gleichheitssinns in der dänischen Gesellschaft sind vielfältig. Er hat sicherlich dazu beigetragen, dass Hierarchien in Unternehmen nicht ausgeprägt sind. Dass nur die „du"-Form und kaum mehr die höfliche „De"-Form verwendet wird, ist eventuell auch darauf zurückzuführen.

Männer und Frauen haben die gleichen Rechte und Pflichten. Das kann besonders im Familienleben und im Haushalt beobachtet werden. Dass ein Mann in Vaterschaftsurlaub geht, ist üblich und vollkommen akzeptiert.

Prinzipiell soll es keine unterschiedliche Behandlung von Menschen geben, weder Diskriminierung noch Vorteilsbehandlung. Hell oder dunkel, ausgebildet oder nicht – alle Menschen sollen gleich sein. Bei Dänen kommt es nicht gut an, wenn Minderausgebildete oder Niedrigverdiener als minderwertig angesehen werden. Alle sind gleich wichtig und spielen ihre Rolle in der Gesellschaft. Dass es eine gewisse Hemmung gegenüber Ausländern gibt, kommt durch die dänische „Ausländergeschichte", wie im Kapitel 2.3. beschrieben.

Übertritt eine bekannte Person oder ein Politiker die Regeln, so wird einfach das Gesetzbuch angewandt. So erging es auch Jacob Buksti, dem verkehrspolitischen Sprecher der Sozialdemokraten im Folketing und ehemaligen Verkehrsminister, als er 2003 bei überhöhtem Fahren ertappt wurde. Kein Pardon!

Durch eine gezielte Besteuerung der Besserverdiener wird erreicht, dass die Abstände der Nettoverdienste relativ geringe Unterschiede aufweisen, unabhängig davon, wie viel brutto verdient wird.

Studenten bekommen ein Stipendium, damit jeder (egal, aus welchen familiären Verhältnissen er kommt) studieren kann.

Soziale Hilfen für bedürftige Bürger sollen deren Nachteile ausgleichen. Zudem wird darauf geachtet, dass die Hilfen nicht als solche erkennbar sind: Stigmatisierung und Diskriminierung sollen nicht möglich sein.

Verheiratete Paare haben zum großen Teil die gleichen Rechte wie unverheiratete. Es reicht, eine gemeinsame feste Adresse zu haben.

Bis hierher sind die Auswirkungen des dänischen Gleichheitssinnes durchaus positiv. Jedoch soll Gleichheit nicht zu Gleichförmigkeit führen. In jedem von uns steckt etwas Besonderes, und jeder besitzt bestimmte Fähigkeiten, die bei keinem anderen zu finden sind. Warum also diese ignorieren, statt sie anzuerkennen und zum Wohle aller einzusetzen?

Schwierig wird es auch, wenn das, was anders ist, zum Störfaktor wird. Ausländer (Expats) sind auf alle Fälle anders, sehen oft anders aus, denken anders, haben andere Werte und kennen die dänischen Gepflogenheiten nicht. All dies ruft Irritationen in einer Gesellschaft hervor, in der alle gleich sein sollen.

Zum Glück haben viele Dänen es geschafft, durch ihr Andersdenken und -wirken die dänische Kultur, Wissenschaft und Wirtschaft immens zu beeinflussen und in der restlichen Welt Spuren zu hinterlassen (siehe dazu Kapitel 3).

2.4.5 Familienfreundlichkeit

Als mir an einem Tag nicht gut war, meinte mein dänischer Chef mit erwartungsvollem Ausdruck: „Bist du schwanger?" In meinem Heimatland hätte es wahrscheinlich voller Sorge geheißen: „Du bist doch nicht etwa schwanger, oder?"

Ich habe selten so viele schwangere Frauen gesehen wie in Dänemark. Auch bei der Arbeit. Kinder gehören zum Leben und damit auch zum Arbeitsleben. Dass Frauen wegen Geburten für ein paar Monate ausfallen, ist in Ordnung, und viele Väter nehmen Vaterschaftsurlaub. Beides funktioniert ohne große Karriereeinbußen. Kinder können zur Arbeit mitgenommen werden, vorausgesetzt natürlich, die Kollegen können weiterhin ungestört arbeiten. Ich habe keine einzige Wohnungsanzeige gesehen, in der hervorgehoben wurde, ob Kinder willkommen sind oder nicht.

Es gibt sehr gute Möglichkeiten der Kinderbetreuung (siehe dazu auch Kapitel 12.1). Es ist jedoch wichtig zu verstehen, dass es die Betreuungsmöglichkeiten nicht nur wegen der familienfreundlichen Einstellung gibt, sondern auch, weil oft beide Elternteile arbeiten *müssen*, um den Lebensstandard in Anbetracht der Lebenshaltungskosten halten zu können: hohe Steuern, teure Autoszulassungs-

Familienfreundliche Tür der Jyske Bank
Mit freundlicher Unterstützung von Jyske Bank

kosten, teure Wohnungen. Und Kinderbetreuung hat auch ihren Preis. Trotzdem ist es toll, dass es sie gibt, diese Möglichkeiten der Ganztagsbetreuung, der Kindergärten für Klein(st)kinder und der Betreuung nach dem Schulunterricht.

Etwas, was nicht funktioniert, wird nicht als Versagen abgestempelt. Das gilt für die unterschiedlichsten Bereiche, so auch für Ehen. Eine Scheidung oder in die Brüche gegangene Beziehung hält wenige davon ab, mit dem nächsten Partner bald wieder Kinder zu haben. Deshalb ist es auch ganz üblich, dass es echte Patchworkfamilien gibt, in der beide Partner weiterhin das Sorgerecht haben. Wie und wann die Kinder zu den jeweiligen Elternteilen kommen, verläuft nach eingespielten und routinierten Mustern.

Mich erstaunt immer wieder die Tatsache, wie viele Kinder getrennte Eltern haben und dass dies unproblematischer zu sein scheint, als ich es aus anderen Ländern kenne. Eine Bekannte meinte, ihre Kinder seien die einzigen in der Klasse, deren Eltern nicht geschieden sind, wodurch Kinder aus geschiedenen Familien zum Glück keine Outsider mehr sind.

3 Made in Denmark

Da Sie eine Weile in Dänemark verbringen wollen, ist sicher von Interesse, was dieses Land denn so zu bieten hat. Damit haben Sie auf alle Fälle den ersten Gesprächsstoff mit Dänen und können gleich Punkte sammeln, denn Dänen sind sehr stolz auf ihr Land. Die folgende Liste von Persönlichkeiten und Firmen ist nur ein kleiner Auszug, der Ihre Neugierde wecken soll.

3.1 Dänische Persönlichkeiten

Aus einer ganzen Reihe von berühmten Dänen habe ich eine kleine Auswahl von Persönlichkeiten getroffen, die weltweite Spuren hinterlassen haben.

3.1.1 Tycho Brahe (Astronom)

14.12.1546 – 14.10.1601

Tycho Brahe wurde in Skåne im heutigen Südschweden geboren, das zu jener Zeit Teil von Dänemark war. Deshalb brüsten sich beide Länder dieses berühmten Astronomen.

Manche sagen, dass Brahes Interesse an der Astronomie durch eine partielle Mondfinsternis geweckt worden sei, die am 21.08.1560 in Kopenhagen zu sehen war. Da das Astronomiestudium jedoch für einen Mann von Adel nicht schicklich war, wurde entschieden, dass er Jura studiert. Das hielt ihn aber nicht davon ab, sich nachts den Sternen und Planeten zu widmen.

Obwohl er alle seine Beobachtungen mit bloßem Auge anstellte, weisen seine Messungen eine sagenhafte Genauigkeit auf.

In den letzten 2 Jahren seines Lebens wurde er von dem deutschen Astronomen Johannes Kepler assistiert, der später unter Zuhilfenahme von Brahes Berechnungen in den Jahren 1609/1618 die Keplerschen Gesetze (Gesetze der Planetenbewegung) herleitete.

3.1.2 Christian IV. (König)

12.04.1577 – 28.02.1648

Christian IV. wurde als Sohn Friedrichs II. und Königin Sophie von Mecklenburg geboren. Nachdem sein Vater frühzeitig starb, wurde er schon als 11-Jähriger König. In der Folge herrschte er über einen Zeitraum von 60 Jahren (1588–1648).

Obwohl er das Königreich nicht vergrößert, sondern eher an den Rand des Ruins geführt hat, ist Christian IV. derjenige dänische König, der heute am bekanntesten ist und als der „Bauherr des Nordens" in die dänische Geschichte eingegangen ist. Er hat wunderschöne Renaissanceschmuckstücke errichten lassen, unter anderem: die alte Börse (Børsen), Rosenborg-Schloss, die Trinitatis-Kirche mit dem Runden Turm, Holmens Kirche, Frederiksborg-Schloss u. a.

3.1.3 Bertel Thorvaldsen (Bildhauer)

19.11.1770 – 24.03.1844

Thorvaldsen wurde in Kopenhagen geboren und schon als 11-Jähriger wegen seiner ausgezeichneten Fähigkeiten in die Kunstakademie Kopenhagen aufgenommen, die in jenen Jahren ein künstlerischer Brennpunkt in Nordeuropa war.

Im Jahre 1793 gewann er die große Goldmedaille der Kunstakademie, die auch ein Reisestipendium beinhaltete, das ihn 1796 nach Rom führte. Der Aufenthalt dort hatte großen Einfluss auf sein Schaffen, weshalb Thorvaldsen seinen Ankunftstag in Rom als seinen „römischen Geburtstag" bezeichnete.

Seine wunderschönen Darstellungen von Figuren aus der Antike wurden aus ganz Europa bestellt. Sogar Papst Pius VII. beauftragte ihn mit einem Denkmal, das im Petersdom aufgestellt wurde – obwohl Thorvaldsen ein bekennender Protestant war.

Für seine Verdienste wurde er 1805 zum Professor an der Akademie der Schönen Künste in Kopenhagen ernannt.

Die Christus-Statue, die er im Jahr 1839 für den Kopenhagener Dom (Vor Frue Kirke) schuf, wurde später als Vorbild für die überdimensionale 3,4 Meter hohe Christus-Statue in Salt Lake City verwendet.

Einer seiner größten Verdienste ist es, die Idylle der antiken Kunst wiederbelebt zu haben.

3.1.4 Hans Christian Andersen (Schriftsteller)

02.04.1805 – 04.08.1875

Natürlich darf H. C. Andersen in der Liste von berühmten Persönlichkeiten nicht fehlen, weil er in vielen Kinderherzen Spuren hinterlassen hat.

Geboren in Odense, wuchs Andersen in armen Verhältnissen auf und interessierte sich schon sehr früh für Bücher und Theater. Mit 14 Jahren ging er nach Kopenhagen, um Schauspieler zu werden, doch trotzdem er es an das Königliche Theater schaffte, blieb er dort nicht lange.

1835 erschienen seine ersten 4 Kindergeschichten. Obwohl er bis zu seinem Tode zahlreiche Romane, Gedichtsammlungen und Reisebeschreibungen herausgab, wurde er vor allem durch seine Märchen berühmt. Insgesamt schrieb er über 150 davon, deren Inhalt sich sowohl an Kinder als auch an Erwachsene richtet.

1867 wurde er zum Ehrenbürger von Odense ernannt, und nun ging auch der zweite Teil einer Wahrsagung in Erfüllung: dass er nicht nur berühmt werden würde, sondern auch dass Odense zu seiner Ehre erleuchtet werden würde. Und richtig, am Abend des Ehrenbürgerfestes war der Platz vor dem Festsaal überfüllt mit Menschen mit Fackeln, die ihm begeistert zujubelten.

3.1.5 Søren Kierkegaard (Philosoph)

05.05.1813 – 11.11.1855

Geboren in Kopenhagen in eine wohlhabende Familie, wurde Kierkegaard schon sehr früh mit religiösen Themen konfrontiert, denn sein Vater war streng gläubig und der Ansicht, dass er durch frühere Handlungen den Zorn Gottes auf sich gezogen habe.

1830 begann Kierkegaard sein Studium der Theologie, fühlte sich jedoch mehr zu Literatur und Philosophie hingezogen und sah die Philosophie als neues Mittel, über den christlichen Glauben nachzudenken.

Kierkegaard wird als Vater des Existenzialismus angesehen, der vertritt, dass der Mensch sein Dasein selbst schafft. Die eigene Existenz und Identität werden durch die eigenen Entscheidungen und Handlungen beeinflusst, weshalb der Sinn des Daseins nicht für jeden der gleiche ist.

Seine Werke wurden in viele Sprachen übersetzt, und auch heute noch werden Bücher über seine Philosophie geschrieben – ein Zeichen seiner Aktualität auch in unserer Zeit.

3.1.6 Karen Blixen (Schriftstellerin)

17.04.1885 – 17.09.1962

Karen Blixen, geb. Dinesen, wurde in Rungsted geboren. Ihr Vater, Wilhelm Dinesen, lebte 1872–1873 in der Gemeinschaft der Chippewa-Indianer.

Um aus der Enge ihres Elternhauses zu entfliehen, entschied Karen Blixen mit ihrem Verlobten Bror Baron von Blixen-Finecke im Jahre 1913, eine Farm in Afrika zu kaufen. Doch sowohl die Ehe als auch die Farm liefen nicht gut. Das Paar trennte sich 1921, an der Plantage hielt Karen Blixen jedoch fest. Als dann die große Liebe ihres Lebens, Denys Finch Hatton, 1931 bei einem Flugzeugunglück ums Leben kam, hielt sie nichts mehr in Afrika und sie kehrte nach Dänemark zurück.

Schon vor ihrer Reise nach Afrika hatte Karen Blixen mit Schreiben begonnen, wobei viele ihrer Werke unter einer Reihe von Pseudonymen erschienen: Osceola (der Name eines Indianerhäuptlings der Seminolen), Isak Dinesen, Pierre Andrézel, Tania Blixen etc.

Sie wurde von ihren schriftstellerischen Zeitgenossen sehr geschätzt und 1954 und 1957 für den Nobelpreis nominiert. Ihr bekanntestes Werk, „Die afrikanische Farm", wurde 1985 als „Out of Africa" („Jenseits von Afrika") mit Meryl Streep und Robert Redford verfilmt.

3.1.7 Niels Bohr (Physiker)

07.10.1885 – 18.11.1962

Niels Bohrs Vater, Professor der Physiologie an der Universität Kopenhagen, erlaubte seinen beiden Söhnen Niels und Harald, bei naturwissenschaftlichen Gesprächen mit seinen Kollegen dabei zu sein. Diese müssen ihr Interesse an den Naturwissenschaften geweckt haben, denn 1903 begann Niels Physik zu studieren, während sein Bruder 1904 Mathematik wählte.

1913 publizierte Niels Bohr seine Arbeit über den Aufbau der Atome und Moleküle, das Bohrsche Atommodell, und erhielt für seine Atomforschung 1922 den Nobelpreis für Physik.

Trotz der deutschen Besatzung im Jahre 1940 blieb er in Dänemark, flüchtete dann aber 1943 in die USA und arbeitete im Manhattan-Projekt (Entwicklung der Atombombe) mit. Sein Sohn Aage trat in die Fußstapfen seines Vaters und beteiligte sich ebenfalls am Manhattan-Projekt. Aage erhielt selber im Jahre 1975 den Nobelpreis für Physik.

Interessant ist, dass Bohr sich schon zu Zeiten des Zweiten Weltkrieges für eine internationale Zusammenarbeit bezüglich der Atomenergie einsetzte und später ein großer Verfechter ihrer friedlichen Nutzung war.

Er gilt als einer der wichtigsten Physiker des 20. Jahrhunderts. In Anerkennung seiner Verdienste wurde das chemische Element Bohrium (Bh) nach ihm benannt. Er erhielt auch als einer der wenigen, die weder aus königlichem Hause stammten noch im diplomatischen Dienst waren, 1947 den dänischen „Elephantenorden", den höchsten und ältesten dänischen Orden.

3.1.8 Jørn Utzon (Architekt)

09.04.1918 – 29.11.2008

Nach unterschiedlichen Bauprojekten in Europa und Studienreisen in die USA und Mexiko gewann Jørn Utzon 1957 überraschenderweise den Wettbewerb für den Bau der Oper in Sydney.

Als 1965 die Regierung in New South Wales wechselte, wurden die ausufernden Kosten des Opernbaus unter die Lupe genommen und eine kostengünstigere Lösung für den Innenausbau gefordert. Es konnte dafür jedoch keine Einigung erzielt werden, weshalb Utzon die Aufgabe entzogen wurde. 1973 wurde die Oper dann von einer Gruppe australischer Architekten fertiggestellt, ohne dass die Kosten jedoch geringer ausgefallen wären – nur der künstlerische Anspruch der Innenräume.

In den 1990er Jahren lenkten beide Seiten ein, die verhärteten Fronten weichten auf: 1998 erhielt Utzon als Ehrung den Schlüssel der Stadt Sydney. 1999 wurde er beauftragt, das Innere der Oper zu renovieren. So wurden seine ursprünglichen Ideen doch noch verwirklicht.

2003 erhielt Utzon die Ehrendoktorwürde der University of Sydney und im selben Jahr den renommierten Prizker-Preis, der als der Nobelpreis der Architektur gilt und von der Hyatt-Stiftung vergeben wird.

3.1.9 Weitere bekannte Dänen

Ohne ins Detail zu gehen, sollen weitere Dänen genannt werden, die in unserer heutigen Zeit weltweit bekannt sind.

Viggo Mortensen
*20.10.1958

Viggo Mortensen wurde als Sohn eines Dänen und einer Amerikanerin in den USA geboren und lebte erst 1980 für etwa 2 Jahre in Dänemark. Sein Filmdebüt gab er 1985, 2001 wurde er durch seine Rolle als Aragorn in „Lord of the Ring" ein weltweit bekannter Schauspieler und 2008 für seine Rolle als Nikolai in dem Film „Eastern Promises" für den Oscar nominiert. Er ist jedoch nicht nur eine guter Schauspieler, sondern als Dichter, Maler und Fotograf vielseitig künstlerisch tätig. Im September 2008 gab es eine Ausstellung seiner Landschaftsfotografien in Roskilde.

Mads Mikkelsen
*22.09.1965

Mads Mikkelsen gab sein Filmdebüt 1996. Seine wohl berühmteste Rolle ist der Bösewicht „Le Chiffre" 2006 in dem James Bond-Film „Casino Royale". Auch er ist ein Mann vieler Talente: Er hat z. B. 8 Jahre als professioneller Tänzer gearbeitet.

Birgitte Nielsen
*15.07.1963

Birgitte Nielsen startete ihre Schauspielkarriere 1985, spielte in dem Film „Rocky IV" mit und arbeitete des Weiteren als Model, Sängerin und Produzentin. Von 1985 bis 1987 war sie mit Silvester Stallone verheiratet.

Lars von Trier
*30.04.1956

Lars von Trier ist einer der bekanntesten Filmregisseure, der 1995 ein neues Filmgenre mitbegründet hat: „Dogme95". Hierbei handelt es sich um eine „echtere" Filmtechnik, in der mit Handkameras gefilmt wird. Professionelles Handwerk von Regisseuren und Schauspielern gewinnt somit wieder größere Bedeutung, weil keine Spezialeffekte angewendet werden.

＊＊＊

Bekannte Ausländer in Dänemark
Die Leser dieses Ratgebers, die aus Liebe zu einem dänischen Partner nach Dänemark gezogen sind, befinden sich in illustrer Gesellschaft. Nicht nur Prinz Henrik

und die Prinzessinnen Mary, Marie und Alexandra hat es aus Liebe nach Dänemark geführt. Auch z. B. Van Morisson lebte von 1980 bis 1983 mit seiner dänischen Freundin in Vanløse bei Kopenhagen und nannte einen seiner bekanntesten Songs „Vanløse Stairway" („Vanløse Treppenhaus").

3. 2 Dänische Firmen

Werden Nichtdänen gefragt, welche dänischen Firmen sie kennen, so wird den meisten wohl LEGO, Carlsberg und Bang & Olufsen einfallen. Die Produkte vieler dänischer Firmen sind jedoch weltweit im täglichen Gebrauch, ohne dass uns dieses bewusst ist, und viele Firmen sind sogar unter den Marktführern in ihrem Bereich, weshalb hier eine kleine Auswahl von ihnen vorgestellt wird.

Zunächst jedoch ein paar Zahlen zum dänischen Arbeitsmarkt (laut Danmarks Statistik für das Jahr 2006):
Etwa 2,5 Mio. Menschen haben einen Vollzeitjob und arbeiten in etwa 300.000 registrierten Firmen. Die Firmen sind eher klein, wie im folgenden Diagramm zu erkennen ist, denn weniger als 2% der Firmen haben mehr als 100 Angestellte und nur 4% insgesamt mehr als 50, während etwa 40% der Firmen Einmannfirmen sind und weitere 55% der Firmen weniger als 50 Mitarbeiter haben.

**Firmen nach Anzahl
der Angestellten**

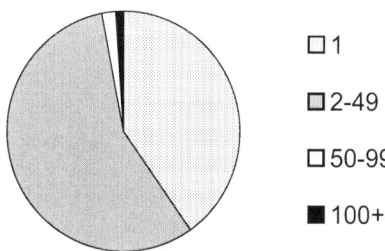

- □ 1
- ▨ 2-49
- □ 50-99
- ■ 100+

Besonders interessant ist, dass der öffentliche Sektor noch immer stark ausgeprägt ist. Ungefähr 40% (!) der Vollzeitbeschäftigten stehen im Dienste des Staates.

**Anzahl der Angestellten
nach Firmengröße**

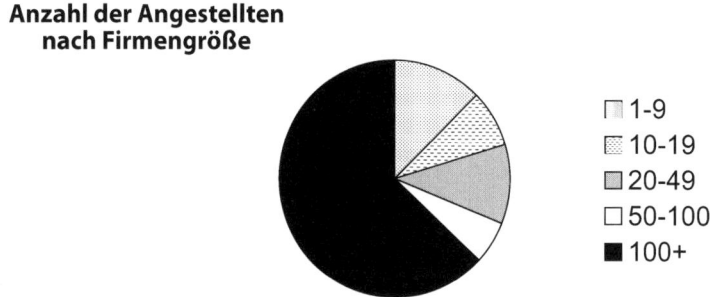

⊓ 1-9
▨ 10-19
▨ 20-49
☐ 50-100
■ 100+

Das obige Diagramm zeigt, dass etwa 65% der Vollzeitbeschäftigten in Firmen mit mehr als 100 Mitarbeitern arbeiten. Deshalb schmerzt es Dänemark sehr, wenn eine der größeren Firmen ins Ausland abwandert.

Lange Ferien, eine 37-Stunden-Arbeitswoche und hohe Steuern machen niedrige Preise unmöglich. Deshalb können dänische Firmen im Allgemeinen nicht über Preise konkurrieren. Sie sind jedoch erfolgreich durch Spezialisierung sowie mit Nischen- und Up-market-Produkten (höhere Preisklasse).

Wie in einem Artikel vom Januar 2009 in der dänischen Zeitung „Berlinske Tidende" berichtet wurde, hat der dänische Export gute Chancen, von der Finanzkrise, die im Herbst 2008 ausbrach, möglicherweise weniger stark betroffen zu sein als andere Länder. Denn medizinische Produkte, Enzyme, Lebensmittel, energieerzeugende/-sparende Technologien u. Ä. werden auch in der Krise benötigt.

Und nun lassen Sie uns mehr erfahren über einige Firmen meiner Wahl, eine subjektive Auswahl – keine Frage.

3.2.1 Bang & Olufsen – Designer Hi-Fi

Peter Bang und Svend Olufsen, 2 Kollegen der technischen Hochschule Århus Teknikum, gründeten 1925 die Firma Bang & Olufsen (B & O) und brachten 1929 ihr erstes Radio auf den Markt, gefolgt von ihrem ersten Fernseher 1952.

Mit dem Eintritt Dänemarks in die EFTA (European Free Trade Association = Europäische Freihandelsassoziation) im Jahre 1960 öffnete sich das Land für Produkte aus dem Ausland, was den heimischen Produkten das Leben schwer machte. Obwohl B & O schon ab 1932 als „dänische Qualitätsmarke" vermarktet wurde, bestach die Firma nun erst recht mit Design und technischen Besonderheiten. B & O erzeugt heute einzigartige Up-market-Fernseher, Hi-Fi-Anlagen, Lautsprecher, Telefone und Multimedia-Produkte.

Die Zusammenarbeit ab 1965 für fast 3 Jahrzehnte mit dem bekannten dänischen Designer Jacob Jensen brachte B & O viele Auszeichnungen. Heute sind sogar 19 B & O-Produkte in der permanenten Ausstellung des Museum of Modern Art zu bewundern.

- Hauptsitz: Struer, Nordjütland
- etwa 2.600 Mitarbeiter, die meisten in Struer
- B & O-Produkte werden in etwa 40 Ländern vertrieben

3.2.2 Carlsberg – Bierproduktion

Die Brauerei Carlsberg wurde 1847 von J. C. Jacobsen gegründet. Von einer Reise nach Bayern, um mehr über die kalte Fermentierung zu erfahren, brachte Jacobsen etwas bayerische Hefe mit. Nach vielen Experimenten mit dieser Hefe erfand man bei Carlsberg 1883 eine Methode, um reine Hefe zu verbreiten. Diese Hefe erhielt den Namen *Saccharomyces Carlsbergensis*. Sie wurde weltweit frei vergeben und bildet heute noch eine Hauptstütze in der Bierindustrie.

Jacobsens Sohn Carl war ein begeisterter Kunstliebhaber. Er war der Ansicht, dass Kunst zum täglichen Leben gehöre. Anfangs konnte die Öffentlichkeit seine umfangreiche Kunstsammlung noch in seinen Privaträumen besichtigen, doch als sie zu groß wurde, zog sie in ein Museum um, bekannt unter dem Namen „Ny Carlsberg Glyptothek" in Kopenhagen.

Carl Jacobsen und die 1876 von ihm gegründete Carlsberg-Stiftung schenkten Kopenhagen weitere Wahrzeichen: die kleine Meerjungfrau, der Gefion-Brunnen, der Turm der Nikolaj-Kirche und der Storchenbrunnen auf Strøget, der Fußgängerzone in Kopenhagen. Sogar der Eingang zur Brauerei, der Elephantenturm, ist ein Kunstwerk.

- Hauptsitz: Valby bei Kopenhagen
- viertgrößte Brauerei der Welt
- etwa 45.000 Mitarbeiter weltweit
- Verkauf der Produkte in mehr als 150 Länder

3.2.3 ECCO – Schuhe

Jeder von uns kennt die Qualen von unbequemen Schuhen, einem Missstand, dem Karl Toosbuy begegnen wollte. Er und seine Frau verkauften 1963 ihr Hab und Gut in Bagsværd bei Kopenhagen und zogen nach Bredebro (Südjütland), um eine Schuhfabrik zu gründen. Neue Technologien bei der Fertigung der Schuhe ermöglichten von Anfang an hohen Tragekomfort und Bequemlichkeit.

Obwohl der jungen Fabrik wenig Chancen eingeräumt wurden, entwickelte sich das Unternehmen rasch. Die Produktion wurde in andere Länder ausgelagert, und neue Design- und Produktionsmethoden wurden entwickelt, so dass die Herstellung kostengünstiger und schneller erfolgen konnte.

ECCO ist ein innovatives Unternehmen – sowohl wegen des Schuhdesigns als auch wegen der Hightechmethoden, die für die Herstellung der Schuhe angewandt werden.

Als Karl Toosbuy 2004 starb, übernahm seine Tochter Hanni Toosbuy Kasprzak die Leitung der Firma, wobei die Firmenphilosophie des Gründers weiterhin im Zentrum steht.

– Hauptsitz: Bredebro, Südjütland

– unter den weltweit 10 führenden Schuhherstellern

– Herstellung von 12 Mio. Schuhen pro Jahr

– etwa 9.000 Mitarbeiter weltweit

3.2.4 LEGO – Kinderbauklötze

Die bekannten LEGO-Bauklötze sind etwas, was wohl viele Kinder dieser Welt gemeinsam haben.

Die Firma wurde 1932 von Ole Kirk Christiansen gegründet und wird heute von dessen Enkelsohn Kjeld Kirk Christiansen geleitet. Der Name der Firma ist eine Abkürzung der dänischen Worte leg godt (spiel gut). Zur Vision der Firma gehört, Kinder zur Kreativität anzuregen, um die Welt möglichst spielend zu erforschen.

Mitte der 1950er Jahre wurde der erste LEGO-Stein produziert – der Grundstein zu einem enorm erfolgreichen Unternehmen. In den 1990er Jahren veränderten sich jedoch die Spielgewohnheiten von Kindern. Statt kreativ zu sein, wurden sie mehr und mehr zu stumpfen Konsumenten, was großen Einfluss auf die

Geschäftszahlen von LEGO hatte. Die Firma versuchte, diesen Trend über Diversifizierung zu stoppen. Sie trat in den Video-, Uhren-, ja sogar Bekleidungsmarkt ein, nahm 2004 dann eine drastische Umstrukturierung vor und setzte den Fokus mit Erfolg wieder auf den bekannten Baustein und dazu passende Produkte.

Als Anerkennung für ihre Arbeit erhielt LEGO im Jahr 2000 die weltweite Auszeichnung „Toy of the century" (Spielzeug des Jahrhunderts).

Einen Besuch des LEGOLANDes *(L545) http://www.legoland.dk* sollten Sie auf keinen Fall verpassen!

- Hauptsitz: Billund, Südjütland

- fünftgrößter Spielzeughersteller der Welt

- etwa 5.000 Mitarbeiter weltweit

- LEGO-Produkte werden in mehr als 130 Ländern verkauft

3.2.5 A. P. Møller-Mærsk – Reederei

Trotz der Größe der Firma ist Mærsk viel weniger bekannt als Carlsberg oder LEGO.

Das Logo, ein siebenzackiger Stern, geht auf das Jahr 1886 zurück und soll die Dankbarkeit von Peter Mærsk Møller für die Genesung seiner schwerkranken Frau ausdrücken, wofür er inständig gebetet hatte.

1904 wurde der Grundstein zu dem mittlerweile Weltimperium gelegt, als Arnold Peter Møller und sein Vater P. M. Møller die Firma Dampskibsselskabet Svendborg gründeten. Eine weitere Reederei, „Dampskibsselskabet 1912", kam im Jahre 1912 in Kopenhagen hinzu.

Seit den 1980er Jahren wurden etliche Schiffsreedereien übernommen, wodurch Mærsk seine Stellung als Marktführer weiter ausbaute. Mærsk operiert heute mit mehr als 800 Schiffen, von denen mehr als 360 davon eigene sind.

Mit Schiffen sollte es jedoch nicht genug sein. 1962 erhielt Mærsk die Konzession für Öl- und Gasbohrungen in der dänischen Nordsee, und 1964 ging es in den Einzelhandel, indem zusammen mit der Supermarktkette Salling die Kette Dansk Supermarked gegründet wurde. Hierzu gehören die Supermärkte Føtex, Bilka und Netto.

Mærsk Mc-Kinney Møller, der Sohn des Reedereigründers, übernahm 1965 die Leitung der Firma. Er führte die Firma bis 1993 und war auch später noch – zwischen seinem 80. und 90. Lebensjahr – als Generaldirektor tätig und sehr aktiv (sogar mit 85 Jahren noch nahm er täglich die Treppe zu seinem Büro im fünften Stock nur mit jeder zweiten Stufe).

Unter anderen guten Taten finanzierte er den Bau der Kopenhagener Oper, ein weiteres Wahrzeichen der Stadt.

Er erhielt als einer der wenigen, die weder im königlichen noch im diplomatischen Dienst standen, im Jahre 2000 den „Elephantenorden", den höchsten und ältesten dänischen Orden.

Das Firmenmotto „Med rettidig omhu" (Handle rechtzeitig und mit Sorgfalt) hat sich als gutes Leitwort erwiesen und die Firma zu Weltruhm geführt.

- Hauptsitz: Kopenhagen
- größte Containerschiffsreederei der Welt
- etwa 117.000 Mitarbeiter weltweit
- in 130 Ländern aktiv

3.2.6 Novo Nordisk – Insulinproduktion / Novozymes – Enzymproduktion

Novo Nordisk

Als der dänische Nobelpreisträger August Krogh und seine diabeteskranke Frau Marie im Jahre 1922 eine Amerikareise unternahmen, machten sie Bekanntschaft mit dem Mit-Entdecker von Insulin, Frederick Banting. Sie erhielten die Lizenz, in Dänemark Insulin aus der Bauchspeicheldrüse von Rindern herzustellen. Nach der Rückkehr gründeten die Kroghs zusammen mit dem Arzt Hans Christian Hagedorn die Firma Nordisk Insulinlaboratorium (Nordisk).

1924 gab es jedoch Zwist mit den Angestellten Harald und Thorvald Pedersen, mit dem Ergebnis, dass diese die Firma Nordisk verließen und ihre eigene Firma zur Insulinproduktion gründeten: Novo Terapeutisk Laboratorium (Novo) (mehr dazu siehe S. 63). Es folgte ein erbitterter Wettstreit zwischen beiden Firmen um die Insulinproduktion, doch erweiterten beide ihre Produktpalette im Laufe der Jahre: Novo spezialisierte sich auf die Herstellung von Enzymen, während Nordisk in die Bereiche Blutgerinnung und Wachstumsstörungen investierte.

1989 siegte die Vernunft: Die beiden Firmen fusionierten zu Novo Nordisk.

2000 wurde Novozymes als eigenständige Firma aus Novo Nordisk entkoppelt. Beide, Novo Nordisk und Novozymes, agieren nun als Teil der Novo Group.

- Hauptsitz: Bagsværd, Seeland, Nähe Kopenhagen
- weltweiter Marktführer für Diabetesprodukte
- etwa 26.000 Mitarbeiter in 79 Ländern
- Produkte werden in 180 Ländern verkauft

Novozymes

Enzyme sind wichtige Stoffe in lebenden Organismen, die biologische Prozesse in Zellen beschleunigen. Vor etwa 60 Jahren wurde entdeckt, dass mit Hilfe von Enzymen industrielle Produktionsprozesse deutlich verkürzt werden können.

1939 war Thorvald Pedersen der Firma Novo Terapeutisk Laboratorium (Novo) besorgt, dass wegen kriegsbedingter Lieferengpässe nicht genügend Bauspeicheldrüsen zur Verfügung stünden, um sowohl Insulin als auch ausreichend Enzyme für die Lederproduktion extrahieren zu können. 1941 wurde jedoch bei Novo eine Methode entdeckt, um aus denselben Drüsen beides zu gewinnen, und 1952 folgte eine Methode für die industrielle Erzeugung von Enzymen.

Inzwischen werden bei Novozymes Lebensmittel-, Tierfutter, Waschmittel- und technische Enzyme, z. B. für die Lederproduktion und die Produktion von Biokraftstoff, sowie Mikroorganismen, z. B. für die Wasserreinigung, produziert.

- Hauptsitz: Bagsværd, Seeland, Nähe Kopenhagen
- weltweiter Marktführer für die Erzeugung von Enzymen und Mikroorganismen
- etwa 4.500 Mitarbeiter weltweit
- Erzeugung von 700 Produkten; Einsatz in 130 Ländern

3.2.7 Oticon – Hörgeräte

Oticon ist für diejenigen, die gut hören, wahrscheinlich kein Begriff. Hinter dem Namen verbirgt sich jedoch einer der weltweit führenden Hersteller von Hörgeräten.

Als die Tochter Christian IX., Alexandra, bei ihrer Krönung im Jahre 1902 mit

Eduard VII. von England, ein Hörgerät trug, erregte das ziemliches Aufsehen auch in Dänemark, woraufhin Hans Demant, der spätere Oticon-Firmeninhaber, versuchte, ein solches Hörgerät für seine hörgeschädigte Frau zu kaufen. Anschließend gründete er 1904 die Firma Oticon, um Hörgeräte zu importieren und in Dänemark zu vertreiben. Später wurde in Dänemark auch ein Produktionsstandort gegründet, wo bis heute innovative Hightechlösungen für Hörgeschädigte entwickelt werden.

Oticon gehört zur „William Demant Holding", die nach dem Sohn des Gründers Hans Demant benannt ist und sich auf 3 Bereiche konzentriert: Hörgeräte, Diagnosegeräte sowie Kommunikationsgeräte und Zubehör.

Im Jahre 2003 erhielt die William Demant Holding von der „European Business Press" die Auszeichnung „Europäisches Unternehmen des Jahres 2003".

Gemäß dem Firmenmotto „People first" („Menschen zuerst") bieten die Produkte der Firma Oticon vielen Hörgeschädigten einen Weg aus der Isolation.

- Hauptsitz: Smørum bei Kopenhagen
- einer der weltweiten Marktführer
- mehr als 4.300 Mitarbeiter in mehr als 20 Ländern

3.2.8 Velux – Fensterlösungen

Wie wichtig ist es doch, Tageslicht in Gebäude scheinen zu lassen – und wie schwer ist es, Dachwohnungen mit Tageslicht zu erhellen.

Villum Kann Rasmussen gründete seine Velux-Firma im Jahre 1941 und baute zunächst Glasdächer für Fabrikhallen. Dann bekam er einen Auftrag, Dachfenster für eine alte Schule zu liefern. Ab da wollte KR, wie er genannt wurde, nur noch Dachfenster und Oberlichter produzieren, die genauso gut waren wie Fassadenfenster.

Der Name „Velux" etablierte sich als Markenzeichen für Dachfenster und entstand aus „Ve" für Ventilation und „Lux" für Licht. Es folgten Fassadenfenster, Hebetore, Glaspaneele, Acrylkuppeln u.v.m. Heute ist Velux auch im Solarumfeld tätig. Aus der Firma Velux entwickelte sich über die Jahre hinweg die sogenannte VKR-Gruppe, die 5 Standbeine hat: Dachfenster (hierzu gehört Velux), vertikale Fenster, Thermo- und Solarenergie, Fensterdekorationen/Sonnenschutz und Ventilation.

Velux-Dachfenster

Mit freundlicher Unterstützung von Velux

– Hauptsitz: Hørsholm, Seeland

– etwa 13.000 Mitarbeiter weltweit

– Produktverkauf in mehr als 40 Länder

3.2.9 Vestas – Windenergie

Ein umtriebiger H. S. Hansen gründete 1928 die Firma Dansk Staalvindue Industri und baute Stahlfenster für Industriegebäude. 1945 gründete er das Unternehmen Vestjysk Stålteknik A/S (Vestas) und produzierte Haus- und Landwirtschaftsmaschinen, Kühler für Schiffsmotoren, Milchmaschinen, hydraulische Kräne usw. Zwei Ölkrisen (1973 und 1979/80) brachten den Gedanken nahe, ölunabhängige Elektrizität zu produzieren – mit dem Bau von Windmühlen.

Obwohl sich das Unternehmen 1978 damit dem Hohn skeptischer Nachbarn und Kunden über eine solchen „Spielerei" ausgesetzt sah, wagte man dieses Abenteuer. Das Unterfangen war so erfolgreich, dass schon 1980 die Serienproduktion gestartet werden konnte. 2004 fusionierte Vestas und NEG Micon (ein weiterer namhafter Windmühlenhersteller) und wurde zum Marktführer in der Windkraftindustrie.

- Hauptsitz: Randers, Mitteljütland
- weltweiter Marktführer im Bereich „moderne Energien"
- etwa 14.500 Mitarbeiter
- zurzeit gibt es 35.000 Vestas-Windmühlen in 63 Ländern

3.2.10 Weitere bekannte Firmen

- Die Thermostate der Firma **Danfoss** werden in unzähligen Heizkörpern auf der Welt verwendet. Sie dürfen auf keinen Fall den Besuch im „Danfoss Universe" *(L546) http://www.danfossuniverse.dk* verpassen – für Kinder und Erwachsene ein tolles Erlebnis in einer Welt des Wissens!

- **Nilfisk-Advance** ist führend im Bereich von Reinigungsgeräten.

- **Grundfos** ist einer der führenden Hersteller von Pumpen.

- **Chr. Hansen** ist einer der führenden Hersteller von Lebensmittelzutaten und führend im Bereich der Erzeugung von natürlichen Lebensmittelfarben sowie von Enzymen für Käse, Joghurt und Wein.

- **Martin Professional** ist weltweit im Bereich von Beleuchtungen für spezielle Events aktiv.

- Neben Oticon stellt Dänemark mit **GN ReSound** und **Widex** gleich 3 führende Firmen im Hörgerätebereich.

- Die Erwähnung des dänischen Designs darf auf keinen Fall fehlen. Ansprechende Ästhetik kombiniert mit Nützlichkeit lässt Sie Design im täglichen Leben genießen. Mit **Eva Solo, Stelton** und **Menu** seien nur 3 von ihnen genannt.

Eva Solo Küchenset

Mit freundlicher Unterstützung von Eva Solo

– Dänische Stuhldesigner haben sich schon seit den 1950er Jahren einen Namen gemacht, mit **Arne Jacobsen** einem der bekanntesten Namen in diesem Umfeld.

– Nicht zu vergessen sei die Firma **Louis Poulsen** mit den wunderschönen P.H.-Lampen (P.H. steht für Poul Henningsen, dem Designer der Lampen).

– Die wenigsten, die **„Skype"** (ein Computerprogramm für eine Kommunikation übers Internet) kennen, wissen, dass einer der Gründer, Janus Friis, ein Däne ist.

Diese Liste ließe sich noch lange fortführen, doch gibt es noch weitere Bereiche, die nicht vergessen werden sollten.

3.3 Sport

Dänemark gehört auch in unterschiedlichen Sportarten zu den leistungsstarken Ländern. Dass Dänen als Nachfahren der Wikinger in Wassersportarten wie Segeln und Rudern stark sind, wird nicht verwundern. Doch halten sie auch im Badminton ihre Position in den höchsten Rängen und sind auch im Handball sehr erfolgreich.

* * *

Viel Interessantes, wie Sie erfahren konnten. Doch lassen Sie uns nun sehen, wie Sie das Land genießen und ein Teil von Dänemark werden können!

4 Ein Leben in Dänemark

Es gibt viele Bücher zu dem Thema „kulturelle Unterschiede" – auch zu Dänemark. Meistens sind sie jedoch auf Mentalitätsunterschiede fokussiert, doch bei einem Umzug nach Dänemark werden Sie mit vielen weiteren Aspekten konfrontiert werden.

Vorneweg sei zu sagen, dass jeder von uns mit einem anderen Hintergrund, mit einer eigenen Geschichte und aus einer anderen Umgebung kommt. Jeder wird in Dänemark in einem anderen Umfeld wohnen und arbeiten und andere Leute treffen als andere – mit der Folge, dass jeder sein eigenes Dänemark kennen lernt. Deshalb werden einige der hier gegebenen Informationen zutreffen, andere nicht.

4.1 Allgemeines

- Die Dänen werden auch als die „Italiener des Nordens" bezeichnet, weil sie die Dinge nicht so ernst nehmen würden und lockerer seien.

- Sie sind ein homogenes Volk und vertreten im Allgemeinen die gleichen Werte. Sie kennen die gleichen Bands/Lieder/Fernsehsendungen etc. Es ist erstaunlich, wie viele sich untereinander kennen oder gemeinsame Bekannte haben. Es scheint wenig Unterschiede zwischen den Menschen zu geben. Dazu tragen „Jantelov" (siehe Kapitel 2.4.4), das Gleichheitsprinzip und die Steuersätze bei.

- Regeln sind da, um angewandt zu werden. Deshalb gibt es kaum Vorzugsbehandlung. Sie wird weder erwartet noch gewährt.

- Dänen sind sehr pünktlich. Zeitangaben sind exakt gemeint. Ein Zuspätkommen wird als äußerst unhöflich empfunden.

- „Der Staat soll es richten." Viele Dänen überlassen es dem Staat bzw. dem System, gewisse Dinge in Ordnung zu bringen. Da sie hohe Steuern zahlen, die für unterschiedliche Bereiche verwendet werden, wird erwartet, dass sie selbst diesbezüglich nichts mehr tun müssen. Damit einher geht ein gewisses Anspruchsdenken, dass der Staat oder die Gemeinschaft für den Einzelnen aufkommen müsse, was Dänen als ein verbrieftes Recht ansehen.

- Es gibt keinen besonders starken Drang, materielle Güter anzuhäufen. Entsprechend gibt es auch keinen großen Druck, viel zu arbeiten, um viel Geld zu verdienen.

- Das Zentrale im dänischen Leben ist „hyggelig" (gemütlich). Die Wohnungen sind „hyggelig" eingerichtet, und das Beisammensein soll „hyggelig" sein, sowohl bei der Arbeit als auch im Privaten. Sehr eng damit verbunden ist der Begriff „slappe af" (entspannen). Es wird sehr darauf geachtet, dass das Leben allgemein nicht zu stressig wird, obwohl das Wort „travl" (Stress) allgegenwärtig ist.

- Im Juli macht Dänemark zu! Die meisten Familien machen im Juli Urlaub, und zwar gerne den ganzen Monat, so dass das Land fast still steht. Das wird besonders im Gesundheitswesen deutlich: Operationen, Behandlungen und Untersuchungen, die nicht lebenswichtig sind, werden auf die nachfolgenden Monate verschoben.

- Fast überall steht ein Nummernautomat: beim Bäcker, bei der Post, bei Behörden, Banken etc. Immer danach suchen! Ohne eine Nummer kommen Sie nicht an die Reihe!

- Dänen sind sehr stolz auf ihr Land. Negative Äußerungen über Dänemark kommen nicht gut an. Empfehlungen und Vorschläge werden oft als Besserwisserei empfunden und entsprechend ignoriert – „Jantelov" lässt grüßen.

- Häufig werden nur die Fragen beantwortet, die gestellt werden, und nur selten werden darüber hinausgehende Informationen angeboten. Deshalb muss gezielt nach bestimmten Informationen gefragt werden. Das ist besonders anfangs schwer, da die Gegebenheiten unbekannt sind und man noch nicht weiß, wonach man fragen muss.

4.2 Lebensqualität

Bei einem Umzug in ein anderes Land und besonders bei einer Ausreiseentscheidung ist es wichtig, die Aspekte der Lebensqualität mit einzubeziehen, die sowohl von finanziellen als auch von nichtmonetären Kriterien bestimmt werden.

Beginnen wir mit den nichtmonetären Seiten des Lebens in Dänemark:

☺ Die Sicherheit wird als sehr hoch eingeschätzt. Ein Spaziergang am Abend erfordert keinen Wagemut, und bei einem Spaziergang durch die Stadt müssen Taschen nicht verkrampft festgehalten werden.

☺ Arbeit ist viel entspannter, und Arbeitszeiten sind kürzer, als Sie es aus Ihrem Land wohl kennen. Dadurch steht den Menschen mehr Freizeit zur Verfügung, die sie mit ihren Liebsten und ihren Hobbys verbringen können.

☺ Es gibt ein ausgebautes Netz von Ganztagsbetreuungen für Kinder, das beiden Eltern – auch den Frauen – die Möglichkeit gibt, ihren Berufen nachzugehen und eine Karriere aufzubauen.

☺ Das Meer ist von jedem Ort aus schnell zu erreichen. Da Wasser eine positive Wirkung auf die menschliche Psyche hat, ist es ein Leichtes, davon überall und schnell zu profitieren.

☺ Vorteilhaft für den Start ist, dass es vergleichsweise wenig Bürokratie gibt. Die ersten Schritte für die Anmeldung usw. sind recht gut zu bewältigen.

☹ Das Wetter schlägt jedoch im Winter vielen Menschen aufs Gemüt.

Nun zu den finanziellen Aspekten:

☹ Die Preise aller Produkte (auch Lebensmittel) beinhalten einen Mehrwertsteuersatz von 25%.

☹ Die Lohnsteuer liegt gestaffelt bei bis zu 59%, wobei Niedrigverdiener niedrigere Steuersätze zahlen (siehe dazu Kapitel 13).

☹ Die Zulassung eines Autos kostet für alle (Dänen und Nichtdänen) etwa das Doppelte des Autowertes. Das bedeutet, dass ein registriertes Auto etwa das Dreifache kostet. An den Zulassungskosten ändert das Herkunftsland des Autos nichts (siehe dazu Kapitel 15).

☹ Die Preise für Wohnungen und Häuser sind im Zeitraum von 2005 bis 2008, besonders im Kopenhagener Raum, nahezu explodiert (siehe Kapitel 11). Glücklicherweise gehen die Preise seit 2009 jedoch wieder etwas zurück.

☹ Für Zahnarztbesuche und Arzneien sind Zuzahlungen zu leisten (Details siehe Kapitel 9).

☺ Andererseits gibt es auch immer wieder gute Produktangebote mit besten Sparmöglichkeiten. Kapitel 17 gibt diesbezüglich viele Tipps.

Auch wenn die finanziellen Aspekte etwas unerfreulich sind, so sind die nichtmonetären durch nichts aufzuwiegen, denn z. B. in Sicherheit zu leben, ist goldwert.

4.3 Unsere Erwartungshaltung

In allen Bereichen unseres Lebens bauen wir Erwartungen auf, die sich aus Informationen unterschiedlichster Quellen formieren. Durch zahlreiche Gespräche mit Expats wurde mir immer klarer, wie sehr sich diese Erwartungen auf unser Leben in Dänemark auswirken und Enttäuschung und Frustration bewirken können. Es ist mir deshalb wichtig, auf sie einzugehen, damit Sie ein realistisches Bild aufbauen ...

Mit Englisch kommt jeder in Dänemark gut zurecht
Das stimmt zum Teil. Bei Behörden, in Geschäften, in Restaurants, beim Arzt etc. gibt es immer Leute, die sehr gutes Englisch sprechen. Sobald jedoch kompliziertere Sachverhalte auf Englisch geklärt werden müssen, wird die Verständigung schwieriger.

Sprechen Dänen gerne Englisch? Nicht unbedingt. Besonders bei privaten Anlässen fällt das auf. Ein bisschen Englisch sprechen – ja, dann vergessen sie es, und der restliche Abend wird auf Dänisch fortgesetzt. Sind Sie des Dänischen (noch) nicht mächtig, kann es ein einsames Fest werden.

Wie sieht es mit geschriebener Sprache aus? Viele Informationen und Internetseiten gibt es nur auf Dänisch: Briefe von Behörden, Ansagen auf Bahnsteigen, Telefonansagen bei Ärzten etc. Jeder von uns kennt die üblichen Telefonansagen, bei denen über Tasten verschiedene Optionen ausgesucht werden sollen. Können Sie kein Dänisch, wissen Sie nicht, wozu Sie aufgefordert wurden.

Trotzdem sind die Möglichkeiten, mit Englisch zurechtzukommen, in Dänemark viel besser als in den meisten anderen europäischen Ländern.

Dänen sind entspannt

In vielen Bereichen stimmt das: Kleidung, Umgang miteinander, Arbeitsweise … Auf der anderen Seite gibt es ein Regelwerk, das Dänemark-Neulingen nicht bekannt ist, weil zahlreiche Regeln nur traditionell überliefert und nirgendwo niedergeschrieben sind. Leider sind auch viele Regeln nur auf Dänisch verfasst (Beispiel: Regeln für Radfahrer).

Dänen sind offen

Nicht wenige wirtschaftliche Zweige sind dadurch entstanden, weil Dänen offen für Neues waren und neue Wege ausprobiert haben. Man denke nur an dänisches Design – welch schöne, neuen Formen da geschaffen wurden!

Sind Dänen auch offen für Neues in zwischenmenschlichen Beziehungen? Nicht unbedingt, denn sie sind eher zurückhaltend. In den seltensten Fällen werden Sie eine schnelle Einladung zum Kaffee oder Essen bekommen, noch seltener, wenn Sie noch kein Dänisch sprechen.

Berichten ausländische Mitarbeiter von Arbeitsmethoden aus ihren Ländern, werden sie nicht unbedingt als mögliche Optionen wahrgenommen. Das gilt auch für Ausbildungen und Arbeitserfahrungen aus anderen Ländern. Dänisches wird häufig als besser angesehen („Jantelov"?).

Das dänische Gesundheitssystem ist gut

Dänen sind sehr stolz auf ihr Gesundheitssystem. Es bietet eine gute Basisversorgung für jeden – unabhängig vom Einkommen.

Für alles darüber Hinausgehende müssen Zuzahlungen geleistet werden. Um Wartezeiten zu verkürzen, sind oft Zusatzversicherungen notwendig.

Maßnahmen zur Prophylaxe und Früherkennung werden selten getroffen, weshalb regelmäßige Kontrollen nicht selbstverständlich sind. Ebenso ist es oft nicht leicht, Überweisungen zu Fachärzten zu bekommen.

Ausländische Arbeitskräfte werden gesucht

Wegen der niedrigen Arbeitslosenquote und der starken Wirtschaft suchen viele dänische Firmen Arbeitskräfte auch im Ausland – besonders hochqualifizierte. Dennoch machen viele ausländische Bewerber die Erfahrung, dass es gar nicht so leicht ist, Arbeit zu finden. Einige haben sogar die Erfahrung gemacht, nicht mit offenen Armen empfangen worden zu sein – besonders bei Behörden. Das ist jedoch nicht typisch nur für Dänemark.

∗∗∗

Die obigen Punkte sollen Ihre Sicht auf ein Leben in Dänemark nicht negativ färben, sondern nur Ihre Erwartungshaltung relativieren. Denn dann wird Ihr Aufenthalt viel angenehmer beginnen, und Sie werden weniger Enttäuschungen erleben!

Die Dänen haben im Jahre 2006 als Gewinner des „World Happiness Survey" (Welt-Glücks-Umfrage) abgeschnitten. In Interviews zu den Gründen dieses glücklichen Zustands gaben sie an, das Geheimnis liege darin, dass sie ihre Erwartungen auf ein erreichbares Niveau schrauben und Glück mit Zufriedenheit gleichsetzen würden. Interessante Videos auf Englisch zu diesem Thema sind *(L5) http://www.youtube.com/watch?v=shepBx2ogJo* und *(L6) http://www.youtube.com/watch?v=fTGKUwMegZ4.*

Lassen Sie es uns deshalb mit den Dänen halten und realistische Erwartungen an das Leben in Dänemark haben! Dadurch werden Sie es intensiver genießen und glücklicher und zufriedener sein.

5 Im Austausch mit Dänen

Viele der Regeln in einem Land machen eine überlieferte Kultur aus und sind nicht niedergeschrieben. Die folgenden Kapitel sollen Ihnen helfen, sich mit den dänischen Gebräuchen und Gepflogenheiten vertraut zu machen. Sie sind typisch für das Land, obgleich es natürlich Unterschiede geben wird – je nach Alter oder Traditionsbewusstsein der Dänen, die Sie treffen.

5.1 Allgemeine Höflichkeitsformeln

Allgemeine dänische Höflichkeitsformeln zu kennen, erleichtert ein höfliches und kultiviertes Auftreten.

Begrüßung / Verabschiedung

Hej	=	Hallo
Dav(s)	=	Hallo
Goddag	=	Guten Tag
Hej, hej	=	Tschüss
Farvel	=	Tschüss
Tak for i dag	=	Danke für heute (wird oft auch am Arbeitsplatz verwendet)

Allgemeiner Austausch

Im Folgenden werden Höflichkeitsformeln aus den entsprechenden Kategorien in der Reihenfolge (①)⇨ ② ⇨ ③ verwendet.

①
Værsgo

       =   Bitteschön
             Wird beim Überreichen von etwas verwendet

②
Tak

= Danke

Tusind tak

= Tausend Dank

Tak skal du have

= Eine informelle Form für „Danke"

③
Selv tak

= Gern geschehen
Im Dänischen gibt es keine richtige Übersetzung für
„Gern geschehen". Es wird einfach im Gegenzug gedankt.

Velbekomme

= Wohl bekomm's

Det var så lidt

= Nicht der Rede wert

Einkaufen

Die Höflichkeitsformeln unter ① werden vom Einkäufer und diejenigen unter ②
vom Verkäufer verwendet.

①
Jeg vil gerne have ...

= Ich möchte gern ...
Da es im Dänischen kein „Bitte" gibt, wird diese Formulierung ver-
wendet, wenn man um etwas bittet. Sie kann beim Einkaufen, im
Restaurant bei der Bestellung usw. verwendet werden.

Tak, det var det hele.

= Danke, das war alles.
Eine mögliche Antwort auf die Fragen unter ②

②

<u>Var det allt?</u>
>   =   War das alles?

<u>Ellers (noget) andet?</u>
>   =   Sonst noch etwas?

③

<u>På beløbet</u>
>   =   Auf den Betrag (genau)
>   Wird mit Dankort (dänische Bankkarte) gezahlt, wird diese Frage im
>   mer gestellt – oder der Einkäufer sagt es von sich aus. Dabei geht
>   es darum, ob der Kassenzettel auf den genauen Betrag des Einkaufs
>   ausgestellt oder ob Bargeld ausgezahlt werden soll. Mehr dazu in Ka
>   pitel 10.3.

Bei Tisch

<u>Værsgo</u>
>   =   Bitteschön
>   Damit gibt der Gastgeber das Zeichen, dass mit dem Essen begon
>   nen werden kann.

<u>Skål</u>
>   =   Zum Wohl
>   Wird beim Anstoßen ausgesprochen. Dabei wird das Glas erhoben
>   und den anderen zugenickt. Trinken ohne „Skål" zu sagen, könnte als
>   unhöflich gelten.

<u>Må jeg bede om …</u>
>   =   Kann ich um … bitten?
>   Damit wird z. B. bei Tisch um etwas gebeten, das einem gereicht wer
>   den soll.

<u>Tak for mad</u>
>   =   Danke fürs Essen
>   Gäste danken damit nach dem Essen für die Mahlzeit.

Velbekomme

> = Wohl bekomm's
> Der Gastgeber antwortet damit auf ein „Tak for mad".
> Velbekomme kann auch verwendet werden, wenn Sie sich zu anderen an den Tisch setzen, z. B. in der Kantine, und „Guten Appetit" wünschen wollen.

Besuche

Velkommen til

> = Willkommen
> Damit begrüßt der Gastgeber die Ankommenden ...

Kom inden for

> = Bitte eintreten
> ... und bittet sie einzutreten.

Tak for sidst

> = Danke für letztens
> Damit wird *jeder* der Teilnehmer eines Festes bei der nächsten Begegnung begrüßt. Mehr dazu in Kapitel 5.2.2.

Det var hyggeligt

> = Das war gemütlich
> Damit verabschieden sich Gäste nach gemeinsam verbrachter Zeit. Mehr dazu in Kapitel 5.2.2.

Glückwünsche

Prosit	=	Gesundheit (wenn jemand niest)
Held og lykke	=	Viel Glück und Erfolg
Tillykke med fødselsdag	=	Viel Glück zum Geburtstag
Tillyke med bryllup	=	Viel Glück zur Hochzeit
Tillykke med X	=	Glückwunsch mit X

> Wenn jemand in der Familie gefeiert wird, ist es üblich, auch die anderen in der Familie zu dieser Person zu beglückwünschen. Hat z. B. Peter Geburtstag, so werden vor allem die Eltern oder der Partner des Gefeierten mit Tillykke med Peter begrüßt.

5.2 Einladungen

Haben Sie es in den „inneren Kreis" von Dänen geschafft und sprechen sich gegenseitig Einladungen aus, so sollten Sie etwas mehr über den gewöhnlichen Ablauf von Einladungen wissen. Denn Sie möchten sicher nicht, dass die neuerblühten Freundschaften im Keime ersticken – z. B. wenn die eingeladene Gesellschaft bald verhungert, weil Sie höflicherweise etwas später als angegeben kommen. Oder wenn Sie als Gastgeber für 18:00 Uhr eingeladen haben, jedoch außer Snacks und Knabbersachen nichts anderes auftischen.

5.2.1 Mahlzeitbenennungen

Eine Quelle für Missverständnisse sind Benennungen von Mahlzeiten. Sind Sie z. B. zum frokost eingeladen, bitte nicht um 10:00 Uhr kommen, auch wenn es noch so sehr nach „Frühstück" klingt.

Morgenmad	=	Frühstück
Frokost	=	Mittagessen
Middag	=	Abendessen
Aftensmad	=	Abendessen

Frokost ist im Normalfall eine kalte Mahlzeit, bei der gewöhnlich unterschiedliche Sorten Hering, Frikadellen, Leberpastete, Käse und Roggenbrot, gefolgt von Kaffee/Tee serviert werden.
Abendmahlzeiten sind gewöhnlich warm.

5.2.2 Einladung zum Abendessen

Dieses Kapitel beschreibt den üblichen Ablauf einer Abendeinladung. Einladungen zum Kaffee oder zum frokost laufen viel weniger formell ab.

Zeit
Oft wird bei der Einladung nur die Uhrzeit angegeben, jedoch hat diese eine doppelte Bedeutung:

18:00 Uhr – Einladung zum Abendessen
19:00 Uhr – Diese Uhrzeit ist eine Grauzone. Es wird explizit erwähnt, ob es sich um ein Abendessen oder nur um Snacks handelt.
20:00 Uhr – Es wird gewöhnlich nur eine Kleinigkeit zu essen geben.

Sollten Sie sich unsicher sein, fragen Sie am besten den Gastgeber.

Pünktlichkeit
Eine angegebene Uhrzeit ist stets exakt gemeint.

Dänen sind sehr pünktlich – und dies wird auch von anderen erwartet. Genau auf den Glockenschlag werden alle Ihre Gäste eintreffen, in manchen Fällen sogar etwas früher. Vorsicht also, wenn Sie als Gastgeber Ihrem Zeitplan hinterherhetzen. Sie werden eventuell im Bademantel die Tür öffnen müssen.

Wenn Gäste sich verspäten – sei es auch nur um 5 Minuten –, so rufen sie oft an. Das akademische Viertel (15 Minuten zu spät) wird noch entschuldigt. Mehr als das jedoch grenzt beinahe an Todsünde und kann mit fast nichts entschuldigt werden.

Dass Pünktlichkeit bei solchen Gelegenheiten so wichtig ist, hängt wohl damit zusammen, dass es sich bei Einladungen zum Essen gewöhnlich um „Sitz"-Mahlzeiten handelt, und das Essen kommt auf den Tisch, wenn alle Gäste da sind.

Gastgebergeschenk
Es ist üblich, eine Kleinigkeit mitzubringen: Blumen, Pralinen, eine Flasche Rotwein. Oder eine andere kleine Überraschung. Sollte die Gelegenheit ein „richtiges" Geschenk erfordern, gibt es im Kapitel 5.2.8 mehr Informationen.

> **Gut zu wissen**
> In Dänemark werden die Blumen vor der Überreichung nicht aus der Verpackung geholt.

Ankunft
In vielen dänischen Haushalten ist es nicht üblich, sich mit Straßenschuhen in der Wohnung zu bewegen. Gäste können jedoch gerne Filzpantoffeln oder Hausschuhe mitbringen.

Bei Tisch

In vielen Fällen gibt es eine Tischordnung, auch wenn es sich um eine kleinere Gesellschaft handelt. Sie werden Tischkärtchen vorfinden, oder der Gastgeber erklärt Ihnen kurz die Sitzordnung – üblich ist eine gemischte Reihe (Mann-Frau-Mann-Frau). Der Jütland-Tradition nach können Partner nebeneinander sitzen, während sie der Seeland-Tradition nach getrennt werden.

Wenn Sie Ihren Platz gefunden haben, ja nicht schon hinsetzen – auch wenn die Knie vom Aperitif weich sind! Erst wenn alle um den Tisch versammelt sind, werden die Stühle gerückt.

Als Erstes wird die Vorspeise serviert (gerne etwas aus dem Meer), dann der Hauptgang, danach kommt die Nachspeise. Kaffee/Tee gibt es gewöhnlich nicht zum Dessert, sondern danach.

Dem guten Ton nach ist die Dame zur Rechten die Haupttischpartnerin, und der Herr zu ihrer Linken sollte sich gebührend um sie kümmern (wird allerdings nicht mehr so oft praktiziert).

Wenn Gäste nach Hause wollen, kommt es oft vor, dass sie ihre Teller und Gläser in die Küche bringen, um den Gastgebern das Aufräumen zu erleichtern.

Sprache

Dänen sprechen zwar gut Englisch, das heißt aber nicht, dass sie es einen ganzen Abend lang tun. Hoffentlich findet sich in der Runde ein „Beschützer", der übersetzt – oder Sie sind mutig genug, dauernd nachzufragen.

Gesprächsthemen

Obwohl auch ab und zu über Politik gesprochen wird, ist es nicht empfehlenswert, das Thema selbst anzusprechen. Ein Abendessen soll schließlich „hyggelig" (gemütlich) sein. Wenn überhaupt, wird eher über politische Ereignisse als über politische Gesinnungen gesprochen.

Verabschiedung

Bei der Verabschiedung werden alle versichern, dass es ein sehr gemütlicher Abend gewesen ist: Det var rigtig hyggeligt (Es war sehr gemütlich). Ich kann mich nicht erinnern, dass dies mal jemand *nicht* gesagt hätte.

Dank

An einem der Tage danach ist es schicklich, sich bei den Gastgebern zu melden und sich für den schönen Abend zu bedanken: <u>Tak for sidst.</u> Das kennen Sie wahrscheinlich in ähnlicher Form auch in anderen Ländern. Doch in Dänemark wird jeder der anderen Gäste bei der nächsten Begegnung mit einem <u>Tak for sidst</u> begrüßt, denn alle haben zum Gelingen des Abends beigetragen.

5.2.3 Ablauf von bedeutenden Festen

Ankunft
Natürlich pünktlich. Es wird mit Drinks begonnen.

Begrüßung
Die Gäste machen die Runde und begrüßen einander, auch wenn sie sich nicht kennen. Es hilft, die ersten Kontakte zu knüpfen. Vor allem ist es *die* Gelegenheit, gezielt Leute zu treffen, denn den Großteil des Festes werden Sie an dem Ihnen zugewiesenen Tischplatz verbringen.

Tischordnung
Oft gibt es eine Übersichtstafel, auf der Sie Ihren Namen leichter finden können. Es ist auch üblich, durch den Saal zu streifen und seinen zugewiesenen Platz zu suchen. Tauschen von Kärtchen sollte tunlichst vermieden werden, denn die Gastgeber haben viel Zeit damit verbracht, akzeptable Kombinationen zu finden.

Redeführer
Es ist üblich, dass bei größeren Festen die Gäste Reden halten. Es gibt einen Redeführer, der die Gäste durch das Programm führen und alle Redner koordinieren wird. Haben Sie etwas vorbereitet, sollten Sie den Redeführer bald nach der Ankunft ausfindig machen und es ihm mitteilen.

Mahlzeit
Drei Gerichte sind üblich, wobei in vielen Fällen ein Buffet angeboten wird, um die Gäste schneller und mit weniger Aufwand zu bedienen. Der Redeführer wird in der Regel die Tischreihenfolge oder Ähnliches bestimmen, um lange Schlangen am Buffet zu vermeiden. Diese Ordnung gilt allerdings nur für die erste Runde.

Reden und Lieder
Während des Essens werden Reden gehalten, in denen die Gäste Erinnerungen oder lustige Ereignisse in Verbindung mit den Gefeierten schildern.

Diejenigen, die sich nicht trauen, vor versammelter Gesellschaft zu sprechen, ändern den Text eines bekannten dänischen Liedes ab und verteilen den Text, gerne mit Fotos geschmückt, an die Gäste. Das Lied wird dann gemeinsam gesungen. Ein Spiel vorzubereiten ist auch eine gute Möglichkeit, um das Ganze etwas aufzulockern.

Der jeweilige Redner oder Liedermacher wird anschließend angeben, welches „Hochleben-Lassen" (3 unterschiedlich lange „Hurras") gewünscht wird. Dabei heben alle ihr Glas und stimmen mit ein: Hurra, Hurra, Hurraaaaa.

Auch wenn sich so eine Mahlzeit über 4 bis 6 Stunden hinzieht, kann das „Programm" kurzweilig und eine gute Übung für Ihre Dänischkenntnisse sein.

5.2.4 Hochzeit

Unverheiratete Paare haben zum großen Teil die gleichen Rechte wie verheiratete. Dennoch wird in Dänemark viel geheiratet (trotz der hohen Scheidungsraten), wobei eine kirchliche Trauung den gleichen rechtlichen Status wie eine standesamtliche Trauung bietet.

Das Hochzeitsfest läuft im Großen und Ganzen ähnlich ab wie in Kapitel 5.2.3 beschrieben; lediglich mit ein paar kleinen Ergänzungen:

Überreichung von Geschenken

Die Überreichung von Geschenken erfolgt in geordneter Form. Wenn sich nach der Hochzeitszeremonie, gewöhnlich im Festsaal, eine Schlange vor dem Brautpaar bildet, ist es so weit. Die Übergabe kann recht lange dauern, denn Helfer notieren genau, von wem welches Geschenk überreicht wurde, damit sich das Brautpaar unter Angabe des genauen Geschenkes bedanken kann.

Programm

Außer den Reden, Liedern und vorbereiteten Spielen werden mit dem Brautpaar gerne Späßchen getrieben: Klopfen die Gäste mit dem Besteck auf das Geschirr, muss das Brautpaar auf ihre Stühle steigen und sich küssen; wird mit den Füßen gestampft, müssen sie es unterm Tisch tun. Verlässt die Braut den Saal, laufen alle Damen los, um den Bräutigam zu küssen; traut sich der Bräutigam aus dem Raum, wird die Braut von den Herren bestürmt.

Kurz vor Mitternacht werden Braut und Bräutigam den ersten Walzer tanzen, während die Gäste im Kreis um sie stehen und den Kreis nach und nach kleiner machen, bis sich das Brautpaar nicht mehr bewegen kann. Dann reißen die Gäste den Brautschleier in Fetzen (je mehr Fetzen, desto mehr Glück) und schneiden dem Bräutigam die Krawatte und die Spitze der Strümpfe ab, damit er sich nicht zu anderen Frauen verirren kann.

Danach gibt es den Hochzeitskuchen, und es wird oft bis tief in die Nacht gefeiert.

5.2.5 Runder Geburtstag

Ein runder Geburtstag (30, 40 etc.) ist eine besondere Gelegenheit im Leben der Dänen und wird gewöhnlich in größerem Rahmen gefeiert. Der Ablauf des Festes erfolgt wie im Kapitel 5.2.3 beschrieben.

Überreichung von Geschenken

Jeder übergibt sein Geschenk bei der Begrüßung des Gefeierten.

5.2.6 Konfirmation

In der evangelischen Kirche, der dänischen Volkskirche, werden Kinder bald nach der Geburt getauft. Damit treffen die Eltern die Wahl des Glaubens für ihre Kinder. Bei der Konfirmation (im Alter von etwa 14 Jahren) sollen die Kinder dann selbst eine bewusste Entscheidung treffen. Kinder werden ermutigt, ernsthaft darüber nachzudenken, ob sie weiterhin in ihrem Glauben bleiben wollen, und es ist durchaus akzeptiert, wenn sich ein Kind dagegen ausspricht. Der Ablauf des Festes erfolgt wie im Kapitel 5.2.3 beschrieben.

Überreichung von Geschenken

Jeder übergibt sein Geschenk bei der Begrüßung des Gefeierten.

5.2.7 Taufe

Für Taufen gibt es in der Regel kein großes Fest, oft nur Kaffee und Kuchen. Zur Taufe schenkt fast jeder Bücher von H. C. Andersen, so dass das Neugeborene genügend Andersen-Bücher bis zu seinem Lebensabend haben wird.

5.2.8 Wunschzettel

Sind Sie zu einer Gelegenheit eingeladen, die ein Geschenk erfordert, ist es vollkommen üblich, nach einem Wunschzettel zu fragen. Eine super tolle Sache (!), denn so bekommen Sie eine Idee, in welche Richtung die Wünsche gehen und womit man der Person eine Freude machen kann.

Üblich ist auch, Geschenke so zu kaufen, dass sie getauscht werden können. Sie zu tauschen ist allgemein akzeptiert – ja, oft wird einem gleich bei der Überreichung mitgeteilt: „Kan byttes" (Kann getauscht werden).

Diese Art zu schenken finde ich prima. Damit erspart man sich viel Kopfzerbrechen. Sollte es dennoch das Falsche sein, so ist das Geld nicht verschwendet, denn das Geschenk kann getauscht werden.

Kommen die Geschenke aus einem Laden mit Geld-zurück-Garantie, ist dies eine elegante Möglichkeit, Geldgeschenke zu machen. Gutscheine sind ebenfalls üblich, jedoch nicht so spannend. Außerdem kann man das Geld nicht in bar zurückbekommen.

In manchen Geschäften gibt es Tauschmarken (byttemærke) oder Tauschkassenzettel (bytteseddel). Auf beidem steht kein Betrag, sondern dieser ist im Kassensystem hinterlegt.

Am besten beim Kauf gleich fragen, welche Tauschmöglichkeiten bestehen!

Mehr Informationen zum Thema „Einkaufen" finden Sie auch im Kapitel 17.

5.3 Traditionelle Feste

5.3.1 Gesetzliche Feiertage

Um gewisse Gepflogenheiten besser zu verstehen, erhalten Sie in diesem Kapitel eine kurze Übersicht der gesetzlichen Feiertage und deren Herkunft. Mehr Informationen zu Traditionen gibt es im nächsten Kapitel.

Neujahrsfeiertag (Nytår): 1. Januar

Ostern (Påske)
In Dänemark bestehen die Osterfeiertage aus Gründonnerstag, Karfreitag, Ostersonntag und Ostermontag (Skærtorsdag, Lange Fredag, Påske dag, 2. Påskedag). In Dänemark ist auch der Gründonnerstag ein Feiertag.

Zu Ostern wird der Kreuzigung Jesu und seiner Auferstehung gedacht.
Gründonnerstag – letztes Abendmahl
Karfeitag – Kreuzigung Jesu
Ostersonntag – Auferstehung Jesu (fällt auf den ersten Sonntag nach dem ersten Frühjahrsvollmond)

Großer Bettag (Stor Bededag)
Der Große Bettag wird am vierten Freitag nach Ostern gefeiert. Dieser Tag geht nicht wie fast alle anderen Feiertage auf eine Begebenheit im Leben Jesu zurück. Er wurde 1686 eingeführt, um verschiedene Bettage zu vereinen.

Christi Himmelfahrt (Kristi Himmelfart)
40 Tage nach der Auferstehung Jesu.

Pfingsten (Pinse)
Die Pfingstfeiertage bestehen aus Pfingstsonntag und Pfingstmontag. Zu Pfingsten – 50 Tage nach Ostern – wird die Geburtsstunde der Kirche und deren Verkündigung an die Menschen gefeiert.

Tag des Grundgesetzes (Grundlovsdag)
Am 5. Juni wird die Einführung des Grundgesetzes im Jahre 1849 gefeiert – er gilt als Nationalfeiertag von Dänemark.

Weihnachten (Jul)
Die Weihnachtsfeiertage bestehen in Dänemark aus Heiligabend, 1. Weihnachtsfeiertag, 2. Weihnachtsfeiertag (24. Dezember bis 26. Dezember).
Weihnachten ist das Fest von Jesu Geburt.

Zu beachten
An gesetzlichen Feiertagen haben die meisten Firmen geschlossen.

Nachfolgend die Übersicht für die nächsten 3 Jahre:

	2009	2010	2011
Neujahr (<u>Nytår</u>)	1. Jan	1. Jan	1. Jan
Ostern (<u>Påske</u>)	9. Apr – 13. Apr	1. Apr – 5. Apr	21. Apr – 25. Apr
Großer Bettag (<u>Stor Bededag</u>)	8. Mai	30. Apr	20. Mai
Christi Himmelfahrt (<u>Kristi Himmelfart</u>)	21. Mai	13. Mai	2. Juni
Pfingsten (<u>Pinse</u>)	31. Mai – 1. Juni	23. Mai – 24. Mai	12. Juni 13. Juni
Tag des Grundgesetzes (<u>Grundlovdag</u>)	5. Juni	5. Juni	5. Juni
Weihnachten (<u>Jul</u>)	24. Dez – 26. Dez	24. Dez – 26. Dez	24. Dez – 26. Dez

Wie Sie sehen, gibt es in der ersten Jahreshälfte viele freie Tage, und dann folgt eine lange Durststrecke bis Weihnachten. Wahrscheinlich nehmen die meisten Dänen deshalb im Juli Urlaub, um wieder Kräfte bis Weihnachten aufzutanken.

5.3.2 Traditionen

In diesem Kapitel wird auf die Traditionen an bestimmten (Feier-)Tagen genauer eingegangen.

Fasching (<u>Fastelavn</u>)

Fasching wird gewöhnlich im Februar gefeiert und ist der letzte Sonntag vor dem Beginn der Fastenperiode. 2010 wird <u>Fastelavn</u> am 14. Februar und 2011 am 6. März sein.

<u>Fastelavn</u> ist ein Kostümfest vor allem für Kinder. Den Höhepunkt bildet dabei die Aktion, bei der ein Fass mit leckerem Inhalt zertrümmert wird. Und welches Kind findet es nicht toll, auf etwas ungestraft herumzuschlagen! Derjenige, der es schafft, das Fass zum Bersten zu bringen, wird Fastelavn-König oder -Königin. Die anderen Kinder gehen jedoch nicht leer aus, denn alle dürfen von den Süßigkeiten und Früchten aus dem Fass naschen.

In früheren Zeiten wurde eine Katze im Fass versteckt und nach dem Bersten aus der Stadt gejagt, damit sie böse Geister mit sich nimmt. Heute wird das Fass allenfalls mit Katzen bemalt oder eine Plüschkatze im Fass versteckt.

Ostern (Påske)

Eine Ostertradition für Kinder ist es, den sogenannten Ratebrief (gækkebrev) zu schreiben. Das ist ein Brief, bei dem der Absender höchstens den Anfangsbuchstaben seines Namens preisgibt, gefolgt von Punkten für die restlichen Buchstaben. Der Empfänger soll anhand des Geschriebenen herausfinden, von wem der Brief kommt. Schlägt auch der dritte Rateversuch fehl, schuldet er dem Absender ein Osterei.

In Süddänemark ist es beliebt, Eier zu verzieren und sie einen Hang hinunterzurollen. Derjenige, dessen Ei am längsten unbeschädigt rollt, gewinnt alle Eier.

Aprilscherz (Aprilsnar) – 1. April

Leute am 1. April zu narren, ist auch in Dänemark beliebt. Und das nicht nur unter Familienmitgliedern, Freunden und Kollegen, sondern auch Medien und offizielle Institutionen spielen gerne mit. Es werden Nachrichten im Radio, Fernsehen, in Zeitungen oder auf Internetseiten bekannt gegeben, die nichts mit der Wirklichkeit zu tun haben. Sogar Behörden wie die Polizei machen mit.

Die Zeitung „Berlingske Tidende" gab am 1. April 2008 die Nachricht bekannt, dass der Ei-Konzern Danæg an 2 neuen Eitypen arbeite, die besonders viel Vitamin A bzw. B enthielten. Diese Eier würden von Hühnern vom Typ A bzw. B gelegt, die unterschiedliche Tagesrhythmen hätten, ähnlich wie Menschen vom Typ A bzw. B.

Doch werden auch die Medien selbst Opfer von Aprilscherzen. Am 1. April 2007 teilte die Polizei von Bornholm mit, dass 4 Boote im Yachthafen von Åkirkeby ausgebrannt seien. Die dänische Nachrichtenagentur und einige Zeitungen verbreiteten diese Information. Leider wurde kein Realitätscheck gemacht, denn Åkirkeby liegt mitten auf Bornholm mit keinem offenen Gewässer weit und breit.

Großer Bettag (Stor Bededag)

An diesem Feiertag selbst geschieht heutzutage nicht mehr viel. Jedoch ist es eine Tradition, am Abend vorher warme viereckige Weizenbrötchen (varme hveder) mit Butter zu essen. Diese Tradition kam auf, weil sich alle am Stor Bededag nur aufs Beten konzentrieren durften – auch Bäcker. Deshalb wurde das Brot am Abend vorher gebacken. Und wer kann schon einem warmen Brot widerstehen – also wurde es gleich verzehrt.

Abend des Heiligen Hans (Sankt Hans aften) – 23. Juni
Am Sankt Hans aften, zur Mittsommernachtswende, wird überall gefeiert. Den Höhepunkt des Abends bildet das Verbrennen eines Scheiterhaufens, auf dem eine Hexe angebracht ist. Der Scheiterhaufen befindet sich auf einer Wiese, in einem Park oder am Strand, so dass es sich anbietet, davor rundherum Picknicks zu veranstalten, was zu regelrechter Volksansammlung und Partystimmung führt. Nachdem das Feuer angezündet wurde, werden bekannte Lieder gesungen.

In dieser Tradition vermischen sich unterschiedliche Bräuche: Der Name kommt von Johannes dem Täufer, die Hexe auf dem Scheiterhaufen natürlich von den Hexenverbrennungen, und mit dem Feuer an sich sollen die Hexen nach Blocksberg im Harz verjagt werden. Außerdem sollen die Kräuter in dieser Nacht magische Kräfte haben.

Martins Abend (Mortens aften) – 10. November
Dieser Abend wird mit St. Martin, dem heiligen Bischof von Tour, in Verbindung gebracht, der ein Missionar war. Es wird abends Gans bzw. eine erschwinglichere Ente gegessen.

Hintergrund für das Gansessen ist, dass sich laut einer Sage St. Martin in einem Gänsestall versteckt hatte, um nicht zum Bischof geweiht zu werden. Die Gänse aber verrieten ihn durch ihr Geschrei. Zur Strafe dafür erließ er, dass jedes Jahr am 10. November Gänse verspeist werden sollen.

Lucia-Lichterfest – 13. Dezember
Dieser Brauch kommt eigentlich aus Südschweden, wird aber gerne auch von Kindern in Dänemark befolgt. Dieses Fest ist Sancta Lucia, einer Märtyrerin, gewidmet. Mädchen werden in Weiß gekleidet und bekommen Kerzen – entweder in die Hand oder auf eine (Lichter-)Krone, die sie auf dem Kopf tragen. Dazu wird das Lucia-Lied gesungen. Auch hier handelt es sich um ein Verschmelzen von mehreren Bräuchen: Eine Variante ist, dass in dem ehemals katholischen Schweden die Jungfrau Lucia am 13. Dezember vor dem Neujahrsfasten den Bedürftigen Speisen bringen sollte. Da sie diese aber mit beiden Händen tragen musste, wurden ihr die Lichter als Krone aufgesetzt.

Weihnachtszeit
Sehr typisch für die Weihnachtszeit sind sogenannte „Apfelscheiben" (æbleskiver) und Glühwein (gløgg). Æbleskiver haben trotz ihrer Bezeichnung rein gar nichts mit Äpfeln zu tun, sondern sind kugelförmige Süßspeisen aus Pfannkuchenteig,

die mit Erdbeermarmelade und/oder Puderzucker gegessen werden. Gløgg ist eigentlich eine schwedische Tradition, aber wer mag an einem kalten Winterabend einem warmen Glühwein widerstehen!

Im Dezember wird viel gefeiert, und alle Firmen werden für ihre Mitarbeiter eine Weihnachtsfeier (Julefokost) veranstalten.

An 4 Sonntagen vor Weihnachten, den Adventssonntagen, werden die Kerzen des Adventskranzes angezündet: am ersten Sonntag eine Kerze, am zweiten zwei usw. Oft werden im Dezember auch Kerzen verwendet, die 24 Markierungen haben, für jeden Tag bis Weihnachten eine. Gerne wird die Wohnung auch mit kleinen Wichtelmännern, nisse genannt, geschmückt.

Und dann ist es da, das Weihnachtsfest. Es ist ganz klar auch in Dänemark ein Familienfest, und nach alter nordischer Tradition wird auch hier am Vorabend des Festtags gefeiert, an Heiligabend, dem 24. Dezember.

Am Nachmittag wird in die Kirche gegangen. Da dies der einzige Tag im Jahr ist, an dem viele Dänen die Kirche besuchen, sind die Kirchen brechend voll. Es werden deshalb mehrere Kirchendienste angeboten.

Danach versammelt man sich um 18:00 Uhr zum Festessen. In vielen Familien wird debattiert, ob Reismilch (risengrød) entsprechend der alten Tradition wenig gesüßt vor dem Hauptgang oder als Reismilch mit Mandelsplittern (risalamande) „neumodisch" als Dessert gegessen werden soll. In risengrød/risalamande wird eine ganze Mandel versteckt. Mit großer Spannung und Konzentration wird diese Speise verzehrt, denn derjenige, der die ganze Mandel findet, bekommt ein kleines Geschenk. Die Spannung kann erhöht werden, indem der Finder sein Glück erst preisgibt, wenn alle ihren risengrød/risalamande aufgegessen haben, oder wenn zwei Mandeln statt einer versteckt worden sind.

Das Hauptgericht ist Entenbraten, oft gefüllt mit Pflaumen und Äpfeln, und als Beilage werden glasierte Kartoffeln und Rotkohl serviert. Die Enten bekommen viele Mitarbeiter von ihren Firmen als Weihnachtsgeschenk.

Natürlich gibt es auch in Dänemark typisches Weihnachtsgebäck wie z. B. Pfeffernüsse (pebbernødder), braune Kekse (brune kager) und Vanillekränzchen (vanille kranse).

Nach dem Essen geht's zum Weihnachtsbaum, der festlich geschmückt ist. Dänischer Weihnachtsschmuck besteht aus geflochtenen dänischen Weihnachtsherzen, die Weihnachtskekse beherbergen, und sonstigem Behang. Schmuck in Form eines Vogels soll Glück bringen. Üblich ist es auch, eine Girlande mit kleinen dänischen Flaggen um den Weihnachtsbaum zu winden.

Der Baum muss mitten im Zimmer stehen, damit um ihn herumgetanzt werden kann. Alle fassen sich an den Händen und gehen um den Baum herum, während ausgiebig Weihnachtslieder gesungen werden. Wenn der Vorrat an Texten erschöpft ist, gibt es endlich Bescherung.

Neujahrsfest (Nytår)
Am 31. Dezember wird der Abschluss des Jahres gefeiert.
Die Feste beginnen gewöhnlich vor 18:00 Uhr, weil unabhängig davon, wo gefeiert wird, die meisten Dänen sich um 18:00 Uhr die Neujahrsrede der dänischen Königin anhören werden. Sogar Lokale und Restaurants haben Fernsehschirme aufgestellt, wo die Rede verfolgt werden kann.

Viele feiern privat, andere wiederum lassen sich in Restaurants verwöhnen, die mehrgängige Menüs anbieten. Zu beachten ist jedoch, dass die Feiern im Restaurant eventuell um 23:00 Uhr beendet sind, denn schließlich soll das Personal auch eine Möglichkeit zum Feiern haben (!). In Cafés, Bars, Kneipen kann allerdings weitergefeiert werden. Am besten gleich bei der Reservierung fragen, wie lange das Neujahrsdinner geht, und entsprechend vorsorgen.

Das Neue Jahr wird mit Champagner und Marzipangebäck (kransekage) eingeleitet.

Um Mitternacht – oft aber auch lange vorher und lange danach – werden Feuerwerkskörper gezündet. Wegen der Brandgefahr sollen für das Zünden von Feuerwerkskörpern offene, größere Plätze genutzt werden. Es führt ja auch zu einem eindrucksvolleren Erlebnis, wenn viele ihre Feuerwerkskörper und Knaller an der gleichen Stelle zünden. So bekommt der Spaß eine andere Dimension und hält länger an.

Zu beachten
Das eigene Einführen von Feuerwerkskörpern nach Dänemark ist verboten, doch können sie in Supermärkten kurz vor Neujahr in Mengen gekauft werden.

Vorsicht
Es wird viel Schabernack getrieben. Deshalb sicherstellen, dass Auto-, Wohnungsfenster und Briefkästen geschlossen sind! Selbst die Post schließt ihre Briefkästen, so dass nur dünne Briefe eingeworfen werden können.

5.4 Was essen die Dänen?

- Die Landesspezialität Dänemarks ist smørrebrød, was übersetzt „Butterbrot" heißt. Hierbei handelt es sich um eine Scheibe Roggenbrot, die gebuttert wird, dann folgt Belag und dann „Verzierung". Dadurch wird eine schmackhafte und visuell ansprechende Kreation geschaffen. Doch wehe dem, der die Reihenfolge ändert oder gar eine Scheibe Brot draufsetzt!

- Ymer oder Tykmælk mit Ymerdrys (zum Frühstück)
Ymer und Tykmælk sind beide eine Art Dickmilch. Ymerdrys sind Roggenbrotkrümel mit oder ohne Zucker.

- Eingelegter Hering mit verschiedenen Soßen oder Marinaden (zu jedem Buffet oder als Vorspeise). Sehr lecker ist gebratener Hering, eingelegt in süßsaurer Soße (stegt sild), alles in Kühlregalen in Supermärkten zu finden.

- Leverpostej (darf bei keinem Buffet fehlen)
Leverpostej ist eine warm servierte Leberpastete mit krossem Schinken drauf.

- Frikadeller (Hauptmahlzeit oder Buffetgericht)
Kleine Fleischbällchen.

- Flæskesteg (Hauptmahlzeit)
Schweinebraten mit knuspriger Schwarte oben.

- Stegt flæsk med persillesauce (Hauptmahlzeit)
Krosser Schweinebauch mit Petersiliensoße, dazu Kartoffeln.

- Mørbrad
Gebratenes Schweinefilet, wird oft in Scheiben geschnitten und mit vielen Pilzen und gebratenen Zwiebeln bedeckt serviert.

- Kartoffeln werden gerne mit Schale gekocht, serviert und gegessen.

– Süßer Gurkensalat (Salat zur Hauptmahlzeit)
  Gurken in Scheiben geschnitten in süßsaurem Dressing.

– Pølse (an Imbissbuden)
  Pølse sind dänische Hotdogs.
  Imbissbuden (pølsevogn) sind überall auf größeren Plätzen zu finden.

– Lagkage (Dessert)
  Schichtkuchen mit Creme, der sehr oft bei dänischen Festen serviert wird.

– Koldskål mit Kammerjunker (als Dessert)
  Koldskål ist im wahrsten Sinne des Wortes eine Kaltschale und somit beliebte Sommerspeise. Sie wird aus Sauermilch mit Ei und Vanille hergestellt und kurz vor dem Verzehren mit Kammerjunker, süßen Mürbekeksen, bespickt.

– Blätterteiggebäck (zum Frühstück oder zum Kaffee)
  Dieses gibt es beim Bäcker in verschiedenen Variationen. Wienerbrød (Wiener Brot) ist gewöhnlich mit Pudding oder Schoko, tebirkes oder grovbirkes sind mit bzw. ohne Mohn.

– Gesalzene Butter
  Butter ist normalerweise leicht gesalzen, es gibt sie aber auch ungesalzen.

– Weißbrot zum Frühstück, Roggenvollkornbrot zum frokost

– Softis (Schleckerei)
  Softeis ist sehr beliebt, nicht nur bei Touristen, und in unterschiedlichen Geschmacksrichtungen zu haben. Oft wird auf die Spitze ein „Schokokuss" draufgesetzt.

– Lakrids (Schleckerei)
  Lakritzsüßigkeiten gibt es in unterschiedlichsten Formen, inzwischen auch als Eis oder Eisstreusel – sowohl süß als auch salzig (!).

6 Erfahrungen von 15 Interviewpartnern

Um die Fülle von Erfahrungen und Eindrücken festzuhalten, habe ich 15 Interviews geführt, die in den nachfolgenden Unterkapiteln zusammengefasst sind. Die Teilnehmerzahl ist nicht repräsentativ, doch geben die Antworten die Bandbreite unterschiedlichster Erfahrungen wieder. Erwähnt sei hierzu, dass diese nicht in jedem Punkt mit meinen eigenen übereinstimmen.

Meine Interviewpartner kommen aus 9 Ländern: Deutschland, Großbritannien, Hong Kong, Kanada, Österreich, Spanien, Südafrika, Türkei und USA. Die meisten leben in und um Kopenhagen, doch einige auch in Süd-, Mittel- und Nordjütland. Ein Teil der Interviewten ist für immer nach Dänemark gezogen (ausgewandert), die meisten sind jedoch vorübergehend im Lande.

Alle haben mir die gleichen Fragen beantwortet – sie sind im Folgenden in einzelne Unterkapitel gegliedert.

6.1 Was gefällt ihnen / was nicht?

Land

☺ Das Land bietet ausreichend viel Platz, relativ wenig Verkehr und wenig Gedränge, wenig Umweltverschmutzung, und die Luft ist rein. Es ist allgemein akzeptiert, umweltbewusst zu sein.

☺ Alles ist gut erreichbar und die Entfernungen zu schönen Orten sind nicht groß. Es gibt leichten Zugang zu Grünflächen und zum Meer sowie viele Gelegenheiten für Wanderungen und Spaziergänge. Es gibt gute Möglichkeiten, schnell segeln und baden zu gehen. Die Natur und die naturbelassenen Strände sind sehr schön.

☺ Das Wasser aus dem Wasserhahn kann getrunken werden. Es wird regelmäßigen Untersuchungen unterzogen, und es schmeckt in den meisten Gebieten sehr gut. Leitungswasser kann auch in Restaurants und Cafés bestellt werden.

☺ Das Klima ist okay, und es gibt kaum etwas Schöneres als einen guten dänischen Sommertag am Meer ...

☹ ... doch ist das Winterwetter sehr bedrückend, und die Tage sind kurz und dunkel. Am besten sollten Sie viel aktiv sein, z. B. ins Fitness-Studio gehen mit anschließender Sauna oder diese Zeit zum Reisen nutzen, um dem Grau zu entfliehen. Viele Dänen tun das auch.

☺ Zuzügler lernen gutes Wetter zu schätzen und besser zu nutzen: Wenn das Wetter gut ist, wird hinausgegangen, und alles andere, das warten kann, bekommt eine niedrigere Priorität.

☹ Enttäuschend ist, dass Dänemark, obwohl es in der EU ist, die Euro-Währung nicht eingeführt hat, auch wenn die Dänische Krone (DKK) an den Euro gekoppelt ist.

☺ Das Zeitverständnis scheint in Dänemark ein anderes zu sein. Wird Hilfe oder die Erledigung einer Aufgabe sofort erwartet, so scheinen Dänen von der Reihenfolge auszugehen, in der sie die Aufgaben erhalten haben, und dementsprechend oft von einem längeren Zeitraum. Deshalb muss der Zeitrahmen angesprochen werden.

Kopenhagen

☺ Kopenhagen hat alle Einrichtungen einer Großstadt, ist aber trotzdem gemütlich und ausreichend klein, um überallhin mit dem Fahrrad gelangen zu können.

☺ Es ist eine sehr schöne Stadt. Das Stadtbild ist harmonisch, und der Stil der Gebäude wird erhalten, was eine nostalgische Atmosphäre hervorruft.

☺ Die Stadt gibt sich international und eröffnet einen leichten Zugang zu einer großen internationalen Gemeinschaft.

☹ Die Kopenhagener werden als etwas „ruppig" und besserwisserisch empfunden.

Verkehr

☺ Unabhängigkeit und ein Leben ohne Auto sind (in und um Kopenhagen) möglich!

☺ Das Fahrrad wird als Verkehrsmittel ernst genommen. Mit dem Fahrrad kann man dem oft dichten Berufsverkehr in Städten mühelos entkommen. Fahrradwege gibt es entlang jeder größeren Straße, sie sind breit, in sehr gutem Zustand, und es kommen ständig weitere hinzu. Es gibt sehr gute, auch kostenlose Informationen zu Fahrradrouten. Die Rechte von Fahrradfahrern werden geachtet, dennoch Vorsicht vor allem beim Rechtsabbiegen von LKWs!

☺ Überraschenderweise reicht es aus, ein Fahrrad einfach zu verschließen (nicht an feste Gegenstände). Man wird es mit großer Wahrscheinlichkeit bei der Rückkehr noch vollständig vorfinden.

☹ Der Verkehr ist zum Teil recht aggressiv. Fehler von anderen werden kaum toleriert – besonders keine auf dem Radweg. Wer sich im Recht fühlt, kennt kein Pardon. Leute machen sich die Mühe, zu Ihnen hinzukommen, um Übertretungen mitzuteilen – oft unfreundlich, sogar bei Kleinigkeiten.

Soziales System

☺ Dänemark bietet ein gutes soziales System: Kinderbetreuung, Ausbildung, Gesundheitssystem, Arbeitslosenversicherung, Kindergeld usw. Das integrierte Schulsystem, Ganztagsbetreuung und die Betreuung von sehr kleinen Kindern sind sehr hilfreich für Eltern.

☺ Das Gesundheitssystem ist verglichen mit vielen anderen Ländern gut. Es garantiert auch eine gute Notfallversorgung. Werden Patienten ins Krankenhaus eingeliefert, werden sie sofort behandelt, ohne dass erst (wie in anderen Ländern) geprüft werden muss, welche Behandlung ihnen zusteht.

☹ Bei einem Notfall muss erst beim Notfalldienst (<u>lægevagt</u>) angerufen werden, bevor zum Krankenhaus gefahren werden kann, wodurch Zeit verloren geht.

☺ Ärzte und Krankenschwestern sind engagiert und haben ein gutes Ausbildungsniveau …

☹   ... Jedoch erscheinen Ärzte manchmal etwas unsensibel, als ob sie den Patienten nicht ernst nähmen. Überweisungen zum Facharzt und Verschreibungen von Medikamenten und Behandlungen sind keine Selbstverständlichkeit.

☹   Die Alltagsgesundheitsversorgung ist nicht so gut wie erwartet, und Prävention wird wenig praktiziert. Oft sind die Wartezeiten für Termine, Behandlungen und Auswertungen sehr lang. Bei einer akuten ernsthaften Erkrankung sind solche Verzögerungen sehr beunruhigend.

☹   Ein großer Teil der Medikamentenkosten muss selbst getragen werden.

☺   Auch in Dänemark müssen die Arztkosten nicht erst privat gedeckt werden, um sie dann von der Krankenversicherung rückerstattet zu bekommen.

☺   Stress wird als Krankheit ernst genommen, und es gibt Unterstützung dafür.

Öffentliche Dienste

☺   Es gibt ein starkes Vertrauen in die Regierung und wenig Widerstand gegen das, was sie tut.

☹   Erstaunlich ist, dass die „Venstre Parti" mit der „Dansk Folkeparti" eng zusammenarbeitet - trotz der negativen Haltung der letzteren zu Ausländern. Mehr Informationen zu Parteien finden Sie im Kapitel 2.2.2.

☺   Die notwendigen Schritte für Zuzügler aus der EU sind klar festgelegt. Ihre Anliegen werden relativ schnell bearbeitet. Es ist sehr hilfreich, dass bei Behörden Englisch (im Süden Dänemarks z. T. auch Deutsch) verstanden wird, denn anfangs sprechen Expats noch kein (gutes) Dänisch.

☺   Viele Behörden und Firmen bieten Webseiten mit Onlinebedienung an. Somit kann recht viel per Internet geklärt werden, was Zeit spart und auch außerhalb der Öffnungszeiten erledigt werden kann.

☺ Bibliotheken sind gut ausgestattet und können gerade am Anfang sehr nützlich sein, denn sie bieten auch Computer- und Druckerbenutzung sowie Internetzugang als kostenlosen Service an.

☺ Der öffentliche Verkehr in Großstädten ist effizient und gut organisiert, z. B. fahren Züge recht pünktlich, sind zuverlässig, und es gibt wenig Streiks.

Sicherheit

☺ Dänemark wird als stabil und sicher empfunden. Die Menschen sind im Allgemeinen arglos. Es ist ohne Weiteres möglich, abends alleine auf der Straße zu sein oder Spaziergänge zu machen, ohne sich bedroht zu fühlen.

☺ Trotz weniger sichtbarer Polizeipräsenz scheint alles gut zu funktionieren. Die Bevölkerung hat großen Respekt gegenüber Polizei und Behörden, und die Regeln werden allgemein beachtet. Auch kann beobachtet werden, dass Kinder im Kinderwagen vor Geschäften oder Cafés stehen gelassen werden – ein Zeichen für ein verbreitetes Sicherheitsgefühl.

☺ Gefährlich aussehende Hunde sind im Straßenbild selten zu sehen.

Bankwesen

☺ Der Service von Banken ist in Dänemark sehr gut. Die meisten Banken bieten ein gutes und effizientes Netbanking, viele auch auf Englisch. Banküberweisungen können sofort ausgeführt werden, und das Geld landet auch gleich auf dem Konto des Empfängers. Das ist sehr hilfreich, besonders wenn die Überweisung etwas spät ausgeführt wurde.

☺ Ganz toll ist das Dankort-System. Dankort ist die dänische Bankkarte, die dänemarkweit und bankenübergreifend funktioniert. Damit kann fast überall gezahlt werden – Barzahlungen sind deshalb selten notwendig.

☹ Jedoch ist die Bezahlung mit fremden Kreditkarten teuer, denn es werden dafür kräftige Gebühren berechnet.

Arbeit

☺ Die Wochenarbeitszeit beträgt im Normalfall 37 Stunden. Es gibt keinen besonderen Druck, bis spät abends zu arbeiten. Dadurch ist ein ausgeglichenes Verhältnis zwischen Leben und Arbeit (Work-life-Balance) einfacher möglich. Für das private Leben ist das sehr günstig, weil es Arbeitnehmern wesentlich mehr Freizeit gewährt ...

☹ ... Jedoch dauert das Fertigstellen und Abschließen einer Aufgabe entsprechend länger.

☺ Das Arbeitsklima ist gut. Die Arbeit ist ruhiger, und es herrscht ein entspanntes Verhältnis zur Arbeit.

☹ Es scheint, als ob Arbeit für viele nur ein Job ist. Mitarbeiter sind zum Teil nicht wirklich mit dem Herzen dabei und denken nur innerhalb ihres Aufgabenkreises.

☹ Zum Teil begegnet man einer südlichen Arbeitseinstellung: „Mach ich es heute nicht, mach ich es morgen."

☺ Fensterlose Büros gibt es nicht. Wie schön ist es, in einem Büro mit Tageslicht zu arbeiten!

☺ Die Menschen sind zuverlässig und sachkundig.

☺ Durch eine gutausgebaute Kinderbetreuung haben Frauen ähnliche Möglichkeiten wie Männer, einem Beruf nachzugehen und Vollzeit zu arbeiten.

☹ Andererseits wird erwartet (!), dass Frauen arbeiten. Es wird nicht gern gesehen, wenn sie es nicht tun, auch wenn es sich die Familie leisten kann. Es ist also nicht wirklich eine freie Wahl.

☺ Teamarbeit wird als sehr wichtig angesehen. Damit der Teamgeist gestärkt wird, werden „social events" organisiert.

☺ Im Team wird viel diskutiert, wodurch Entscheidungen länger dauern können.

☺ Die Interviewten waren im Allgemeinen mit ihrem Gehalt zufrieden. Einige verdienen brutto mehr als im Heimatland.

☺ Arbeitsplätze werden oft mit kurzer Frist zugesagt, was Flexibilität von den neuen Arbeitnehmern (z. B. für Umzug) erfordert.

☺ Neuen Mitarbeitern wird schnell Verantwortung übertragen. Sie können selbstständig arbeiten.

☹ Diplome scheinen Grenzen zu setzen: Bestimmte Jobs erfordern bestimmte Qualifikationen. Hierbei scheint es wenig Flexibilität zu geben.

☺ Es gibt keine ausgeprägten hierarchische Strukturen, alles geht etwas lockerer und unkomplizierter zu, was kurze Wege möglich macht. Dennoch respektieren sich die Mitarbeiter untereinander und verhalten sich diszipliniert.

☹ Von Ausländern wird Arbeit oft als Herausforderung Nummer 1 empfunden – sie scheinen ihr Können ständig rechtfertigen und beweisen zu müssen.

☹ Es wird viel Aufwand betrieben, ausgebildete ausländische Arbeitskräfte ins Land zu holen. Wenn sie jedoch schon im Land sind, so wird erwartet, dass sie Dänisch sprechen. Für sie ist es deshalb nicht leicht, einen Job zu bekommen.

☹ Es besteht der Eindruck, dass Ausbildungen und Erfahrungen von ausländischen Mitarbeitern nicht gebührend geschätzt werden. Ein dänisches Zertifikat eines Anfängers scheint höher bewertet zu werden als die Arbeitserfahrung eines Mitarbeiters aus dem Ausland.

☹ „Jantelov" ist oft bei der Arbeit spürbar: Wer zu hart arbeitet, wird von Kollegen nicht gemocht und eifersüchtig beobachtet.

☺ Es ist sehr hilfreich, dass Steuern auch in Dänemark automatisch vom Lohn abgeführt werden. In anderen Ländern müssen die Bürger ausreichend Geld beiseite legen, um am Jahresende ihre Steuern zahlen zu können.

Sprache

☺ Jeder Besitzer einer CPR-Nummer, der dänischen Personennummer, hat das Recht, an subventionierten Sprachschulen teilzunehmen und somit kostengünstig Dänisch zu lernen.

☹ Im Sprachunterricht wird mit viel Nachdruck Sprechen gelehrt. Diejenigen, die mit einem Dreijahresvertrag nach Dänemark kommen, werden jedoch während ihres kurzen Aufenthalts die Sprache nicht wirklich gut sprechen lernen können. Für sie wäre es wichtiger, besser dänisch *lesen* zu können, um eigenständiger zu sein.

☺ Die meisten Dänen sprechen Englisch, viele sogar richtig gut. Dadurch ist eine annehmbare Eigenständigkeit für Expats recht schnell zu erlangen.

☹ Trotzdem sind fehlende dänische Sprachkenntnisse behindernd, denn das meiste Informationsmaterial, besonders jenes für Alltagsbelange, ist in Dänisch, z. B. Benachrichtigungen, Rechnungen etc.

☹ Dass es im Dänischen kein „bitte" gibt, bringt viele Expats in Verlegenheit. Es mutet etwas unhöflich an, um etwas zu bitten, ohne „bitte" sagen zu können.

☹ Die Sprachbarriere ist sehr behindernd. Sie isoliert und bewirkt, sich klein und unselbstständig zu fühlen. Die Unkenntnis der Sprache hemmt und stoppt einen, Leute anzusprechen.

☹ Fehlende Dänischkenntnisse haben zur Folge, dass Leute einen eventuell für dumm halten und entsprechend behandeln.

☺ Einige Interviewten haben erlebt, dass es einfach war, trotz Unkenntnis der dänischen Sprache in Vereinen aufgenommen zu werden und mitzumachen.

☺ Dänen haben Probleme, das Dänisch von Ausländern zu verstehen, vielleicht weil sie vorwiegend unter sich bleiben und wenig Fähigkeiten entwickeln, unkorrektes Dänisch zu verstehen.

☺ Ausländische Filme werden in Originalsprache (mit dänischen Untertiteln) gezeigt.

Shopping und Ausgehen

☺ Es ist toll, dass auch in Dänemark die Mehrwertsteuer im Preis inbegriffen ist, wodurch sich das Rechnen erübrigt, um den Endpreis herauszufinden.

☺ Gewöhnlich ist mit Kassenzetteln der Umtausch von Waren möglich, und oft kann der Käufer sogar das Geld zurückbekommen.

☺ Die Menschen sind trendy angezogen und tragen besonders im Sommer interessante, farbenfrohe Kleidung.

☺ Manche Lebensmittelläden sind abends sehr lange offen, z. B. „IrmaCity", „DøgnNetto" oder „7Eleven". Am Sonntag dürfen kleinere Läden geöffnet haben.

☹ Fast alle Interviewten haben geäußert, dass sie die Produktauswahl in Supermärkten und Geschäften recht klein finden.

☹ Obwohl das Meer so nahe liegt, gibt es leider nicht viele Geschäfte mit frischem Fisch …

☺ … Wenn die Stellen jedoch entdeckt wurden (einige große Supermärkte und spezielle Fischläden), so gibt es ihn dort zu niedrigen Preisen.

☹ Einheimische Früchte und Gemüse scheinen viel teurer zu sein als importierte. Produkte vom Erzeuger können nur direkt auf dem Bauernhof gekauft werden – gewöhnlich kündigt das ein Schild an der Straße an. Ein Bauernmarkt wird höchst selten angetroffen.

☹ Es können nur große Packungen gekauft werden, z. B. Joghurt nur in Einliterpackungen. Es gibt kaum Angebote für Singlehaushalte.

☹ Oft müssen beim Einkauf lange Wartezeiten in Kauf genommen werden.

☺ Es gibt leckeren Mittagstisch und sehr gutes „Smørrebrød" und eine große Auswahl an leckerem „Wienerbrød", dem dänischen Blätterteiggebäck.

☹ Es gibt wenig verschiedene Restaurantarten, und Restaurantbesuche sind allgemein recht teuer.

☺ Wenn Firmen Weihnachtsfeiern (<u>Julefrokost</u>) für ihre Mitarbeiter veranstalten, kann das sehr schön sein. Nach traditioneller Art gibt es eine festgelegte Reihenfolge der Gerichte.

☺ Es wird kaum Trinkgeld gezahlt. Das hat natürlich den Vorteil, dass die Rechnung ohne nachzudenken gezahlt werden kann ...

☹ ... hat jedoch den Nachteil, dass der Motivationsfaktor „Trinkgeld" fehlt. Eventuell resultiert daraus die von den Interviewten angesprochene niedrige Kunden- und Serviceorientierung im Dienstleistungsbereich.

Eine kleine Anekdote zu diesem Thema: Einer der Interviewten war mit seinem Partner auf Reisen. Der eine hatte ein Ticket in der Businessclass, der andere in der Economyclass. Als sie fragten, ob sie zusammen reisen könnten, lautete die Antwort des Schaltermitarbeiters: „Kein Problem, wir können Sie herunterstufen (!)."

Als ich diese Gegebenheit einigen Dänen erzählte, fanden sie das Vorgehen des Schaltermitarbeiters völlig in Ordnung. Ein Upgrade wäre eine Vorzugsbehandlung gewesen und deshalb nicht okay.

☺ Cafés und Restaurants stellen Fleecedecken zur Verfügung, dadurch können die Gäste es sich an den Outdoortischen gemütlich machen.

Gleichheit

☺ Gleichheit ist selbstverständlich. Es herrscht ein gleichberechtigter Lebensstil über Bevölkerungsgruppen hinweg, zwischen Mann und Frau, bei der Arbeit usw. Die wenig ausgeprägten Hierarchien in allen Bereichen verstärken das Gefühl der Gleichheit umso mehr.

☺ Dass Mann und Frau als gleichberechtigt angesehen werden, wirkt sich na-türlich auch darauf aus, dass Frauen von Männern weniger Hilfe angeboten bekommen, als man es in anderen Ländern kennt.

☹ Mitunter scheinen es die Dänen etwas zu übertreiben mit ihrem Gleichheits-sinn. Beispiel: Geringe Unterschiede beim Nettogehalt motivieren nicht be-sonders, hart zu arbeiten.

☺ Es herrscht eine gewisse Gleichförmigkeit. An vielen Stellen werden die glei-chen Möbel, die gleichen Lampen, die gleichen Danish-Design-Produkte an-getroffen.

Regeln

Wer hätte das in Dänemark erwartet: Fast alle meine Interviewpartner haben in ir-gendeiner Form das Thema „Regeln" angesprochen und äußerten sich überrascht über den strikten „Vorschriftenkatalog".

☺ Es gibt weniger Schilder und allgemein wenige Verbotsschilder.

☺ Alles erscheint wohlsortiert und wohlgeordnet. Diese Reglementierung exis-tiert wohl zum Schutz und aus Rücksichtnahme für den Einzelnen ...

☹ ... lässt aber wenig Wahl und Freiraum.

☹ Es gibt einen umfangreichen und spröden Regelapparat, den Ausländer nicht kennen können. In der Bevölkerung gibt es jedoch wenig Toleranz für Regel-überschreitungen. Entsprechend häufig gibt es belehrende – und manchmal unfreundliche – „Zurechtweisungen".

☹ Handeln ist sehr regelorientiert. Es gibt wenig Improvisation. Oft macht das einen traditionellen Eindruck. Bestimmte Tage oder Mahlzeiten erfordern be-stimmte Speisen, Feste werden auf eine bestimmte Art gefeiert, und Abwei-chungen davon gibt es selten und würden irritieren.

☹ Die Homogenität in Dänemark bewirkt ein immens starkes Verständnis für „richtig" und „falsch".

Lebensstil/Lebensqualität

☺ Das Leben ist bedingt durch lockeren Dresscode, fehlendes materielles Streben, schwach ausgeprägte Hierarchien und eine ausgeglichene Gesellschaft wesentlich entspannter. Der Puls des Lebens schlägt ruhiger, es gibt weniger Stress im Alltag – ein guter Lebensstil, um zurechtzukommen.

☺ Der Lebensstandard ist hoch ...

☹ ... dafür sind die Kosten aber auch höher. Die Lebenskosten und Autopreise sind viel höher als im Herkunftsland.

☹ Es werden hohe Steuern eingezogen ...

☺ ... jedoch gibt es dafür guten Service, z. B. in Bibliotheken, Landes- und kommunalen Behörden, bei der Krankenversicherung etc.

☹ Zum Teil sind Preise offenbar überhöht, so als ob Einkaufsketten eine Monopolstellung hätten und die Preise diktierten. Das hat eventuell damit etwas zu tun, dass es durch den Zusammenschluss von kleineren Firmen weniger Konkurrenz gibt.

☹ Hohe Autozulassungskosten (180%) machen es schwer, ein Auto zu haben. Familien, die vorher 2 Autos besaßen, müssten in Dänemark so viel zahlen wie im Herkunftsland für etwa 5 Autos – und das können sich nur wenige leisten.

☹ Da Familien nun mit einem oder auch keinem Auto auskommen müssen, müssen sie ihr Leben anders organisieren, um Dinge zu erledigen. So ist das Leben nicht mehr so komfortabel wie früher, als man schnell mal mit dem Auto losfahren konnte ...

☺ ... Jedoch freut es einen, wenn man es auch ohne Auto geschafft hat – das Leben kann also auch einfacher gestaltet werden.

☹ Das Konzept von gelben Autoschildern für den privaten Gebrauch ist schwer nachzuvollziehen (mehr dazu in Kapitel 15). Es verstößt gegen jeglichen Umweltgedanken. Statt Autos mit weniger Kraftstoffverbrauch zu begünstigen, reicht es aus, Sitze zu entfernen, um niedrige Registrierungskosten zu erreichen (besonders unerfreulich, wenn es sich um Autos mit hohem Kraftstoffverbrauch handelt).

☹ Die Kosten für einen umzumeldenden Führerschein sind sehr hoch (z. B. Ummeldung von Führerscheinen aus den USA) (Details dazu siehe Kapitel 15.1.7).

Integration von Ausländern

☺ Einige Interviewten fanden es überraschend leicht, sich in ein fremdes Land mit einer fremden Sprache einzuleben …

☹ … Für andere wiederum war es schwerer als erwartet.

☺ Integration im Sinne von Selbstständigkeit ist leicht zu erreichen: Man kann sich frei bewegen, Besorgungen machen usw. und findet sich gut zurecht …

☹ … Jedoch ist die soziale Integration (ein Teil der dänischen Gemeinschaft zu werden) für Ausländer nicht leicht.

☹ Es ist nicht einfach, Dänen kennen zu lernen. Es gibt parallele Welten: die dänische, die „expat"/westliche und die nichtwestliche Welt. Das soziale Netzwerk der Dänen setzt sich aus Menschen zusammen, die sich schon sehr lange kennen. Entsprechend ist das Interesse an Expats gering.

☹ Es wird viel über Integration geredet, jedoch scheinen weiße Europäer bei diesem Thema nicht gemeint zu sein.

☹ Etliche Interviewten waren überrascht von unfreundlichen, befremdlichen Erfahrungen bei Behörden.

☹ Eine gewisse Abwehrhaltung gegenüber Ausländern kann wahrgenommen werden. Dänen haben Angst, dass Ausländer das dänische Wohlfahrtssystem missbrauchen.

☹ Es ist eine erstaunliche „Dänemarkzentrierung" festzustellen. Nachrichten etwa widerspiegeln sehr stark eine Dänemark-Perspektive; Europa oder der Rest der Welt kommen relativ wenig vor.

☹ In vielen Situationen verhalten sich Dänen, als ob alles Dänische das Beste sei. Wenn Ausländer von ihrem Land erzählen, wird dem keine sonderliche Aufmerksamkeit geschenkt.

☹ Viele Dänen scheinen in ihren eigenen Traditionen verhaftet und wenig interessiert an anderen Kulturen zu sein. Fremdartige Traditionen werden als weniger gut oder als „komisch" angesehen. Dänen denken jedoch, sie seien anderen Kulturen gegenüber offen und aufgeschlossen – das scheint jedoch nicht der Fall zu sein; besonders nicht, wenn diese in ihrem Land sind.

☺ Jüngere Leute sind Ausländern gegenüber positiver eingestellt als ältere.

Menschen

Dieses Kapitel setze ich bewusst an den Schluss, denn es ist wohl das schwierigste von allen. Bei den im Folgenden angesprochenen Punkten spielt unsere Landeskultur (unser kultureller Rucksack) stark mit. Beim Zusammentreffen zweier Kulturen gibt es automatisch Wertunterschiede und Irritationen – einen Kulturschock (siehe Kapitel 1). Umso wichtiger ist es, die positiven Aspekte nicht zu vergessen.

☺ In Dänemark ist die Familie von zentraler Bedeutung. Innerhalb des Familienlebens wird mit Gefühlen angenehm offen umgegangen. Diese herzliche Atmosphäre gibt Sicherheit.

☺ Dem eigenen Heim wird viel Aufmerksamkeit geschenkt, und nicht wenig Geld fließt in Haushalt, Möbel und Ausstattung. Die Investition dient vor allem einem Zweck: Das Heim soll schön behaglich sein.

☺ Dänen sind bodenständig und genügsam: Ist das Wetter schön oder sind sie im Sommerhaus in Decken eingekuschelt, ist die Welt in Ordnung.

☺ Sie werden als optimistisch und zuverlässig empfunden.

☺ Dänen können sich gut ohne Fernseher entspannen. Es reicht ihnen, eine schöne Aussicht zu genießen oder die Zeitung zu lesen. Es muss auch nicht immer etwas los sein. Selbst Kopenhagener genießen es, mit einem Bier am „Nyhavn" (eine der Kopenhagener Touristenattraktionen) zu sitzen.

☺ In Dänemark gibt es ein entspannteres Verhältnis zur Kleidung und zum Aussehen. Gerne wird legere Kleidung getragen, und selber fühlt man sich nicht seiner Kleidung nach bewertet.

☺ Es gibt viele junge Leute und sehr viele Kinder. Scheidungen sind akzeptiert, und die Kinder scheinen damit recht gut zurechtzukommen.

☹ Kinder machen den Eindruck, verzogen zu sein, weil ihnen keine Grenzen gesetzt werden. Eltern schreiten nicht ein, wenn ihre Kinder grob zu anderen sind. Kinder müssen sich schon früh um sich selbst kümmern, weil sie schon ab einem frühem Alter Kindertagesstätten besuchen.

☹ Es scheint eine gewisse Gedankenlosigkeit anderen gegenüber zu herrschen, z. B. beim Parken, Überqueren von Straßen, Einkaufen etc. – als ob es die anderen nicht gäbe.

☹ Dänen können etwas ungeduldig und unhöflich erscheinen, z. B. können sie, ohne sich zu entschuldigen, einem im Supermarkt über die Schulter greifen, um etwas aus einem Regal zu nehmen.

☹ Dänen können sehr direkt und manchmal etwas „wikingerhaft"-grob sein.

☺ Die eigene und die Privatsphäre anderer sind sehr wichtig, und deshalb wird kaum im Leben anderer herumgestochert.

☹ Dänen erscheinen Unbekannten eher verschlossen und zurückhaltend, was aber daran liegen kann, dass sie das Privatleben anderer respektieren.

☺ Dänen sind aufgeschlossener in Dörfern oder in kleinen Städten. Auch Fremde werden in kleinen Orten gegrüßt. Kontakte zu knüpfen ist dort viel leichter, und eine Einladung wird eher ausgesprochen.

☺ Oft ist eine „Heile-Welt-Perspektive" zu beobachten. Dänen sind schockiert, wenn Negatives in ihre Welt hereinbricht – als ob Dänemark dagegen immun sein müsste.

☹ Dänen erscheinen manchmal unflexibel und wenig spontan. Sie beharren auf ihrer Sichtweise und sind nicht offen für neue Ideen, besonders wenn diese von Outsidern kommen („Jantelov"?).

☺ Es gibt ein interessantes Konfliktverhalten: Dänen sind bereit, einen Konflikt einzugehen, indem Dinge sogar ziemlich direkt (auch Fremden gegenüber) angesprochen werden. Nimmt die andere Seite das Gesagte jedoch nicht einfach hin, sondern fordert es heraus, so wird ein Rückzug gemacht und eventuell auf das System verwiesen.

☺ Konfliktklärung geschieht durch Konsensus, jedoch wird nicht unbedingt viel ausdiskutiert.

☹ Es wird eine gewisse Sanftheit vermisst.

☺ Die Menschen werden als gesund und sportlich empfunden, denn selbst alte Leute fahren Fahrrad.

☺ Jeder kann eine Meinung haben und sie äußern. Eine eigene Meinung zu haben, ist wichtig, auch wenn sie gegensätzlich zu derjenigen von anderen ist.

☺ Dänen sind hilfsbereit in 1-zu-1-Situationen (1 Däne – 1 Ausländer) und wenn sie um Hilfe gebeten werden. Hilfe wird seltener von sich aus angeboten, eventuell, um nicht die Privatsphäre des anderen zu verletzen.

☺ Die eigene Freundlichkeit bewirkt ein freundliches Echo. Es ist wichtig, sich selbst einzubringen, dann ist es einfacher, von Dänen akzeptiert zu werden. Zentral dafür ist das Erlernen der Sprache.

6.2 Was vermissen sie in Dänemark?

Die Interviewten vermissen neben niedrigeren Lebenshaltungskosten größere Produktvielfalt und Lebensmittelauswahl, mehr Sorten von Früchten und Gemüse, vielfältigeres Joghurt- und Puddingsortiment, richtig gute Pizzen und nicht zuletzt mehr Eisdielen, „Imbissbuden" mit etwas anderem als pølse (dänischer Hotdog) und mehr Bäcker.

Kontakte und ein soziales Netzwerk werden sehr vermisst. Außerdem scheint es in einem Alter über 40 etwas schwerer zu sein, Leute kennen zu lernen.

Viele wünschen sich etwas mehr Toleranz von ihren dänischen Mitmenschen, wenn Ausländer Fehler machen oder aus Unwissenheit regelwidrig handeln. Mehr Toleranz hieße: weniger „zurechtweisen" und „belehren", vor allem aber ein weicheres Umgehen mit „richtig" oder „falsch".

Die niedrigere Service- und Kundenorientierung wurde von einigen Interviewten angesprochen. Es scheint, dass wenig Extra-Anstrengungen für Kunden gemacht werden.

Einige Interviewten empfinden, dass sie in Dänemark weniger Karrieremöglichkeiten haben. Es wird nicht wirklich geschätzt, wenn man willig ist, hart zu arbeiten. Es scheint eine etwas laxere Arbeitsethik zu herrschen: z. B. gibt es kaum Konsequenzen, wenn sich Mitarbeiter krankmelden.

Einige sehnen sich nach dem Brot von zu Hause – und das nicht, weil dänisches Brot nicht gut ist, sondern anders. Brot hat viel mit dem Gefühl von Heimat zu tun.

Alle, die in ein anderes Land ziehen, sollten sich der Herausforderungen bewusst sein, die solch eine Veränderung mit sich bringt; solche Schwierigkeiten sind jedoch nicht typisch nur für Dänemark (siehe Thema „Kulturschock" in Kapitel 1).

– Zum Beispiel ist es störend, sich aufgrund der Sprachbarriere nicht genau ausdrücken zu können. Die Fähigkeit zu kommunizieren ist erheblich eingeschränkt.

– Es ist nicht so einfach zu verstehen, was rundherum geschieht, z. B. im Fernsehen, in Zeitungen, bei Ansagen auf Bahnsteigen etc. Man fühlt sich dadurch etwas verloren.

– Es ist einschränkend, nicht über Zustände, Vorgehensweisen, praktische Handhaben und über Behörden Bescheid zu wissen. Deshalb wird immer wieder jemand gebraucht, der hilft, erklärt und übersetzt.

6.3 Was würden sie aus Dänemark vermissen?

Die Betroffenen würden ganz klar die Natur, den Strand, die Meeresbrise, die reine Meeresluft und den leichten Zugang zum Meer vermissen.

Alle Aspekte rund ums Radfahren wären definitiv mit dabei: dass es so einfach ist, das Rad als Verkehrsmittel zu benutzen, dass die Radwege so gut ausgebaut sind und dass das Fahren auf Radwegen relativ sicher ist.

Viele würden sich nach dem öffentlichen Verkehr und dem geringen Fahrzeugverkehr zurücksehnen.

Zudem steht das „Wohlfahrtssystem" mit Kinderbetreuung, Ausbildungsmöglichkeiten, Krankenversicherung etc. weit oben auf der Liste.

Die Dankort nicht mehr zur Verfügung zu haben, wäre ein herber Verlust. Das bargeldlose Zahlen und dass mit der Dankort beim Einkaufen Bargeld „abgehoben" werden kann, vereinfacht das Leben ungemein. Details dazu im Kapitel 10.3.

Vermissen würden viele auch die entspannte Art zu arbeiten, der lockere Umgangston, das Duzen mit dem Chef, den frühen Feierabend, der einem mehr Freizeit beschert (die interessant gestaltet werden kann), und eine work-life-Balance, die keine hohle Phrase bedeutet. Es wird geschätzt, dass das Gehalt gut ist und dass in einigen Jobs Überstunden bezahlt werden.

Viele freuen sich darüber, dass das Familienleben eine zentrale Rolle einnimmt und Kinder akzeptiert werden.

Das Gefühl der Sicherheit möchte keiner mehr missen: dass abends gedankenlos durch die Straßen gegangen werden kann, ohne Angst zu haben, überfallen zu werden.

Der Internetservice von Behörden und Firmen (auch wenn vieles nur auf Dänisch verfügbar ist) wird ebenso sehr geschätzt: dass viele Informationen im Internet eingesehen werden können, dass Änderungen zur Steuerkarte online vorgenommen werden können, dass Änderungen von Wartezeiten für einen Kindergartenplatz im Internet verfolgt werden können, ja, dass sogar beim Friseur online ein Termin ausgesucht werden kann.

Das Entspannte und Ungezwungene, besonders hinsichtlich der Kleidung, würde vermisst werden.

Und nicht zuletzt – der trockene dänische Humor.

6.4 Was würden sie rückblickend anders tun?

Sehr wichtig ist es, sich vorab über die dänische Mentalität und die dänischen Zustände zu informieren, damit sich Überraschungen und Frustrationen in Grenzen halten. So können Situationen besser eingeschätzt und anders erlebt werden. Siehe dazu Kapitel 4.

Es gibt viele Expatgruppen, Nationengruppen, Frauennetzwerke (mehr dazu in Kapitel 16.2), denen auch per Internet beigetreten werden kann. Dort kann man sich bei Fragen hinwenden und Hilfe bekommen.

Sollte der Umzug von einer Firma übernommen werden, ist es wichtig, den Wert der Umzugsgüter gut zu schätzen, für den Fall, dass sie kaputt oder verloren gehen. Unbedingt an die 25% Mehrwertsteuer in Dänemark denken! Fällt die Schätzung zu niedrig aus, kann es beim Anschaffen von Ersatz zu (relativ) hohem Verlust kommen.

Es ist vorteilhaft, persönliche Unterlagen (Geburts- und Heiratsurkunde etc.) vollständig, geordnet und schnell bei der Hand zu haben, um Behördengänge reibungsloser absolvieren zu können.

Da es nicht ganz leicht ist, ein Bankkonto ohne CPR-Nummer, der dänischen Personennummer, zu eröffnen, sollten im Herkunftsland finanzielle Mittel zur Verfügung stehen, auf die in Dänemark mit Hilfe von Kreditkarten zugegriffen werden kann.

Unbedingt sollte die dänische Sprache erlernt werden. Auch wenn es sich nur um einen Aufenthalt von 3 Jahren handelt, lohnt sich der Einsatz. Zumindest dänisch lesen sollte jeder können, auch wenn der Mut zum Sprechen fehlt.

Ist der Aufenthalt für länger als 3 Jahre geplant oder will man gar auswandern, so sollte man die Möglichkeit in Erwägung ziehen, erst temporär nach Dänemark zu ziehen, um das Land und die Gegebenheiten kennen zu lernen, bevor im Herkunftsland alles aufgegeben wird.

Bei längerem Aufenthalt ist es auch vorteilhaft, dänische Abschlüsse vorweisen zu können, sei es, dass das dänische Abitur nachgemacht oder sogar eine Ausbildung absolviert wird. Beides erhöht die Chancen auf dem Arbeitsmarkt ungemein.

Teil 2: Praktisches

7 Am Anfang – Erste Schritte

Die folgenden Informationen sind eine kurze Zusammenfassung der ersten Schritte, die bei einem **Umzug aus Arbeitsgründen** nötig sind. Andere Gründe, z. B. Familienzusammenführung, können an dieser Stelle nur zum Teil berücksichtigt werden, denn es gibt diesbezüglich seitens des Staates viele Absicherungen, um arrangierte Heiraten auszuschließen. Deshalb, sollten Sie aus Liebe zu Ihrem dänischen Partner umziehen wollen, sollten Sie prüfen, ob eine Heirat behördliche Schritte nicht sogar erschweren würde – auch für diejenigen, die aus der EU stammen. Es kann unter Umständen problemloser sein, als ausgebildete Arbeitskraft Aufenthalt in Dänemark zu bekommen.

Wichtige Aspekte, die Personen betreffen, die in Dänemark arbeiten, aber nicht dort wohnen („Pendler" genannt), werden gesondert in Kapitel 21 behandelt.

Das Kapitel enthält wichtige Informationen, Links zu entsprechenden Webseiten, etwaige Fristen oder notwendige Dokumentationen, um Ihnen bei der Orientierung zu helfen. Details zu einzelnen Themen werden Sie in späteren Kapiteln finden.

Zu beachten

Für den Fall, dass offizielle Regeln oder Vorgaben geändert werden sollten, werden die aktualisierten Informationen unter *http://www.worktrot ter.dk/guide* zur Verfügung gestellt.

Nachfolgend die wichtigsten Punkte (Hinweis: Schritt 1 und 2 müssen zuerst und in der angegebenen Reihenfolge erfolgen, danach können Sie sich um die anderen kümmern):

Muss
1. Aufenthalts-/Arbeitsgenehmigung
2. CPR-Nummer und Krankenversicherung
– Steuerkarte
– Bankkonto

Dringend zu empfehlen
- NemKonto
- Kindergarten/Schule
- Sprachschule
- Gewerkschaft
- ggf. Arbeitslosenversicherung
- Umwandlung von Nicht-EU-Führerscheinen

Zu empfehlen
- digitale Signatur

Zu klären
- Einfuhr eines Autos

7.1 Aufenthalts-/Arbeitsgenehmigung

Dieses ist der allererste Schritt, der durchgeführt werden muss, wenn Sie in Dänemark arbeiten und *wohnen* wollen. Ohne ihn können die anderen nicht unternommen werden. Leider ist es auch der Schritt, der am schwierigsten zu verstehen ist – doch danach wird es einfacher. Versprochen. Deshalb beim Lesen durchhalten!

Die Webseite *(L7) http://www.nyidanmark.dk* ist für Zuzügler die zentrale Anlaufstelle, auf der die meisten Informationen auch auf Englisch angeboten werden.

Die Aufenthaltsregeln sollen gewährleisten, dass vor allem diejenigen ins Land kommen, die die Gemeinschaft bereichern. Das Regelwerk ist etwas schwer durchschaubar, weil darin alle möglichen Eventualitäten berücksichtigt sind. Die Bestimmungen für das Wohnen und Arbeiten in Dänemark hängen in erster Linie von der Nationalität und in zweiter Linie vom Beruf der Antragsteller ab, und je nachdem ist entweder die Staatsverwaltung (statsforvaltning), wenn EU-Recht angewendet wird, bzw. das Ausländeramt (udlændingeservice) zuständig, wenn das dänische Ausländerrecht gilt. In den folgenden Abschnitten wird erklärt, wann welches Recht gilt und wohin Sie sich zu wenden haben.

Informationen über Adressen und Öffnungszeiten der jeweiligen Ämter: siehe Kapitel 23.

7.1.1 Nordische Länder

Einwohner aus Finnland, Island, Norwegen und Schweden müssen keinen Anmeldungsnachweis (<u>registreringsbevis</u>) und keine Arbeitsgenehmigung (<u>arbejdstilladelse</u>) beantragen.

7.1.2 „Alte" EU- und EFTA-Staaten

Dieses Unterkapitel bezieht sich auf Zuzügler, die aus folgenden Ländern kommen: Belgien, Deutschland, Frankreich, Griechenland, Großbritannien, Niederlande, Irland, Italien, Liechtenstein, Luxemburg, Malta, Portugal, Österreich, Schweiz und Spanien.

Basierend auf den EU-Regeln der „freien Beweglichkeit" können sich EU-/ EFTA-Staatsbürger 3 Monate lang ohne Formalitäten in Dänemark aufhalten. Sollten sie sich in dieser Zeitspanne auf Arbeitsuche befinden, gelten 6 Monate. Bei einem längeren Aufenthalt (mehr als 3 bzw. für Arbeitssuchende mehr als 6 Monate) *müssen* sie einen Anmeldungsnachweis (<u>registreringsbevis</u>) beantragen.

Staatsbürger der oben genannten Länder benötigen keine gesonderte Arbeitserlaubnis (<u>arbejdstilladelse</u>).

Notwendige Unterlagen

    a.   Ausgefüllter Antrag **OD1** (siehe S. 120)

    b.   Pass

    c.   1 Foto für EU-Mitglieder, 2 Fotos für Familienmitglieder, die von außerhalb der EU stammen und für die EU-Recht gilt

    d.   Arbeitsvertrag oder Nachweis über ausreichende finanzielle Mittel

    e.   Ggf. Heiratsurkunde

    f.   Ggf. Geburtsurkunden der Kinder

Diejenigen, die sich schon in Dänemark befinden, geben die notwendigen Unterlagen persönlich bei der zuständigen Staatsverwaltung ab (siehe Kapitel 23.1), die anderen bei der dänischen Vertretung in dem Land, in dem die Ansuchenden die letzten 3 Monate verbracht haben.

Bezüglich a:
Das Formular OD1 kann über folgenden Link heruntergeladen werden:
(L8) http://www.nyidanmark.dk/resources.ashx/Resources/Blanketter/Ansoegnings
skemaer/2008/OD1_ansoegning_eu_opholdsdokument_statsforvaltningen.pdf

Bezüglich d:
Es soll sichergestellt werden, dass Zuzügler ihren Unterhalt selbst bestreiten kön-
nen und dem dänischen Staat nicht zur Last fallen. Deshalb ist der Nachweis eines
Arbeitsvertrages oder ausreichender finanzieller Mittel notwendig.

Manche Firmen brauchen jedoch für das Ausstellen eines Arbeitsvertrages
eine CPR-Nummer, die sie jedoch erst bekommen können, wenn der Aufenthalt
geklärt ist. Deshalb müssen auch sie ausreichende finanzielle Mittel nachweisen:
pro Erwachsenen etwa 70.000 DKK (9.333 EUR) und pro Kind etwa 30.000 DKK
(4.000 EUR) – Stand Januar 2009. Ein Kontoauszug eines **eigenen** Bankkontos ist
ausreichend, auch wenn es ein ausländisches Konto ist.

Sollten Sie mit einem dänischen Staatsbürger verheiratet sein und den obigen Geldbetrag auf einem gemeinsamen Konto haben, so kann dies problematisch sein, weil Sie Ihre Eigenständigkeit nicht nachweisen können. Am einfachsten ist es, Sie haben ein Konto auf Ihren Namen, auf dem Sie den notwendigen
Geldbetrag nachweisen können.

Einzuhaltende Fristen
Ein Anmeldungsnachweis muss nach spätestens 3 Monaten (bzw. nach 6 Monaten für Arbeitssuchende) ab dem Zeitpunkt der Einreise angesucht werden.

Gültigkeitsdauer
Der Anmeldungsnachweis ist gültig, solange die Regeln für den Erhalt des Nach-
weises erfüllt sind.

Familienmitglieder
Soweit Familienmitglieder mit nach Dänemark ziehen, werden sie auf dem Antrag
angegeben und bei der Vergabe des Anmeldungsnachweises mitbeachtet. Sie
dürfen während des Aufenthaltes arbeiten.

7.1.3 „Neue" EU-Staaten

Die, in diesem Kapitel beschriebenen Sonderregelungen, sind ab 1. Mai 2009 weggefallen. Kapitel 7.1.2 gilt nun auch für Personen aus Bulgarien, Estland, Lettland, Litauen, Polen, Rumänien, der Slowakei, Slowenien, Tschechien und Ungarn, die in Dänemark arbeiten wollen. Ignorieren Sie den Inhalt von Kapitel 7.1.3, der vor dem Druck nicht mehr vollständig entfernt werden konnte.

Zurzeit (März 2009) gibt es noch Übergangsregelungen
Für Personen, die noch keine Arbeitnehmer sind, gelten 3 Monate (bzw. 6 Monate für Arbeitssuchende) für einen formlosen Aufenthalt. Wenn sie einen Job gefunden haben, ist entweder die Staatsverwaltung oder das Ausländeramt für ihr Anliegen zuständig, je nachdem, ob EU-Recht oder das dänische Ausländerrecht angewendet werden muss, und zwar:

Wenn
- Ihre Arbeitsstelle „alltäglich" ist und durch einen Tarifvertrag abgedeckt wird oder
- Sie Forscher, Spezialist, leitender Mitarbeiter mit einem individuellen Vertrag sind und Ihr Arbeitgeber ein Tarifabkommen mit der Gewerkschaft hat oder
- Sie Student sind oder
- Sie eine Firma in Dänemark gründen,

dann gilt EU-Recht. In diesen Fällen müssen Sie sich an die Staatsverwaltung wenden. Für alle anderen Fälle und Kombinationen ist das Ausländeramt zuständig.

Notwendige Unterlagen
a. Ausgefüllter Antrag (siehe S. 122)
b. Pass
c. 2 Passfotos
d. Arbeitsvertrag
   Da Studenten und Firmengründer keinen Arbeitsvertrag vorweisen können, müssen sie ausreichende finanzielle Mittel dokumentieren (siehe Kapitel 7.1.2).
g. Ggf. Heiratsurkunde
e. Ggf. Geburtsurkunden der Kinder

Diejenigen, die sich schon in Dänemark befinden, geben die notwendigen Unterlagen bei der zuständigen Staatsverwaltung bzw. beim Ausländeramt ab (Adressen siehe unter Kapitel 23), die anderen bei der dänischen Vertretung in dem Land, in dem die Ansuchenden die letzten 3 Monate verbracht haben.

Bezüglich a:
Diejenigen, für die die *Staatsverwaltung* zuständig ist, müssen Formular **OD1** ausfüllen. Keine weiteren Schritte sind für die Arbeitsgenehmigung notwendig.
(L9) http://www.nyidanmark.dk/resources.ashx/Resources/Blanketter/Ansoegnings skemaer/2008/OD1_ansoegning_eu_opholdsdokument_statsforvaltningen.pdf

Diejenigen, für die das *Ausländeramt* die richtige Stelle ist, müssen das Formular **AR6** ausfüllen, mit dem gleichzeitig auch die Arbeitsgenehmigung beantragt wird. Die Arbeitszeit muss mindestens 30 Wochenstunden betragen.
(L10) http://www.nyidanmark.dk/NR/rdonlyres/27021B54-73CD-45DC-B53D-B6D57 CF01F9F/0/ar6_ansoegning_arbejds_opholdstilladelse_nye_eu_lande_endelig.pdf

Einzuhaltende Fristen
Um den Anmeldungsnachweis (registreringsbevis) muss nach spätestens 3 Monaten (bzw. nach 6 Monaten für Arbeitssuchende) ab dem Zeitpunkt der Einreise angesucht werden.

Gültigkeitsdauer
Für diejenigen, die sich an die *Staatsverwaltung* wenden müssen, gilt die gleiche Gültigkeitsdauer wie für Bürger der alten EU-/EFTA-Länder (siehe Kapitel 7.1.2).
Für diejenigen, die sich an das *Ausländeramt* wenden müssen, wird der Anmeldungsnachweis ohne Gültigkeitsdauer ausgestellt, jedoch wird die Arbeitsgenehmigung auf ein Jahr beschränkt. Danach muss eine Verlängerung beim Ausländeramt beantragt werden.

Zu beachten
Die Arbeitsgenehmigung verfällt, falls die Arbeitsstelle gewechselt wird. Sie muss dann neu beantragt werden.

Familienmitglieder
Soweit Familienmitglieder mit nach Dänemark ziehen, werden sie auf dem Antrag angegeben und bei dem Anmeldungsnachweis und bei der Vergabe einer eigenen Arbeitsgenehmigung mitbeachtet.

7.1.4 Alle anderen Länder

Für diejenigen, die von außerhalb der EU-/EFTA-Länder kommen, ist der Beruf der Antragsteller für den Erhalt einer Aufenthaltsgenehmigung (opholdsbevis) ausschlaggebend. Die Antragsteller werden in verschiedene Kategorien eingeteilt, von denen ich im Folgenden die wichtigsten auflistе. Welche Regelung für den Einzelnen zutreffend ist, wird manchmal nicht ohne Weiteres klar, deshalb am besten das Ausländeramt oder eine Mobilitätsfirma („Relocation company") zu Rate ziehen.

- Forscher (forskere), die für Dänemarks Wirtschaft sehr wichtig sind, um sich in innovativen Bereichen behaupten zu können.

- Die sogenannte Positivliste (positivliste) gilt für Berufe, in denen in Dänemark großer Arbeitskräftemangel herrscht, und das ist eine ganze Reihe, z. B. Ärzte, Pflegepersonal, IT-Fachkräfte, Ingenieure etc.

- Die sogenannte Gehaltsregelung (beløbsordning) gilt für Personen, die ein Jobangebot mit einem Jahresgehalt über einem gewissen Limit haben: 375.000 DKK (50.000 EUR) (Stand: Januar 2009).

- Die sogenannte Konzernregelung (koncernordning) gilt für Personen, die im Ausland bei einer Firma angestellt sind und nun in der dänischen Mutter- bzw. Tochtergesellschaft arbeiten wollen.

- Die sogenannte Greencard-Regelung (greencard-ordning) erfordert das Sammeln von 100 Punkten, wobei Ausbildung, Kenntnisse der dänischen Sprache, Arbeitserfahrung, Anpassungsvermögen und Alter in die Berechnung einfließen. Die Ansuchenden müssen ausreichende finanzielle Mittel für ein Jahr vorweisen können sowie eine Krankenversicherung für die Zeit haben, bis sie in die dänische Krankenversicherung aufgenommen werden.

- Selbstständige usw.

Notwendige Unterlagen

a. Ausgefüllter Antrag
b. Pass
c. 2 Passfotos
d. Ggf. Arbeitsvertrag
e. Ggf. Heiratsurkunde
f. Ggf. Geburtsurkunden der Kinder

Da sich Formulare, Gültigkeitsdauer, Notwendigkeit der gesonderten Beantragung der Arbeitsgenehmigung, Regelung für Familienmitglieder etc. von Kategorie zu Kategorie unterscheiden, können Details hier nicht berücksichtigt werden. Sehr gute Informationen im Einzelnen können jedoch über *(L11) http://www.nyidan mark.dk/en-us/coming_to_dk/work/work.htm* (auf Englisch) eingesehen werden.

Die Unterlagen geben Sie bei der dänischen Vertretung in dem Land ab, in dem Sie die letzten 3 Monate verbracht haben. Sollten Sie sich als Tourist in Dänemark aufhalten, können Sie die Unterlagen beim dänischen Ausländeramt abgeben.

Zu beachten
Um nach Dänemark einreisen zu können, brauchen Bürger mancher Länder ein Visum. Die Webseite *(L12) http://www.nyidanmark.dk/en-us/ coming_to_dk/visa/who_needs_visa.htm* gibt Auskunft, für welche Länder die Visumpflicht gilt.

7.1.5 Wartezeiten

Der Erhalt des Anmeldungsnachweises bzw. der Aufenthaltsgenehmigung kann je nach Region unterschiedlich lang dauern: zwischen 14 Tagen und 2 Monaten, oft aber auch viel länger, wobei kurze Wartezeiten für jene Bürger wahrscheinlicher sind, für die EU-Recht gilt. Sollte eine Antwort länger dauern, könnte es sein, dass die Unterlagen nicht okay waren, der Antragsteller aber nicht benachrichtigt worden ist. Deshalb am besten etwa alle 2 Wochen den Stand der Dinge erfragen.

> **Zu beachten**
> Da ohne Anmeldungsnachweis/Aufenthaltsgenehmigung die gesetz-
> liche dänische Krankenversicherung nicht beantragt werden kann, ist
> es wichtig, sich anderweitig für die Dauer der Wartezeit zu versichern!
> Ohne ausreichende Krankenversicherung kann es sehr teuer werden,
> falls etwas passiert.

7.2 Personennummer (CPR-Nummer) und Krankenversicherung

Wenn Sie Ihren festen Wohnsitz (noch) nicht in Dänemark haben, so fällt der
Schritt der Anmeldung, der in diesem Kapitel erklärt wird, weg. Doch sollten Sie
unbedingt Kapitel 21 lesen, in dem Aspekte hervorgehoben werden, die in Ihrer
Situation von besonderer Wichtigkeit sind. Sehr interessant ist, dass Sie die Kosten
für Ihre Heimfahrten steuerlich geltend machen können.

Wenn Sie einen festen Wohnsitz in Dänemark haben, müssen Sie sich bei
Ihrer Kommune anmelden. Sie werden dann eine CPR-Nummer bekommen und
gleichzeitig in die gesetzliche Krankenversicherung aufgenommen. Ihre Anmeldung beim Einwohnermeldeamt bewirkt beides.

CPR-Nummer

Nachdem Sie es geschafft und einen Anmeldungsnachweis bzw. eine Aufenthaltsgenehmigung erhalten haben, folgt nun der Erhalt der sogenannten CPR-Nummer. Alle weiteren Schritte bauen darauf auf.

Seit 1968 werden alle in Dänemark wohnhaften Personen in einem zentralen Personenregister (**C**entrale **P**ersone **R**egister) festgehalten und bekommen
eine CPR-Nummer zugewiesen. Diese Nummer ist eine zehnstellige Zahl, wobei
die ersten 6 Ziffern das Geburtsdatum und die letzten 4 Ziffern eine individuelle
Kennzahl darstellen; Frauen werden gerade und Männern ungerade Zahlen zugewiesen.

Um sich anzumelden, müssen Sie zum Einwohnermeldeamt (<u>folkeregister</u>) im Bürgerservice (<u>borgerservice</u>) Ihrer Kommune gehen. Hinweise zu Ihrer Kommune gibt es in Kapitel 23.3.

Die CPR-Nummer wird eine zentrale Rolle in Ihrem „dänischen" Leben spielen. Ob für Krankenversicherung, Pension, Bankgeschäfte, Steuerkarte, Kindergarten, Sprachkurs, Telefonanmeldung etc. – immer brauchen Sie diese Nummer. Ohne sie geht fast nichts.

Da es wegen den Wartezeiten für den Anmeldungsnachweis oder die Aufenthaltsgenehmigung länger dauern kann, bis Sie eine CPR-Nummer beantragen dürfen, könnten Sie etwas in die Klemme geraten:

- Sie werden für diese Zeit nicht über das dänische Sozialsystem krankenversichert sein, sollten also vorsorgen.

- Sie können Ihre Kinder nicht in einem Kindergarten oder einer Schule anmelden und müssen andere Wege für ihre Betreuung finden.

- Sie können keinen Telefon-/Internetvertrag abschließen und sollten die Zeit mit einer Prepaid-Telefonkarte überbrücken etc.

Krankenversicherung

Wenn Sie über eine CPR-Nummer und einen festen Wohnsitz in Dänemark verfügen, werden Sie über die gesetzliche dänische Krankenversicherung (es gibt nur eine) versichert und gleichzeitig mit dem Erhalt der CPR-Nummer in das dänische Gesundheitssystem aufgenommen. Dafür wird Ihnen bei der Anmeldung beim Einwohnermeldeamt eine Liste von Ärzten vorgelegt, um sich einen Hausarzt auszusuchen, an den Ihre Versichertenkarte geknüpft wird. Diese Wahl wird Ihnen nicht ganz einfach fallen, denn zu diesem Zeitpunkt kennen Sie im Normalfall (hoffentlich) noch keinen Arzt in Dänemark. Deshalb ist es empfehlenswert, sich schon *vor* dem Besuch beim Einwohnermeldeamt mit dem Thema „Hausarzt" zu beschäftigen, um den „richtigen" Arzt zu wählen – besonders für Frauen, denn regelmäßige gynäkologische Untersuchungen werden in Dänemark von Hausärzten durchgeführt – eine Tatsache, die Ihre Wahl des Arztes sicherlich beeinflusst.

Mehr zum Thema „Hausarzt" und detaillierte Informationen zum Gesundheitswesen: siehe Kapitel 9.

Notwendige Unterlagen

Für die Anmeldung beim Einwohnermeldeamt (und somit für den Erhalt der CPR-Nummer und für die Aufnahme in die gesetzliche Krankenversicherung) sind folgende Dokumente erforderlich:

- Registrierungsnachweis oder Aufenthaltsgenehmigung
- gültiges Ausweispapier mit Bild
- ggf. Heiratsurkunde
- ggf. Geburtsurkunden der Kinder

Die Anmeldung muss *persönlich* beim Einwohnermeldeamt (folkeregister) im Bürgerservice (borgerservice) Ihrer Kommune vorgenommen werden und ist vor der Einreise nicht möglich.

Einzuhaltende Fristen

Personen, die aus den nordischen Ländern, der EU und den EFTA-Staaten (siehe die entsprechenden Länder in Kapitel 7.1.) nach Dänemark ziehen, müssen sich spätestens nach 3 Monaten (bzw. 6 Monaten für Arbeitssuchende) beim Einwohnermeldeamt anmelden. Kommen Sie aus einem anderen Land, muss die Anmeldung innerhalb von 5 Tagen nach Einreise geschehen.

7.2.1 Wartezeiten

Nach der Anmeldung werden Sie die CPR-Nummer recht schnell erhalten: Nach etwa 2 Wochen sollten Sie einen Brief bekommen haben, in dem Ihnen Ihre CPR-Nummer mitgeteilt wird.

Etwa die gleiche Zeitspanne gilt für die Krankenversicherungskarte. Sie werden per Post eine gelbe Plastikkarte in Kreditkartengröße erhalten, auf der außer Ihrem Namen auch der Name des gewählten Hausarztes und seine Telefonnummer steht.

Sollten Sie nach 2 Wochen noch nichts gehört haben, fragen Sie am besten beim Bürgerservice (borgerservice) Ihrer Kommune nach.

7.2.2 Umzug innerhalb Dänemarks

Wenn Sie innerhalb von Dänemark umziehen, ist es notwendig, sich binnen 5 Tage nach Umzug im Bürgerservice (<u>borgerservice</u>) Ihrer Kommune umzumelden. Das kann entweder persönlich geschehen oder per Internet mit Hilfe einer digitalen Signatur (siehe Kapitel 7.11).

Je nachdem, wie groß die Entfernung zwischen Ihrem alten und neuen Wohnort ist, kann es notwendig sein, auch den Arzt zu wechseln. Sollte die Entfernung mehr als 15 km sein, ist der Wechsel der Krankenversicherungskarte kostenlos, denn eine längere Strecke zum Hausarzt wird nicht als zumutbar angesehen.

Sie werden sicherlich auch unterschiedliche Firmen (z. B. Bank, Telefongesellschaft etc.) über Ihren Umzug informieren müssen. Eine kostenlose Umzugsmappe (<u>flyttemappe</u>), die Sie sich bei der Post holen können, kann sehr hilfreich sein.

7.3 Steuerkarte

Wenn Sie in Dänemark Geld verdienen, will SKAT, die dänische Steuerbehörde, davon wissen. Dafür muss eine Steuerkarte (<u>skattekort</u>) ausgestellt werden.

Sobald Ihr Arbeitgeber Ihre Steuerkarte erhält, wird er einen monatlichen vorläufigen Steuerbetrag direkt an den Staat abführen. Dieser Betrag wird entsprechend dem erwarteten Jahreseinkommen berechnet, weshalb es bei der Beantragung der Steuerkarte sehr wichtig ist, dass die Angaben genau sind. Nach Jahresabschluss wird eine Jahresabrechnung vorgenommen, und hoffentlich gehören Sie zu den Glücklichen, die eine Rückzahlung erhalten – sonst müssen Sie nachzahlen.

Die Steuerkarte ist neuerdings elektronisch und wird von SKAT für Ihren Arbeitgeber zum Herunterladen bereitgestellt. Ihre Angaben können Sie später ändern – entweder über das Internet oder persönlich bei SKAT.

Detaillierte Informationen zu Steuern: siehe Kapitel 13.

Notwendige Unterlagen
Sollten keine besonderen Freibeträge auf Ihrer Steuerkarte einzutragen sein, so kann sie auch telefonisch beantragt werden. Anzugeben sind Ihr monatliches Gehalt und Ihre CPR-Nummer.

Wenn Sie Freibeträge eintragen wollen, müssen Sie eine SKAT-Stelle aufsuchen. Dafür sollten Sie Ihren Arbeitsvertrag und etwaige Nachweise für die entsprechenden Freibeträge mitbringen. Einen Überblick der Freibeträge finden Sie im Kapitel 13.3.

Einzuhaltende Fristen

Es gibt keine feste Frist für die Beantragung der Steuerkarte, doch wird Sie Ihr Portemonnaie zwingen, es zügig zu tun. Denn wenn Ihr Arbeitgeber Ihre Steuerkarte nicht rechtzeitig für die monatliche Lohnauszahlung erhält, werden Ihnen 60% Steuern abgezogen, da die Firma nicht weiß, welcher Steuersatz der richtige ist. Die zu viel gezahlten Steuern sind nicht verloren, sie werden bei der Jahresabrechnung verrechnet, doch ist es bitter, einen Monat lang mit so wenig Geld auskommen zu müssen. Deshalb unbedingt gleich am Anfang an die Beantragung der Steuerkarte denken.

7.4 Bankkonto

Es ist wichtig, so schnell wie möglich ein dänisches Bankkonto zu eröffnen, denn die meisten Firmen sind nicht bereit, Lohn auf ein Konto im Ausland zu überweisen. Außerdem fallen hohe Gebühren an, wenn Sie mit einer ausländischen Kreditkarte zahlen oder damit Geld abheben.

Prinzipiell brauchen Sie für das Eröffnen eines Bankkontos eine CPR-Nummer. Bei meinen Gesprächen mit Ausländern stellte sich jedoch heraus, dass einige Banken auch ohne CPR-Nummern Konten eingerichtet haben. Deshalb, wenn eine Bank Ihnen nicht entgegenkommt, einfach bei einer anderen probieren.

Mehr zum Thema „Kontoeröffnung" und alles rund ums Geld: siehe Kapitel 10.

Notwendige Unterlagen

Welche Unterlagen Sie brauchen, hängt von Bank zu Bank ab, eventuell Gehaltszettel der letzten Monate, Arbeitsvertrag etc. Deshalb am besten direkt bei der Bank nachfragen. Es hilft manchmal, wenn jemand aus Ihrem Bekanntenkreis Kunde bei der entsprechenden Bank ist und Sie empfehlen kann.

Einzuhaltende Fristen

Keine, doch sollten Sie bald nach Zuzug ein Konto anlegen, um eine Dankort, die dänische Bankkarte, zu erhalten, mit der Sie in den Genuss der bargeldlosen Zahlungsmöglichkeiten kommen.

7.5 NemKonto

Lassen Sie sich gleichzeitig mit dem Bankkonto auch ein sogenanntes NemKonto (ein „leichtes" Bankkonto) einrichten – selbst wenn Sie es nicht gleich brauchen werden. Schaden kann es nicht. Das NemKonto ist ein eigenes Bankkonto, z. B. Ihr Hauptkonto, das als NemKonto gekennzeichnet ist. Es wird dann benötigt, wenn der dänische Staat an Sie Geld überweist, z. B. zu viel gezahlte Steuern, Kindergeld, Rentenzahlungen, Zuschüsse für Therapien etc.

Überweist eine Behörde Geld an Sie, dann „überweist" sie es intern an Ihre CPR-Nummer, weil das NemKonto direkt mit Ihrer CPR-Nummer verbunden ist. Die genauen Bankdetails müssen der überweisenden Stelle nicht bekannt sein, und deshalb ist es nicht notwendig, Behörden immer Ihr aktuelles Bankkonto mitzuteilen, was z. B. im Falle eines Bank- oder Kontowechsels recht gelegen kommt. Es reicht, das neue Konto als NemKonto zu markieren.

Ein NemKonto kann entweder bei der Bank eingerichtet werden oder auch online über *(L13) http://www.nemkonto.dk*, wenn Sie über eine digitale Signatur verfügen (siehe dazu Kapitel 7.11).

Sollte es Schwierigkeiten geben und Behörden bekommen keinen Zugriff auf das Konto – was immer mal wieder vorkommt –, dann sollten Sie zuerst mit der Bank klären, ob das NemKonto richtig eingerichtet ist. Ansonsten muss der Fehler im System der Behörde liegen.

7.6 Kindergarten und Schule

Welche Möglichkeiten Sie bezüglich Kindergarten und Schule haben, wird in Kapitel 12 detailliert erklärt.

7.7 Sprachschule

Jeder zugezogene Bürger mit einer CPR-Nummer hat in den ersten 3 Jahren nach Zuzug ein Recht auf einen subventionierten Dänisch-Sprachkurs (sprogkursus). Danach verfällt der Anspruch.

Da es keinen Automatismus gibt, müssen Sie selbst aktiv werden und die Möglichkeiten für einen Sprachkurs beim Bürgerservice (borgerservice) Ihrer Kommune erfragen. Dort werden Sie an die Sprachschulen verwiesen, mit denen die Kommune zusammenarbeitet. Wichtig ist, dass Sie sich selbst danach bei der entsprechenden Sprachschule zu einem Sprachtest anmelden, um in das richtige Niveau eingestuft und eventuell auf eine Warteliste gesetzt zu werden.

> **Zu beachten**
> Nicht darauf warten, dass sich die Schule bei Ihnen meldet, sonst warten Sie vergeblich!

Detailinformationen zu Sprachkursen: siehe Kapitel 14.

7.8 Umwandlung eines Führerscheines

Dieses Kapitel ist nur für Bürger wichtig, die einen Nicht-EU-Führerschein haben. Sie dürfen in Dänemark höchstens 2 Wochen nach dem Erhalt der CPR-Nummer mit Ihrem bisherigen Führerschein fahren, sonst könnte das 5.000 DKK (667 EUR) Strafe kosten. Genauere Informationen zu diesem Thema finden Sie in Kapitel 15.1.7.

7.9 Gewerkschaft

Gewerkschaften (fagforening) spielen noch immer eine wichtige Rolle in Dänemark, denn etwa 80% der arbeitenden Bevölkerung sind in einer Gewerkschaft organisiert.

Sie haben auch in Dänemark die Funktion, Arbeitnehmer beratend zu unterstützen (z. B. bei Gehaltsverhandlungen, Kündigung). Sie bieten Kurse an und geben eine Gewerkschaftszeitung heraus, mit zum Teil sehr interessanten fachlichen Artikeln sowie Stellenanzeigen etc. Wenn Sie ein Problem bei der Arbeit haben, sollten Sie im Zweifelsfall immer bei Ihrer Gewerkschaft anfragen, ob sie Ihnen helfen kann. In Dänemark sind Gewerkschaften an ihren Mitgliedern und deren Bedürfnissen viel näher dran, als ich das bisher kannte. Ich hätte deshalb nie gedacht, dass ich eines Tages empfehlen würde, in eine Gewerkschaft einzutreten!

Interessant ist auch, dass Gewerkschaften mit einigen Versicherungen Abkommen haben, so dass die Gewerkschaftsmitglieder bessere Konditionen bekommen können, z. B. Auto- oder Hausratsversicherungen. Fragen Sie Ihre Gewerkschaft danach.

Es ist wichtig, aus der Vielzahl von Gewerkschaften eine zu wählen, die zu Ihrem Beruf passt, damit Sie die richtige Unterstützung bekommen. Bei etwa 150 Gewerkschaften ist die Auswahl nicht leicht, besonders wenn Sie noch kein Dänisch können und somit die Webseiten nicht verstehen. Wenn Sie schon einen Arbeitsvertrag haben, fragen Sie am besten nach, in welchen Gewerkschaften Ihre Kollegen sind. Ansonsten im Folgenden einige Vorschläge:

Ingenieure	*(L14) http://www.ida.dk*
IT-Fachpersonal	*(L15) http://www.prosa.dk*
Leitende Angestellte	*(L16) http://www.lederne.dk*
Ärzte	*(L17) http://www.laegeforeningen.dk*
Zahnärzte	*(L18) http://www.dtfnet.dk*
Krankenschwestern	*(L19) http://www.dsr.dk*
Handel-/Büropersonal	*(L20) http://www.hk.dk*

Eine Übersicht aller Gewerkschaften gibt es über folgende Webseite: *(L21) https://www.borger.dk/foa/Sider/default.aspx?fk=22&foaid=12252789*.

7.10 Arbeitslosenversicherung

Dänische Arbeitslosenversicherungen (<u>A-kasse</u>) sind private, gemeinnützige Institutionen, die vom Staat unterstützt werden.

Wenn Sie aus EU-/EFTA-Ländern oder aus den nordischen Ländern (siehe die entsprechenden Länder in Kapitel 7.1) stammen, haben Sie unter Umständen Recht auf Arbeitslosenunterstützung. Für Zuzügler aus anderen Ländern macht eine Arbeitslosenversicherung nicht viel Sinn, denn die Arbeitsgenehmigung verfällt bei Kündigung oder Jobwechsel.

In Dänemark sind Arbeitnehmer nicht verpflichtet, sich gegen Arbeitslosigkeit zu versichern. Allerdings ist eine freiwillige Absicherung dringend zu empfehlen! Alle berechtigten Arbeitnehmer und Selbstständigen zwischen 18 und 65 Jahren können Mitglied einer A-kasse werden. Sie haben die freie Wahl, in welche A-kasse sie sich anmelden, und werden monatlich einen von der jeweiligen A-kasse festgelegten Betrag einzahlen, der vom Gehalt unabhängig ist. Im Falle von Arbeitslosigkeit wird basierend auf dem Einkommen der letzten 3 Monate Arbeitslosengeld berechnet, wobei ein Maximum definiert ist.

Durch ihren Status als private Institutionen haben A-kassen großes Interesse, dass Arbeitslose bald wieder einen Job annehmen, weshalb sie gezielt begleitet werden und Nachweise über ihre Jobsuche (bis Februar 2009 waren das mindestens 4 Bewerbungen wöchentlich) erbringen müssen. Haben Arbeitslose anfangs noch das Recht, nach Stellen im eigenen Beruf oder entsprechend ihrer Qualifikation zu suchen, so wird der Anspruch ziemlich schnell hinfällig, wenn sie keine geeignete Arbeit finden. Am Ende werden sie jeden auch weniger qualifizierten Job annehmen müssen (unabhängig davon, ob das Sinn macht oder nicht).

Dieses Vorgehen hat den Vorteil, dass Arbeitslose schnell wieder in den Arbeitsmarkt zurückgeführt werden und die A-kassen weniger Mittel für Langzeitarbeitslose ausgeben müssen.

Zu beachten

Einige Gewerkschaften bieten auch eine A-kasse an, wodurch Sie rundum von einer Stelle aus betreut werden können.

Eine Liste der A-kassen kann unter *(L22) http://www.adir.dk/sw15376.asp* eingesehen werden, wobei Sie über *(L23) http://www.adir.dk/sw25901.asp* Vergleiche der A-kassen bezüglich Preis und Mitgliederzufriedenheit einsehen können (alle Infos auf Dänisch).

Notwendige Unterlagen
Erforderliche Unterlagen sollten bei der jeweiligen A-kasse angefragt werden.

Einzuhaltende Fristen
Um Ihre Anwartschaft aus Ihrer vorherigen Arbeitslosenkasse sowie das Recht auf Arbeitslosengeld ohne Ausfallfrist zu erhalten, ist es wichtig, zwischen dem Austritt aus Ihrer alten und dem Eintritt in Ihre neue Arbeitslosenversicherung die festgelegte **8-Wochenfrist** nicht zu verpassen. Ansonsten müssen Sie erst ein Jahr lang in die neue A-kasse eingezahlt haben, bevor Sie wieder Recht auf Arbeitslosengeld haben.

Falls Sie die Frist überschritten haben, sollten Sie dennoch versuchen, beim Arbejdsdirektoratet (dem dänischen Arbeitsamt) *(L24) http://www.adir.dk* einen „Ausnahmeantrag" zu stellen, um zu erklären, aus welchen Gründen Sie sich nicht rechtzeitig angemeldet haben.

7.11 Digitale Signatur

4 von 5 Bürgern in Dänemark lebten bisher gut ohne eine digitale Signatur, doch wer über sie verfügt, kann sie immer wieder verwenden und damit Zeit sparen – besonders wer außerhalb der Öffnungszeiten mit Hilfe von Freunden und Bekannten, die des Dänischen mächtig sind, etwas online beantragen (z. B. ein Nem-Konto) oder Formulare für Behörden ausfüllen will.

Doch geht der Trend dahin, dass die digitale Signatur zu einer Notwendigkeit wird. Zum Beispiel verschickt die dänische Steuerbehörde SKAT seit Ende 2008 diverse Unterlagen nicht mehr in Papierform an Sie, sondern legt sie in Ihre elektronische Steuermappe ab, und Sie können mit Ihrer digitalen Signatur darauf zugreifen.

Die digitale Signatur ermöglicht Ihnen eine sichere Identifizierung per Internet bei öffentlichen Stellen und kann z. B. verwendet werden, wenn Sie Ihren Arzt wechseln, Formulare online ausfüllen und abschicken, Änderungen bei Ihren SKAT-Angaben vornehmen, Ihre Kinder bei Betreuungsstellen anmelden oder Termine bei Hausärzten bestellen wollen usw.

Die digitale Signatur ist kostenlos. Sie erhalten sie über folgende Webseite (nur auf Dänisch): *(L25) https://bestilling.certifikat.tdc.dk/pocesapply/apply.html? blind=false&livingAbroad=false.*

7.12 Einfuhr eines Autos

Autos – ein leidiges und schmerzhaftes Thema für alle, die nach Dänemark ziehen, denn der Staat bittet jeden gnadenlos zur Kasse, der im Land wohnt und ein Auto fahren will. Die großen Kosten entstehen durch die Autozulassung, die im Normalfall 180% des Autowertes betragen. Ja, richtig gelesen: einhundertachtzig Prozent. Es wurde zwar entschieden, dass bis 2015 die hohen Zulassungskosten halbiert werden sollen, wobei Vielfahrer höhere Abgaben zahlen müssen, doch bis dahin ist es noch lange.

Keiner, der in Dänemark seinen Hauptwohnsitz hat, darf ein Auto mit ausländischem Kennzeichen fahren, außer wenn der Besitzer des Autos mit im Auto sitzt und dieser nicht in Dänemark gemeldet ist. Dabei ist es in der Regel nicht die Polizei, die etwaige Schwindler verfolgt, sondern die Steuerbehörde. Sie erfährt vom Zuwiderhandeln oft durch eine Anzeige von Personen, die es nicht gut finden, wenn sich jemand einen Vorteil erschleicht.

Ein Auto aus dem Heimatland mitzubringen, macht die Angelegenheit nicht billiger. Es ist egal, auf wen – ob Eltern, Verwandte oder Freunde – das Auto dort angemeldet ist: Sobald der Fahrer in Dänemark angemeldet ist und das Auto in Dänemark fährt, muss das Auto in Dänemark zugelassen sein, und die teuren Zulassungskosten müssen gezahlt werden.

Einzuhaltende Fristen

Ein mitgebrachtes Auto muss innerhalb von **2 Wochen** angemeldet werden und mit dänischen Nummernschildern fahren. Wer erwischt wird, zahlt drastische Strafen.

Detaillierte Informationen zum Thema „Auto": siehe Kapitel 15.1.

8 Arbeit

Dieses für Sie höchst relevante Kapitel soll Sie auf Aspekte der Jobsuche vorbereiten, Ihnen beim Aushandeln des Arbeitsvertrages helfen, Einblicke in Arbeitsplatzgegebenheiten verschaffen, die Urlaubsregelung erklären – und generell helfen, bestimmte Bereiche zu bedenken.

Eine gute Webseite, die kurze Informationen zu allen Themen rund ums Arbeiten in Dänemark bietet, ist: *(L26) http://www.workindenmark.dk.*

8.1 Jobsuche

Wegen der guten wirtschaftlichen Lage und der extrem niedrigen Arbeitslosenquote (August/September 2008: 1,6%) sehen sich immer mehr Firmen auch im Ausland nach Arbeitskräften um. Es wird sich noch zeigen, wie sich die im September 2008 ausgelöste Finanzkrise auf den dänischen Arbeitsmarkt auswirken wird.

Die Bandbreite der Jobs, in denen Arbeitskräfte gesucht werden, ist sehr weit: besonders Forscher und leitende Angestellte, Softwareentwickler, Computerspezialisten, Berater, Architekten, Büroangestellte, Handwerker, Gastronomiepersonal, Reinigungskräfte, ungelerntes Personal usw.

Sie können unterschiedliche Jobsuchmaschinen (auf Dänisch) durchsuchen: *(L27) http://www.jobnet.dk*, *(L28) http://www.jobindex.dk*, *(L29) http://www.jobfinder.dk*, *(L30) http://www.jobzonen.dk*, *(L31) http://www.job-guide.dk*, *(L32) http://www.it-jobbank.dk.*

Englischsprachige Jobs können über *(L33) http://www.jobsincopenhagen.com*, *(L34) http://www.careerguide2denmark.com* oder *(L35) http://www.workindenmark.dk* gefunden werden.

Bei einigen Webseiten können Sie einen Webagenten einrichten, der Sie per E-Mail benachrichtigt, wenn neue Stellen entsprechend der gewählten Kriterien angeboten werden. Außerdem kann das eigene Profil inklusive Lebenslauf auf den Webseiten gespeichert werden. Firmen durchsuchen die Profile nach interessanten Kandidaten und kommen ggf. direkt auf Sie zu. Sie sollten immer wieder etwas an Ihrem Lebenslauf ändern, damit er von den Suchmaschinen, die die Profile durchsuchen, regelmäßig in Betracht gezogen wird.

Eine gute Möglichkeit für einen Start können auch Personalmanagementfirmen (rekrutteringsbureau) sein: Adecco *(L36) http://www.adecco.dk*, Randstad *(L37) http://www.randstad.dk*, Manpower *(L38) http://manpower.dk*, Temp-Team *(L39) http://www.temp-team.dk*, Kelly Services Kopenhagen *(L40) http://www.kellyservices.dk*.

Doch viele Ausländer passen nicht in das Schema des dänischen Arbeitsmarktes (Ausbildungsart, Teilzeitjobs, Sprache). Außerdem können viele mitreisende Partner nicht in einen 5-Tages-Vollzeitjob einsteigen. Da ich es leid war zu sehen, wie viele Fähigkeiten und Kenntnisse brachliegen und nicht genutzt werden, habe ich bei „Worktrotter" eine Arbeitsinitiative gestartet. Legen Sie ein Profil mit Lebenslauf bei dem kostenlosen Businessnetzwerk LinkedIn, *(L41) http://www.linkedin.com,* an und senden mir einen Link zu Ihrem Profil. Aus dem Wissen über die Fähigkeiten in der Expat-Gemeinschaft können dann unterschiedliche (Zusammenarbeits-)Möglichkeiten erarbeitet werden. Mehr Details finden Sie unter *(L42) http://www.worktrotter.dk/work*. Diese Methode hat noch einen weiteren Vorteil: Personalmitarbeiter von vielen Firmen durchforsten LinkedIn auf der Suche nach potenziellen Einstellungskandidaten. Ihre Chancen, „entdeckt" zu werden, steigen also, wenn Sie ein Profil bei „LinkedIn.com" haben.

Gewerkschafts-, Tages- und Lokalzeitungen sind auch eine gute Möglichkeit, offene Stellen zu finden.

Es lohnt sich ebenso, Webseiten von Firmen anzusehen, die für Sie interessant sind. In den meisten Fällen werden dort offene Stellen gelistet, oder es wird beschrieben, auf welche Weise unaufgeforderte Bewerbungen eingesendet werden sollen.

Finden Sie keine Jobangebote, so lohnt es sich auf alle Fälle anzurufen oder persönlich in dem Unternehmen vorbeizuschauen, um Ihre Unterlagen abzugeben. Es kann dann sogar sein, dass sich – je nach Größe der Firma – sofort jemand Zeit für ein Gespräch nimmt.

Wenn eine Firma interessant zu sein scheint, nie vor einer Initiativbewerbung zurückschrecken! Im schlimmsten Falle gibt es ein Nein und somit nichts zu verlieren.

Informationen zu dänemarküblichen Bewerbungen und Lebensläufen: siehe Kapitel 8.2.

Zu beachten

Es ist für ausländische Bürger nicht immer leicht, in Dänemark Arbeit zu finden. Eine Umfrage, die ich bei „Worktrotter" im Jahr 2008 unter Expats durchführt hatte, die nicht von ihrer Firma nach Dänemark geschickt wurden, ergab folgendes Ergebnis: Mehr als die Hälfte der 100 Teilnehmer hatte es schwer, einen Job zu finden, und dieses Ergebnis schien eng mit dem Niveau ihrer Dänischkenntnisse zusammenzuhängen. Siehe *(L43) http://files.meetup.com/180938/Worktrotter_Work_Survey.pdf*.

Auch wenn Sie einen Job ohne Sprachkenntnisse finden sollten, so kann es beim nächsten Mal durchaus Probleme geben. Wer dagegen der dänischen Sprache mächtig ist, befindet sich in einer wesentlich besseren Position, seine Arbeitskonditionen zu beeinflussen oder einen anderen Job zu finden. Wenn Sie also flexibel sein und Ihre Chancen auf einen Job erhöhen wollen, beginnen Sie frühzeitig (am besten noch vor Ihrer Einreise), Dänisch zu lernen.

Mehr zum Thema „Sprache": siehe Kapitel 14.

8.2 Bewerbungen

Die Ratschläge zu Bewerbungsanschreiben (ansøgning) und Lebenslauf (CV) für Jobs in Dänemark gehen alle in die gleiche Richtung: kurz und prägnant. Keine Schnörkel, Farben, unterschiedliche Schrifttypen etc. verwenden, denn es kommt auf die Informationen an. Alles andere lenkt nur ab.

Das **Bewerbungsanschreiben** soll nicht länger als eine DIN-A4-Seite umfassen. Es soll wichtige fachliche und persönliche Informationen über Sie preisgeben, die für die beworbene Stelle relevant sind. Es soll klar daraus hervorgehen, weshalb Sie einen (bestimmten) Job in der entsprechenden Firma haben wollen und warum diese Firma gerade Sie auswählen soll.

> **Zu beachten**
> Ich habe widersprüchliche Aussagen (ja/nein) bezüglich der Verwendung von Bildern in Bewerbungen bekommen. Ich würde meine Bewerbungen immer mit Foto schicken, weil sie dadurch persönlicher werden.

Auch der Lebenslauf sollte überschaubar (nicht länger als 2 DIN-A4-Seiten) und im Allgemeinen sehr einfach gehalten sein. Er kann entweder chronologisch aufgebaut oder fähigkeitsorientiert sein (bei Letzterem sollte es auch eine gewisse Chronologie bzgl. Arbeitsstellen und Ausbildung geben). Beide Formen sollten jedoch Informationen zu folgenden Themen enthalten:

– oben Name und Kontaktadresse
– kurze Einführung, z. B. wonach Sie suchen und warum
– fachliche und persönliche Kompetenzen
– bisherige Arbeitsstellen in umgekehrter Reihenfolge (letzte zuerst)
– IT-Kenntnisse
– Ausbildungsstellen in umgekehrter Reihenfolge
– Sprachfähigkeiten
– persönliche Informationen: *Geburtsdatum*, Kinder, Freizeitinteressen etc. Diese anzugeben ist sehr wichtig, denn Arbeit gilt nicht als der Lebensmittelpunkt.

Bereiten Sie Ihre Informationen so auf, dass sie für den gewünschten Job bzw. die entsprechende Firma relevant sind.

Informationen und Beispiele zu Bewerbungen und Lebenslauf gibt es auch auf Webseiten der Gewerkschaften, Zeitarbeitsfirmen usw. Eine gute Inspirationsquelle ist auch: *(L44) http://www.worktrotter.dk/work*. Dort können Sie sich Beispiele für Bewerbungen auf ausgeschriebene Stellen (<u>opfordrede ansøgninger</u>) sowie für Initiativbewerbungen (<u>uopfordrede ansøgninger</u>), chronologisch aufgebaute (<u>kronologisk CV</u>) sowie fähigkeitsorientierte (<u>funktionsopdelt CV</u>) Lebensläufe ansehen.

Viele Firmen haben für hochausgebildete Arbeitskräfte Einstellungstests vorgesehen, z. B. logische Tests und Denktests, die in einem bestimmen Zeitlimit durchgeführt werden müssen.

8.3 Gehalt

Wird ein Job in einem anderen Land angenommen, so stellt sich natürlich die Frage, ob das angebotene Gehalt für die Landesverhältnisse okay ist. Nun sind dänische Gehälter nicht leicht zu erfahren, denn darüber wird in Dänemark auch mit Freunden, Kollegen und Bekannten nicht gesprochen. Es ist jedoch gut zu wissen, dass Gehaltsniveaus in Dänemark im Bezug auf den Durchschnittswert, dem Median, dem unteren und dem oberen Quartil, angegeben werden.

Was geben diese Werte an? Der **Durchschnitt** wird berechnet, indem die Einzelwerte addiert und durch die Gesamtanzahl geteilt werden, d. h., bei 100 Gehaltswerten ist der Durchschnitt = (Gehalt 1 + Gehalt 2 + … + Gehalt 100) / 100. Würden die Gehälter von 99 Personen in aufsteigender Reihenfolge aufgelistet werden, so würde das Gehalt der 50. Person den **Median** darstellen. Damit liegt eine Hälfte der Gehälter über und die andere Hälfte unter dem Median. Das 25. Gehalt in dieser Liste würde das **untere Quartil** und das 75. Gehalt das **obere Quartil** darstellen, somit liegen 25 Gehälter unter dem unteren Quartil bzw. 25 Gehälter über dem oberen Quartil.

Verfügen Sie über eine sehr gute Qualifikation und bringen viel Erfahrung mit, so sollten Sie ein Gehalt erwarten, das über dem oberen Quartil liegt. Erfragen Sie deshalb bei Angeboten, wie sich Ihr Gehalt zu den Quartilwerten und dem Median verhält. So können Sie in etwa feststellen, auf welcher Höhe das angebotene Gehalt liegt.

Eine gute Webseite, um zumindest eine Ahnung zu bekommen, in welchem Bereich die Gehälter für Arbeitnehmer mit Ihrer Qualifikation liegen, ist folgende: *(L45) http://www.jobindex.dk/cgi/cv/salaryindex.cgi* (auf Dänisch). Dort wird ein Durchschnittswert entsprechend der ausgesuchten Kriterien angegeben, jedoch nicht die Quartile und der Median.

Gut zu wissen

Viele Gewerkschaften stellen Lohnstatistiken ins Internet (manche allerdings nur für ihre Mitglieder einsehbar). Suchen Sie im Internet nach „lønstatistik" („Lohnstatistik"). Wenn Sie schon in einer Gewerkschaft sind, so kann sie abklären, ob das Gehalt marktgerecht ist, Ratschläge für die Verhandlung geben und auf alle Fälle untersuchen, ob der Arbeitsvertrag okay ist.

> **Zu beachten**
>
> In der Regel hat Kopenhagen und Umgebung die höchsten Gehälter aufzuweisen, während Nordjütland die niedrigsten hat, dafür sind die Lebenshaltungskosten dort aber auch viel (!) niedriger. Es ist deshalb genau zu überlegen, ob das angebotene Gehalt in der von Ihnen gewählten Region den gewohnten Lebensstandard ermöglicht. Siehe zum Thema „Lebensqualität" Kapitel 4.2, bezüglich „Wohnungspreise" Kapitel 11 und bezüglich „Steuern" Kapitel 13.

Bitte bedenken Sie, dass sich die bisherigen Informationen nur auf das Gehalt selbst beziehen. Ein „Gehaltspaket" kann jedoch weitere Elemente beinhalten, die eine Arbeitsstelle dennoch attraktiv machen können, auch wenn das angebotene Gehalt selbst zu niedrig erscheinen sollte.

8.4 Gehaltspaket

In vielen Firmen werden Mitarbeiter mit Leistungen unterstützt, die über das Gehalt hinausgehen (z. B. zusätzliche Krankenversicherung, zusätzliche Rentenversicherung etc.). Diese Leistungen sind in einem Gehaltspaket zusammengefasst, können von Firma zu Firma unterschiedlich sein und sind zum Teil verhandelbar.

Als sich einmal 2 Bekannte über ihre Gehälter austauschten (eigentlich ein Tabu in Dänemark), stellte sich heraus, dass wegen der höheren Besteuerung für Besserverdiener das Nettogehalt des einen nur wenig höher lag als das des anderen, obwohl die Bruttogehälter recht weit auseinanderlagen. Deshalb muss es nicht unbedingt von Vorteil sein, auf ein höheres Gehalt zu pochen, denn nach Abzug Ihrer Steuern wird Ihnen vom Differenzbetrag vielleicht nicht so viel übrigbleiben. Es kann also besser sein, ein interessantes Gehaltspaket zu verhandeln statt einen höheren Lohn einzufordern.

Im Folgenden werden verschiedene Aspekte beleuchtet, die in ein Gehaltspaket passen könnten. Sie sollten versuchen, dass das für Sie Relevante in den Arbeitsvertrag mit aufgenommen wird.

Pensionspaket

Viele Firmen bieten eine private Rentenversicherung an, um die staatliche Rente aufzubessern. Gewöhnlich zahlen beide – Mitarbeiter und Firma – monatlich einen Betrag an eine Pensionskasse (z. B. PFA, Danica Pension), wobei die Zahlungen vor dem Abzug der Steuern erfolgen.

Zusatzversicherung zur Gesundheitsversorgung

Sehr wichtig ist, dass eine Zusatzversicherung für die Gesundheitsversorgung gewährt wird, die die öffentliche Krankenversicherung aufbessert. Oft ist diese Zusatzversicherung Teil des Pensionspaketes. Invaliditätsversicherung, die Verkürzung von Wartezeiten und Kostenzuschüsse für Untersuchungen/Behandlungen sind immens wichtig, um Ihre Heilungschancen und Lebensqualität im Krankheitsfall zu verbessern.

Heimarbeitsplatz

Viele Büroangestellte bekommen von ihrer Firma einen Heimarbeitsplatz eingerichtet, um auch zu Hause und somit flexibler arbeiten zu können. In diesem Zusammenhang werden oft die Kosten für den Internetanschluss, ggf. auch für das Festnetztelefon, übernommen. Manchmal kann sogar das Geschäftshandy auch privat genutzt werden. Einige dieser „goodies" werden als geldwerter Vorteil angesehen und können sich auf die zu zahlenden Steuern auswirken.

Firmenwagen

Bei einer Arbeitsstelle, die viel Reisetätigkeit zu Kunden und Lieferanten beinhaltet, wird Mitarbeitern oft ein Firmenwagen gestellt, der ggf. auch privat genutzt werden kann. Ob sich das lohnt, sollte genau kalkuliert werden, denn ein Firmenauto zu haben, wird sich als geldwerter Vorteil auf die zu zahlenden Steuern niederschlagen. Mehr zu diesem Thema: siehe Kapitel 15.1.5.

Urlaubsregelung

Klären Sie ab, wie Ihr Urlaub gehandhabt werden soll, denn entsprechend dänischer Bestimmungen haben Sie im ersten Jahr kein Anrecht auf bezahlten Urlaub (siehe dazu unbedingt Kapitel 8.8).

Wettbewerbsklausel

Einige Firmen haben Wettbewerbsklauseln (konkurenceklausul) in ihren Verträgen, d. h., Sie dürfen innerhalb einer gewissen Zeit nach Kündigung nicht zu einer Konkurrenzfirma wechseln. Diese Restriktion würde Ihre Flexibilität sehr einschränken, weshalb Sie versuchen sollten, diese Klausel aus Ihrem Vertrag wegzudiskutieren.

Andere Aspekte

- Manche Firmen stellen ihren Mitarbeitern Zeitungen, sponsern Fahrkarten für den öffentlichen Verkehr usw.

- Es werden auf dem Firmengelände oft Fitnessbereiche eingerichtet oder Interessenclubs organisiert.

- Viele Firmen stellen ihren Mitarbeitern Mittagessen, zum Teil auch Frühstück, zur Verfügung. Ist es kostenlos, so müssen diese die Leistung versteuern. Deshalb wird oft von den Mitarbeitern monatlich ein geringer Betrag gezahlt, damit die Leistung steuerfrei bleibt. In manchen Firmen ist die Essenszeit in der Arbeitszeit inbegriffen.

- Einige Firmen besitzen Sommerhäuser (auch im Ausland), die Mitarbeiter zu einem vergleichbar günstigen Betrag mieten und dadurch die Kosten für ihren Urlaub erheblich reduzieren können.

- Sollte Ihre Firma keinen eigenen Parkplatz besitzen, so wird sie möglicherweise Ihre Kosten fürs Parken übernehmen – etwas, was besonders im Kopenhagener Raum viel Geld ausmachen kann.

Zu bedenken
Falls Sie Ihre Kinder in Dänemark auf eine private/internationale Schule schicken wollen, sollten Sie versuchen, die Kosten von der Firma übernehmen zu lassen, denn diese Kosten können sich leicht summieren. Mehr Informationen zum Thema „Ausbildung" finden Sie im Kapitel 12.

Fazit: Es gilt also nicht nur, das Gehalt intensiv zu verhandeln, sondern wichtiger ist vielmehr, was ins Gehaltspaket aufgenommen werden soll – wobei meiner Meinung nach die zusätzliche Krankenversicherung am wichtigsten ist.

8.5 Weitere Arbeitsplatzaspekte

Sprache

In vielen Firmen werden Sie mit Englisch durchkommen, im Süden Dänemarks eventuell auch mit Deutsch. Dänische Kollegen schwenken in Meetings oft auf Englisch oder zum Teil Deutsch um, sobald jemand dazustößt, der nicht Dänisch spricht. Jedoch gilt das nicht unbedingt für Pausen und informelle Gespräche, wodurch die ganze Unterhaltung an Ihnen vorbeigeht, wenn Sie noch kein Dänisch verstehen.

Soziale Kontakte

Ihre Erwartung, einen Freundeskreis oder Kontakte zu Dänen über Ihre Arbeit aufzubauen, wird sich wahrscheinlich als vergebens erweisen: Die meisten Dänen trennen strikt zwischen Privatleben und Beruf. Deshalb ist es wichtig, sich auch nach anderen Möglichkeiten umzusehen, um Leute kennen zu lernen (mehr dazu im Kapitel 16).

Arbeitszeit

In Dänemark gibt es bei weitem nicht so lange Arbeitstage wie in anderen Ländern. Es wird sehr darauf geachtet, dass Arbeit nicht zu Lasten der Familie geht. Es gibt oft Gleitzeit, wobei abzuklären gilt, was darunter zu verstehen ist, z. B. bedeutete Gleitzeit bei einer großen dänischen Firma, dass jeder frei war, vor 8:30 Uhr zur Arbeit zu kommen und nach 17:00 Uhr zu gehen.

Da viele Eltern ihre Kinder aus Kindertagesstätten und Schulen abholen, werden sich die Reihen der Kollegen gegen 16:00 Uhr ganz schnell lichten. Als ich kurz nach meinem Start in Dänemark um 17:00 Uhr alleine im Großraumbüro saß, fragte mich ein Kollege, der auf dem Nachhauseweg war, ob ich denn Überstunden mache. Da wurde mir klar, dass die Mär von der entspannten Arbeitszeit in Dänemark kein Märchen war. Doch soweit Mitarbeiter einen Heimarbeitsplatz haben, setzen sie oft ihre Arbeit am Abend fort, nachdem die Kinder im Bett sind.

Arbeitsweise

Hierarchien sind nicht ausgeprägt, und jeder wird mit dem formlosen „du" angesprochen.

Es ist immer wieder interessant zu sehen, wie viele Leute schon in jungen Jahren in Dänemark (auch hohe) Leitungsfunktionen innehaben. Man braucht nicht erst angegraute Schläfen zu haben, um große Verantwortung übertragen zu bekommen. Dadurch kommen sicher öfters neue und moderne Ansichten zum Tragen, als wenn nur über Jahrzehnte gereifte Personen das Sagen haben. Trotz Gleichstellung sind allerdings Frauen in leitenden Positionen auch in Dänemark noch eine Seltenheit.

Arbeit wird viel lockerer und überhaupt nicht verbissen gesehen. Zu viel zu arbeiten und zu viel Druck zu machen kommt gar nicht gut an – weder bei den Kollegen noch beim Chef (evtl. eine Auswirkung des Umgangskodex „Jantelov", siehe Kapitel 2.4.4).

Babypausen sind üblich, auch bei Vätern, und wirken sich in der Regel nicht negativ auf die Karriere aus. Mehr zum Thema „Babypausen" siehe Kapitel 9.8.

Teamarbeit wird in Dänemark groß geschrieben. Entscheidungen werden im Team getroffen. Es ist dabei wichtig, seine Ansichten den anderen nicht aufzuzwingen. Sie werden jedoch die Erfahrung machen, dass trotz gemeinsam getroffener Vereinbarungen manchmal etwas anderes gemacht wird als abgesprochen. Mögliche Gründe dafür sind, dass nach der Vereinbarung andere Informationen aufkamen, die ein anderes Vorgehen zu rechtfertigen schienen, oder auch weil eine andere Ansicht nicht verbalisiert wurde.

Zu beachten
Eine fehlende Zustimmung bedeutet in Dänemark oft „Nein".

Die Fluktuation am Arbeitsplatz war lange Zeit wegen der guten wirtschaftlichen Lage sehr groß. Gute Arbeitskräfte wurden dauernd gesucht und umworben, weshalb die Verhandlungsposition von Arbeitnehmern sehr günstig war. Doch wird sich die 2008 begonnene Finanzkrise darauf sicherlich auswirken.

Alter scheint kein Hindernis zu sein, Arbeit zu bekommen – eventuell wegen der guten Wirtschaftslage. Ob sich das ändert, wenn die Wirtschaft langsamer wächst, wird sich zeigen.

Alle Schichten der Gesellschaft werden als gleich wichtig angesehen. Deshalb wäre es ein Fauxpas, weniger ausgebildete Arbeiter als minderwertig zu betrachten.

Stress

Auch wenn die Arbeit in Dänemark viel entspannter ist, so klagen doch viele Leute über Stress. Das Thema „Stress" im Arbeitsleben ist kein Tabuthema. Es wird anerkannt, dass Stress krank machen kann. Hinzu kommt, dass für Zuzügler die veränderten Lebensbedingungen einen zusätzlichen Stressfaktor bedeuten.

Wenn Sie in einer Situation sind, in der Ihnen der Stress zu viel wird (die Gründe können vielfältig sein), so lohnt es sich, beim Arbeitgeber nachzufragen, welche Hilfe er anbietet. Viele Firmen arbeiten z. B. mit „Center for Stress" o. Ä. zusammen, wodurch Ihnen die richtige Unterstützung zuteil wird. Fragen Sie auch bei Ihrer Gewerkschaft um Rat und bei Ihrem Arzt nach. Unter Umständen werden Sie krankgeschrieben, damit Sie sich wieder regenerieren können.

Essen

Viele Firmen stellen ihren Mitarbeitern Mittagessen. In vielen Firmen ist es warm, in anderen jedoch nach dänischer Tradition kalt. Da eine gesunde Ernährung unterstützt wird, ist es üblich, dass Früchte zur Verfügung gestellt werden. In vielen Firmen gibt es kostenlosen Kaffee.

Weihnachtsgeschenk

Es scheint eine feste dänische Tradition zu sein, dass Mitarbeiter ein Weihnachtsgeschenk von ihrer Firma bekommen – sehr oft die Weihnachtsente für das Festessen an Heiligabend. Nach meinem Umzug nach Dänemark freute mich der Gedanke riesig, von meinem großen internationalen IT-Arbeitgeber solch ein Geschenk zu bekommen. Hightech und gefrorene Ente passte für mich so gar nicht zusammen. Wir bekamen dann auch keine Ente, sondern eine schönes Geschenk in einer Box.

8.6 Anerkennung von Qualifikationen

Wenn Sie die Gleichwertigkeit Ihrer Qualifikation nachweisen wollen, so müssen Sie zu CIRIUS, der Anerkennungsstelle in Dänemark, *(L46) http://www.ciriusonline.dk/Default.aspx?ID=3771* (auf Englisch), gehen. Dort werden Ihre bisherigen Ausbildungen/Qualifikationen den dänischen Regeln nach eingestuft und entsprechend anerkannt. Von CIRIUS bekommen Sie ein Dokument, das als allgemeine Grundlage gilt, um weitere Details zu prüfen.

Einige Berufsgruppen benötigen eine Autorisierung von weiteren Organisationen, bevor der Beruf in Dänemark ausgeübt werden darf. Das betrifft z. B. Ärzte, Zahnärzte, Anwälte, Fahrlehrer u.v.a. Eine Liste der Berufe und die Organisationen, an die Sie sich wenden müssen, finden Sie über diese Webseite: *(L47) http://www.ciriusonline.dk/default.aspx?id=3605* (auch auf Englisch).

Da sich Ausbildungen zwangsläufig länderabhängig unterscheiden, kann es sein, dass Sie in bestimmten Fächern überqualifiziert sind, in anderen jedoch Ihr Niveau nicht ausreicht. In diesem Fall müssen Sie „Ausgleichsstudien" absolvieren, um in allen Fächern dänischen Standard zu erreichen, wenn Sie in einem entsprechenden Bereich arbeiten/studieren wollen. Möglich ist aber auch, dass sich Ihr Abschluss für das Arbeiten/Studieren in anderen Bereichen eignet.

Geben Sie bei Ihrem Anerkennungs- bzw. Autorisierungsgesuch alle Informationen an, die Ihre Kenntnisse, Qualifikationen, Erfahrungen und Ihren Ausbildungsstand belegen können, damit Ihre Unterlagen möglichst komplett sind. Fragen Sie regelmäßig bei CIRIUS oder der Autorisierungsstelle nach, wie weit Ihre Anfrage vorangeschritten ist, denn es kann sein, dass etwas fehlt, Sie aber nicht benachrichtigt worden sind.

Viele Ausländer haben berichtet, dass der Anerkennungs- und Autorisierungsprozess mehrere Monate dauern kann. Das ist oft nervenaufreibend, falls Sie voller Tatendrang sind und arbeiten wollen. Doch können Sie die Zeit nutzen, um Ihr Dänisch zu intensivieren, was Ihre Chancen um einen Job entsprechend Ihrer Wünsche enorm verbessert. Mehr zum Thema „Sprache": siehe Kapitel 14.

8.7 Rentenversicherung

Das Rentenalter ist im Allgemeinen mit 65 Jahren erreicht, doch finden auch in Dänemark Diskussionen um eine Anhebung statt.

Die Rentenversicherung in Dänemark besteht aus mehreren Niveaus, wobei im Folgenden nur die wichtigsten genannt werden:

Die sogenannte Volkspension (folkepension) gilt in der Regel für dänische Staatsbürger, die fest in Dänemark wohnen, doch gibt es auch Ausnahmen, z. B. für Bürger der EU/EFTA. Mehr Infos dazu bietet die Webseite *(L48) http://www.borger.dk* (auf Dänisch), Stichwort folkepension. Diese Rente wird aus Steuern finanziert.

Ein weiteres Niveau der Rentenstruktur ist die Rente von der Rentenkasse ATP (ATP Livslang Pension). In diese Rente zahlt jeder ein, der in Dänemark arbeitet. Sie werden dafür einen Posten <u>ATP-bidrag</u> (ATP-Beitrag) auf Ihrem Lohnzettel finden. Vollzeitangestellte bezahlen 2009 81,30 DKK (11 EUR) pro Monat, wobei der Arbeitgeber den doppelten Betrag beisteuert.

Des Weiteren gibt es Möglichkeiten, in eine pivate Rentenversicherung einzuzahlen. Das können Sie aus privater Initiative tun, jedoch bieten viele Firmen solche Zusatzrenten als Teil des Gehaltspaketes an (siehe Kapitel 8.4). Oft gilt auch hier, dass der Arbeitgeber das Doppelte des Mitarbeiterbeitrages beisteuert.

Haben Sie Rentenansprüche aus unterschiedlichen Ländern, so werden diese nicht in das Land überführt, in dem Sie sich aufhalten, sondern Sie erhalten Renten in den entsprechenden Ländern, wo Sie gearbeitet und in Pensionskassen eingezahlt haben. Melden Sie deshalb den Rentenversicherungen in den entsprechenden Ländern Ihre aktuelle Adresse, damit diese mit Ihnen in Kontakt treten können, um die Überweisungsmodalitäten zu klären. Die Besteuerung ist in Dänemark und den entsprechenden Ländern mit der Steuerbehörde abzuklären.

> **Zu beachten**
> Renten werden in Dänemark entsprechend der üblichen Regeln besteuert. Mehr zum Thema „Steuern": siehe Kapitel 13.

8.8 Urlaub

8.8.1 Jahresurlaub

Die Urlaubsregelung in Dänemark ist für Neuhinzugezogene nicht ganz leicht zu verstehen. Deshalb wird im Folgenden etwas genauer darauf eingegangen, wie viel Urlaub es gibt, wie Urlaubsgeld „erarbeitet" wird, wann Urlaub genommen werden kann etc.

Laut Gesetz erhalten Angestellte mindestens 5 Wochen Urlaub.

Um Mitarbeiter zu schützen, damit sie beim Verlassen oder Konkurs einer Firma nicht ihren Urlaub einbüßen müssen, zahlen Arbeitgeber gewöhnlich das zustehende Urlaubsgeld auf ein firmenunabhängiges Urlaubskonto (<u>feriekonto</u>) ein. Wenn Sie Urlaub nehmen, kommt das Urlaubsgeld von diesem Konto, und wenn Sie die Firma wechseln, so wird die nächste Firma ebenfalls das Urlaubskonto benutzen.

Da jedoch in Ihrem ersten Arbeitsjahr noch kein Geld auf dem Urlaubskonto ist, haben Sie im Normalfall kein Recht auf bezahlten Urlaub, denn Sie „erarbeiten" sich Ihr Recht auf Urlaub vom 1. Januar bis 31. Dezember, können diesen aber erst frühestens ab dem 1. Mai des Folgejahres nehmen. Beispiel: Wenn Sie Ihren Job am 01.01.2009 begonnen haben und Vollzeit arbeiten, dann können Sie Ihren Urlaub erst zwischen 01.05.2010 und 30.04.2011 nehmen. Es wird also einige Zeit dauern, bis Sie in Dänemark volles Recht auf Urlaub haben.

Ist die Firma jedoch sehr interessiert an Ihnen, so könnte es sein, dass eine gesonderte Urlaubsvereinbarung getroffen wird. Klären Sie dies am besten mit Ihrer Firma gleich bei den Gehaltsverhandlungen ab.

Wenn Sie Dänemark verlassen, wird Ihnen das Geld, das sich auf Ihrem Urlaubskonto befindet, spätestens am darauffolgenden 1. Mai ausgezahlt, wobei es wie normales Einkommen besteuert wird.

8.8.2 Krankenurlaub

Werden Sie krank, so ist es von Firma zu Firma verschieden, ob und ab wann ein Attest vom Arzt notwendig ist. Deshalb wird das Attest vom Arzt nur auf Anfrage ausgestellt, denn es kostet Geld: etwa 400 DKK (53 EUR), Kosten, die im Normalfall vom Arbeitgeber zu tragen sind. Am besten bei der Arbeitsstelle nachfragen, wie Sie im Krankheitsfall vorgehen sollen.

Im Falle einer länger anhaltenden Krankheit hat der Arbeitgeber je nach Branche und Aufgabengebiet die Möglichkeit, eine Kündigung auszusprechen, ohne die rechtliche Kündigungsfrist einzuhalten, damit Langzeitkranke nicht zu Lasten der Firma gehen. Beispiel: Das für Büroberufe geltende Funktionärsgesetz (<u>funktionærloven</u>) besagt, dass, wenn ein Mitarbeiter innerhalb von 12 Monaten 120 Tage krank war, die Firma eine Kündigung mit einem Monat Kündigungsfrist aussprechen kann, unabhängig davon, wie lange der Mitarbeiter in der Firma angestellt war und deshalb im Normalfall Recht auf eine längere Kündigungsfrist gehabt hätte.

8.8.3 Kinderkrankenurlaub

Erkrankt Ihr Kind, so können Sie im Normalfall den ersten Krankheitstag bei Ihrem Kind verbringen. Alle weiteren Krankheitstage werden von den eigenen Urlaubstagen abgezogen. Klären Sie mit Ihrem Arbeitgeber ab, wie der Kinderkrankheitsfall in Ihrer Firma gehandhabt wird.

Laut Bestimmung ist es nicht möglich, dass der erste Tag von einem Elternteil und der zweite Tag vom anderen Elternteil bestritten wird, denn die Regelung bezieht sich nur auf den ersten Krankheitstag des Kindes.

In Dänemark ist das Arbeiten von zu Hause aus in vielen Branchen und Firmen eine akzeptierte Methode, soweit es der entsprechende Job zulässt. Deshalb nutzen viele Eltern diese Möglichkeit, um bei ihrem kranken Kind zu sein und trotzdem arbeiten zu können.

8.9 Arbeitslosigkeit

Die Arbeitslosigkeit in Dänemark war im August und September 2008 auf einem Rekordtief angelangt: 1,6% (!), das sind etwa 45.600 Personen. Doch macht sich auch in Dänemark die 2008 begonnene Finanzkrise bemerkbar, und die Arbeitslosenzahlen steigen. Im Dezember 2008 waren es 2,1%.

Interessant ist die Verteilung auf die verschiedenen Altersgruppen und Landesteile (laut Danmarks Statistik, Stand: Dezember 2008):

Region	%		
Kopenhagen Stadt:	2,8	Fünen:	2,1
Kopenhagen Umland:	1,7	Nordjütland:	2,5
Nordseeland:	1,3	Ostjütland:	1,7
Ostseeland:	1,5	Südjütland:	1,5
West-/Südseeland:	2,1	Westjütland:	1,6
Bornholm:	5,1		

Altersgruppen %	
16–24 Jahre:	1,7
25–29 Jahre:	2,6
30–39 Jahre:	2,1
40–49 Jahre:	1,8
50–59 Jahre:	1,9
60–64 Jahre:	1,2

Die niedrige Arbeitslosigkeit führen viele auf 2 Faktoren zurück:
– das „Flexicurity-Modell"
– die Arbeit der A-kassen

Flexicurity

Flexicurity bezieht sich auf die flexible Arbeitsmarktpolitik in Dänemark, die den Unternehmen Flexibilität (flexibility) gewährt und trotzdem Mitarbeitern soziale Sicherheit (security) gibt. Dadurch wird es Firmen leicht gemacht, je nach Auftragslage Mitarbeiter einzustellen, aber auch wieder abzubauen. Die Mitarbeiter wiederum sind im Falle von Arbeitslosigkeit abgesichert, weshalb eine Kündigung kein solches Drama wie in anderen Ländern ist.

Entsprechend des Gesetzes für Büroangestellte (funktionærloven) haben diese eine Kündigungsfrist von 1 Monat, während die Firmen 3 Monate einhalten müssen. Sind Mitarbeiter schon sehr lange im Betrieb, ist die Kündigungsfrist seitens der Firma länger: 3 bis 6 Monate. Auf alle Fälle sollten Sie im Falle einer Kündigung bei Ihrer Gewerkschaft klären, ob die Konditionen rechtens sind.

Diese flexible Arbeitsmarktpolitik hat sicher großen Einfluss auf das Erstarken der dänischen Wirtschaft gehabt. Viele Länder schicken Vertreter nach Dänemark, um das Modell besser zu verstehen und nach Umsetzungsmöglichkeiten im eigenen Land zu suchen.

A-kassen

A-kassen (dänische Arbeitslosenversicherungen) sind sehr effizient. Von Tag 1 der Arbeitslosigkeit an wird von den arbeitslosen Mitgliedern der A-kassen erwartet, sich um einen neuen Job zu bemühen. Tun sie dies nicht, wird kurzerhand das

Arbeitslosengeld gestrichen. Auch wenn es nur geringe Arbeitslosigkeit gibt, ist trotzdem zu empfehlen, Mitglied einer A-kasse zu werden. Mehr zum Thema „A-kasse": siehe Kapitel 7.10.

Zu beachten

Leistungen der A-kassen werden in Dänemark entsprechend der üblichen Steuerregeln besteuert.

Sollten Sie weniger als Vollzeit arbeiten wollen, so müssen Sie mit Ihrem Arbeitgeber klären, ob das möglich ist. Der Arbeitgeber ist nicht verpflichtet, einer solchen Lösung zuzustimmen. Teilzeit ist in Dänemark eher unüblich.

Hinsichtlich einer Arbeitslosenversicherung ist es wichtig, die folgenden Punkte zu berücksichtigen: Falls Sie eine wöchentliche Arbeitszeit von über 30 Stunden haben, gelten Sie als vollzeitangestellt. Sollten Sie arbeitslos werden, so werden die Sätze für Vollzeitarbeit herangezogen und Sie würden dem Arbeitsmarkt auch wieder für Vollzeitarbeit zur Verfügung stehen müssen.

Gut zu wissen

Wenn Sie jedoch weniger als 30 Stunden arbeiten, könnte Ihre „Vollzeit"-Arbeitslosenversicherung nicht gültig sein, weil Sie wegen Ihrer verkürzten Arbeitszeit dem Arbeitsmarkt nicht für Vollzeit zur Verfügung stehen, weshalb Ihnen eventuell kein Arbeitslosengeld gewährt wird. Klären Sie dies unbedingt mit Ihrer A-kasse ab, um die richtige Versicherungsstufe zu wählen.

8.10 Unternehmensgründung

Eine Firma zu gründen, ist eine recht einfache Sache in Dänemark. Es gibt viel Unterstützung dafür, denn die Kreativität der Bürger und ihr Unternehmertum und damit einhergehend die Wachstumsmöglichkeiten des Landes werden stark gefördert. Dänemark ist eines der Länder, in denen es am einfachsten ist (in Bezug auf Kosten und Zeit), eine Firma zu gründen.

Folgende Schritte sind notwendig:

CPR-Nummer für Leitung und Angestellte

Die Leitung und die in Dänemark arbeitenden Angestellten müssen einen Anmeldungsnachweis bzw. eine Aufenthaltsgenehmigung und Arbeitserlaubnis für Dänemark haben. Sie müssen auch in Dänemark angemeldet sein und demnach eine CPR-Nummer haben. Kapitel 7.1 und 7.2. erklären die dafür notwendigen Schritte.

Zu beachten

Sollten Sie nicht aus der „alten" EU oder EFTA stammen und schon in Dänemark leben, so sollten Sie unbedingt in Erfahrung bringen, welche Möglichkeiten Sie haben, eine Firma zu gründen. Falls die Grundlage für Ihren Aufenthalt das Ausländerrecht ist (siehe Kapitel 7.1.3 bzw. 7.1.4) und Sie Ihre CPR-Nummer nicht in Verbindung mit „Selbstständigkeit" erhalten haben, so könnte Ihre Aufenthaltsgrundlage in Schieflage geraten, denn Ihre CPR-Nummer und Ihr Aufenthalt sind z. B. an eine bestimmte Arbeitsstelle geknüpft. Klären Sie diesen Punkt unbedingt vor einer Firmengründung ab.

Registrierung der Firma

Firmen in Dänemark werden im CVR Register (Centrale VirksomhedsRegister = Zentrales Unternehmensregister) angemeldet. Bei der Registrierung wird eine CVR-Nummer vergeben. Dieser Schritt ist unter Umständen nicht unbedingt erforderlich.

Anmeldung der Firma bei der Steuerbehörde (SKAT)

Je nach Firmenform muss eine gesonderte Registrierung bei der Steuerbehörde SKAT vorgenommen werden. Oft taucht auf Formularen parallel zur CVR-Nummer auch eine SE-Nummer auf. Letztere ist die Nummer, unter der die Firma bei SKAT angemeldet ist. Gewöhnlich ist die CVR-Nummer gleich der SE-Nummer, und nur wenn die Geschäftsbereiche der Firma es notwendig machen, werden mehrere SE-Nummern vergeben.

Bankkonto

Firmen werden ein dänisches Bankkonto benötigen. Es kann gut sein, auch ein NemKonto anzulegen, z. B. zur Rückerstattung von Steuerbeträgen. Kapitel 7.5 erklärt mehr dazu.

Buchhalter

Je nach Größe der Firma ist es empfehlenswert, einen Buchhalter zu haben, denn einige Regelungen sind in Dänemark sicher anders als in Ihrem Land.

8.10.1 Übliche Rechtsformen

Personligt ejet (Einzelunternehmer)

In diesem Fall ist die Firma im persönlichen Besitz von einer Person, die mit ihrem ganzen Vermögen haftet. Es gibt kein notwendiges Mindestkapital für die Gründung.

I/S   Interessentskab

In diesem Fall ist die Firma im persönlichen Besitz von mehreren Personen, wobei die Besitzer solidarisch und persönlich mit ihrem ganzen Vermögen haften. Es gibt kein notwendiges Mindestkapital für die Gründung.

ApS Anpartselskab (Gesellschaft mit beschränkter Haftung)

Die Firma kann im Besitz von einer Person oder auch mehreren Personen sein. Es sind mindestens 125.000 DKK (16.666 EUR) Startkapital notwendig. Die Besitzer haften in dieser Kapitalhöhe. Diese Firmenform muss bei Erhvervs- og Selskabsstyrelsen (Gewerbe- und Firmenverwaltung) angemeldet sein.

A/S Aktienselskab (Aktiengesellschaft)

Die Firma kann im Besitz von einer Person oder auch mehreren Personen sein. Es sind mindestens 500.000 DKK (66.666 EUR) Startkapital notwendig. Die Besitzer haften in dieser Kapitalhöhe. Diese Firmenform muss bei Erhvervs- og Selskabsstyrelsen (Gewerbe- und Firmenverwaltung) angemeldet sein.

8.10.2 Unterstützung und Informationslinks

Da die Gründung von neuen Firmen für Dänemark sehr wichtig ist, gibt es unterschiedliche Organisationen, die Hilfe anbieten.

Væksthuset (Gewächshaus)

Hier werden „Neustarter" und Firmen mit Wachstumsambitionen unterstützt. Je nach Region werden Startkurse, allgemeine Unternehmenskurse und Beratungen für Personen angeboten, die eine Firma gründen möchten: *(L50) http://www.start vaekst.dk* (Infos auf Dänisch).

Bei einem Startkurs beim København Erhvervscenter (KEC) (Kopenhagens Gewerbezentrum), *(L49) http://www.kk.dk/erhverv.aspx*, war ich sehr überrascht, dass die Teilnehmer etwa zur Hälfte Frauen waren. KEC plant nun, solche Startkurse auch auf Englisch zu veranstalten.

Auf die 10 wichtigsten Fragen bei einer Firmengründung wird auf der Webseite *(L51) http://www.startogvaekst.dk/sw302.asp* (auf Dänisch) eingegangen.

Englische Übersicht rund um eine Firmengründung: *(L52) http://www.100svar. dk/index-business-in-dk2008.asp*.

Copenhagen Capacity

Aufgabe dieser Organisation ist es, Firmen zu unterstützen, die in der Region um Kopenhagen investieren wollen. Viele der bereitgestellten Informationen sind auch für Firmengründungen außerhalb dieser Region hilfreich: *(L53) http://www. copcap.com* (Infos auf Englisch).

SKAT

Auch die Steuerbehörde hat eine englische Broschüre bzgl. Firmengründung: *(L54) http://www.100svar.dk/grafik-downloads/skatpjece-english.pdf*.

Erhvervs- og Selskabsstyrelsen

Allgemeine Informationen für Firmen (Infos auf Dänisch): *(L55) http://www.eogs.dk*

VIRK

Hierbei handelt es sich um den elektronischen Zugang von Unternehmen zu Behörden. Es werden viele Informationen und Online-Möglichkeiten zur Verfügung gestellt: *(L56) http://virk.dk* (Infos auf Dänisch).

9 Gesundheitssystem

Dieses Kapitel soll Ihnen helfen, das Gesundheitssystem in Dänemark besser zu verstehen, um Verwirrung und Frustration zu vermeiden. Außerdem werden Vorkehrungen beschrieben, mit denen der Service des öffentlichen Gesundheitssystems aufgebessert werden kann.

9.1 Allgemeines

Die gesetzliche Krankenversicherung wird über Steuern finanziert und ist Teil der Grundversorgung der Bürger, worauf *jeder*, der in Dänemark angemeldet ist, ein Anrecht hat. Es ist wichtig zu verstehen, dass die gesetzliche Krankenversicherung nicht alle Leistungen abdeckt, sondern eine gute Basisversorgung bietet, die über private Versicherungen erweitert werden kann.

Die gesetzliche Krankenversicherung beinhaltet folgende Leistungen:

– Arztbesuche und Untersuchungen beim Hausarzt oder bei Fachärzten
– Behandlung außerhalb der normalen Öffnungszeiten durch die Notfallhilfe
– Aufenthalt und Behandlung in einem öffentlichen Krankenhaus
– Teile der Reisekrankenversicherung
– Zuschuss für bestimmte Ernährungspräparate
– Zuschuss für Zahnarztbehandlung
– Zuschuss für Arzneimittel
– Zuschuss für Physiotherapie
– Zuschuss für Chiropraxisbehandlung
– Zuschuss für Psychotherapiebehandlung für bestimmte schwerwiegende Diagnosen (Opfer von Gewalt und Unfällen, Selbstmordgefährdete, Schwerstkranke und Angehörige solcher etc.) – Details unter: *(L57) https://www.borger.dk/Lovgivning/Hoeringsportalen/dl.aspx?hpid=851365*

Es gibt 2 Versicherungsgruppen:

Klasse 1

Patienten dieser Klasse sind einem bestimmten Hausarzt zugeordnet, weshalb sie bei der Anmeldung beim folkeregister (Einwohnermeldeamt) einen Hausarzt aussuchen müssen. Überweisungen zu Fachärzten, Psychologen, zur Physiotherapie oder Fußtherapie können nur vom Hausarzt ausgestellt werden – außer für HNO-, Augen-, Zahnärzte und Chiropraktiker, für die keine Überweisungen notwendig sind. Die Versicherung bezahlt die gesamten Kosten für Haus- und Fachärzte. Für die anderen gibt es Zuschüsse (siehe S. 157). Klasse 1 ist die übliche Versicherungsgruppe.

Klasse 2

Patienten dieser Klasse haben keine Zuordnung zu einem bestimmten Hausarzt und können frei zu allgemeinen und Fachärzten gehen – was sehr attraktiv klingt. Dafür müssen sie aber die Kosten zunächst selbst tragen und bekommen später die üblichen Sätze von der Versicherung zurückerstattet.

Da Ärzte selber ihre Honorare festlegen, kann es sein, dass nicht die gesamten Kosten von der Versicherung zurückerstattet werden. Ärzte, unter denen Klasse-1-Patienten beim folkeregister wählen können und zu denen sie Überweisungen bekommen, haben ein Honorarabkommen mit der Krankenversicherung. Klasse-2-Patienten werden eventuell mit höheren Honoraren konfrontiert.

Ich würde deshalb abraten, Klasse 2 am Anfang zu wählen, denn es ist kompliziert, sich mit den Arzthonoraren und Zuschusssätzen zurechtzufinden – vor allem am Anfang, wenn so viele andere Fragen anstehen.

Für Physiotherapeuten, Fußtherapeuten und Psychologen ist auch für Klasse-2-Patienten eine Überweisung von einem allgemeinen Arzt notwendig; für HNO-, Augen-, Zahnärzte und Chiropraktiker nicht.

Es gelten die gleichen Zuschusssätze für Klasse-1- und Klasse-2-Patienten.

9.2 Hausarzt

Bei der Anmeldung beim örtlichen Einwohnermeldeamt (folkeregister) für die Beantragung der CPR-Nummer wird sofort und automatisch auch die Krankenversicherung und Krankenversicherungskarte beantragt.

Wenn nicht anders explizit gefordert, werden Sie automatisch der Klasse 1 zugeordnet und müssen den Arzt Ihrer Wahl benennen. Sie bekommen deshalb eine Liste von Hausärzten vorgelegt, aus der Sie einen auswählen müssen – doch kennen Sie zu dem Zeitpunkt das dänische Gesundheitssystem noch nicht, wissen also nicht wirklich, was Sie tun sollen.

In Dänemark ist das Konzept schon durchgesetzt, über das in anderen Ländern noch diskutiert wird: der Hausarzt als Drehscheibe für die Krankengeschichte der Patienten. Ohne Überweisung (henvisning) gibt es keine (!) Möglichkeit, als Klasse-1-Patient direkt zu einem Facharzt (außer zu HNO-, Augen-, Zahnärzten und Chiropraktikern) gehen zu können.

9.2.1 Wahl des Hausarztes

Für Klasse-1-Patienten wird auf die Krankversicherungskarte der Name des gewählten Hausarztes samt seiner Telefonnummer gedruckt. Das erleichtert zwar den Kontakt zum Hausarzt, bringt aber mit sich, dass Sie beim Wechsel des Hausarztes eine neue Karte beantragen müssen (in der Regel nicht kostenlos). Es ist somit empfehlenswert, sich vor der Wahl des Hausarztes etwas zu erkundigen. Denn ist der Hausarzt überaus zurückhaltend mit Überweisungen, Krankenurlaub, Medikamenten etc., werden Sie recht bald unzufrieden sein.

Folgende Aspekte sind bei der Wahl des Hausarztes wichtig:

– Nähe zum eigenen Wohnort
– Wartezeiten, um einen Termin zu bekommen
– Wartezeit bis zur Behandlung
– Ausstattung der Praxis
– Überweisungswilligkeit
– Sprache etc.

Fragen Sie Ihre Bekannten und Kollegen, ob sie ihren eigenen Hausarzt empfehlen können. Eine weitere Hilfe für Sie: Auf der Webseite *(L58) http://www.worktrotter. dk/resources* wird eine Übersichtskarte mit Ärzten zur Verfügung gestellt, die von anderen Expats empfohlen wurden. Wäre toll, wenn Sie sich später mit Ihrer Empfehlung an dieser Datensammlung beteiligten.

Zu beachten

Arztpraxen wird ein Patientenlimit auferlegt. Es kann deshalb vorkommen, dass der von Ihnen gewünschte Arzt keine Neuzugänge mehr aufnimmt. Bei der Anmeldung werden Ihnen nur die verfügbaren Ärzte vorgeschlagen.

Der Status der Hausärzte kann im Internet eingesehen werden: Wählen Sie auf der Webseite *(L59) http://www.sundhed.dk/Applikation.aspx?id=111.1* „Praktiserende læger". Sie erhalten daraufhin eine Liste von Ärzten und weitere Informationen: Außer dem Zugangsstatus können Sie sich die Lage der Praxis und Sprech-/Telefonzeiten ansehen, Anfahrtswege ausrechnen lassen etc. Manche Ärzte haben auch ihre Webseite angegeben, wodurch Sie weitere Informationen erhalten können.

9.2.2 Wechsel des Hausarztes

Der Wechsel des Hausarztes auf eigenen Wunsch und somit der Austausch der Krankenversicherungskarte kostet zurzeit 165 DKK (22 EUR, Stand: Januar 2009). Ziehen Sie mehr als 15 km weiter weg oder schließt die Praxis Ihres bisherigen Arztes, kostet der Wechsel nichts.

Der Hausarztwechsel kann entweder beim Bürgerservice (borgerservice) Ihrer Kommune vorgenommen werden oder je nach Kommune auch per Internet mit Hilfe Ihrer digitalen Signatur (digitale Signatur: siehe Kapitel 7.11). Die Webseite *(L60) https://www.borger.dk/Emner/sundhedogsygdom/sygesikringoglaegevalg/ Sider/vaelglaegeogsygesikringsgruppe.aspx* (nur auf Dänisch) bietet Informationen bzgl. Hausarztwechsel.

Es dauert etwa 14 Tage, bis der Arztwechsel vollzogen ist und Sie Ihre neue Versicherungskarte per Post erhalten.

9.2.3 Praxiszeiten

Gewöhnlich sind Arztpraxen von 8:00 bis 16:00 Uhr besetzt. Das heißt jedoch nicht, dass Patienten jederzeit zur Behandlung kommen können. Im Allgemeinen gilt Folgendes:

– 8:00–9:00 Uhr: Der Hausarzt ist selbst telefonisch zu erreichen. Je nach geschilderten Symptomen werden Sie, wenn notwendig, einen Praxistermin erhalten.

– 9:00–13:00 Uhr: Sie können mit dem Sekretariat telefonisch Termine vereinbaren.

Sprech- und Telefonzeiten können von Arzt zu Arzt variieren. Fachärzte haben wiederum andere Zeiten. Sprechzeiten für Ihren Hausarzt können Sie ggf. über *(L61) http://www.sundhed.dk/Applikation.aspx?id=111.1* „Praktiserende læger", erfahren.

Auf einer Überweisung zu einem Facharzt werden Name, Adresse und Telefonnummer des Facharztes angegeben, jedoch nicht die Sprechzeiten. Deshalb ist zu empfehlen, gleich beim Hausarzt danach zu fragen. Jeder Hausarzt hat ein Facharztverzeichnis (speciallægefortegnelse), in dem die Sprech- und Telefonzeiten angegeben sind. Da in Dänemark Informationen oft nur auf direkte Anfrage gegeben werden: direkt danach fragen!

Die Sprech- und Telefonzeiten für Fachärzte sind auch im Internet zu finden, leider (noch) nicht über den gleichen Link wie bei Hausärzten, sondern über *(L62) http://www.laeger.dk/portal/page/portal/LAEGERDK/LAEGER_DK/PRAKSIS/FAPS/ SPECIALLAEGEFORTEGNELSE.*

Wichtig

Außerhalb der Praxissprechzeiten ist die nächste Stufe der gesundheitlichen Versorgung **nicht** direkt der Notfalldienst im Krankenhaus! Sie müssen beim ärztlichen Bereitschaftsdienst anrufen, wie in Kapitel 22 beschrieben. Je nach Schwere Ihrer Symptome werden Sie, wenn erforderlich, an eine Behandlungsstelle (Ambulanz oder Krankenhaus) verwiesen und dort angemeldet. Ohne diese Anmeldung gibt es keine Behandlung! Sie sollten in einem Notfall auf gar keinen Fall auf gut Glück zu einem Krankenhaus fahren! Viele Krankenhäuser haben keine Ambulanz (mehr), wodurch Sie eventuell wertvolle Zeit verlieren.

9.2.4 Überraschungsmomente

Um nicht negativ überrascht zu werden, hier folgende Punkte vorweg:

– Viele dänische Hausärzte sind zurückhaltend mit Überweisungen zu Fachärzten sowie der Verschreibung von Arzneimitteln oder weitergehenden Behandlungen. Für Patienten ist oft eine gute Portion Durchsetzungsvermögen notwendig, um zu entsprechenden Spezialisten überwiesen zu werden. Ob diese Zurückhaltung eine Sache der Ehre ist oder der Kosten, ist mir dabei unklar. Sollten Sie mit Ihrem Hausarzt nicht zufrieden sein, scheuen Sie nicht davor, ihn zu wechseln (siehe dazu Kapitel 9.2.2).

– Für viele Frauen ist es sehr irritierend, dass Hausärzte regelmäßige gynäkologische Untersuchungen durchführen und erst bei bestimmten Diagnosen an einen Frauenarzt überweisen. Gut zu wissen: Gynäkologische Krebsvorsorgeuntersuchung werden in der Regel nur alle 3 Jahre vorgenommen.

– Prophylaxe wird wenig betrieben.
Auch wenn Patienten in ihrem Heimatland bei einer bestimmten Krankengeschichte regelmäßige Untersuchungen oder Behandlungen bekamen, ist es in Dänemark oft notwendig, bestimmt aufzutreten, um sie dort fortzusetzen.

9.3 Krankenhaus

Sollte ein Krankenhausaufenthalt notwendig werden, wird die Überweisung vom Haus- oder Facharzt ausgestellt und an ein bestimmtes Krankenhaus geschickt. Der Patient erhält daraufhin von dem zuständigen Krankenhaus eine Einladung zu einem Gesprächs- oder Untersuchungstermin.

Meine Erfahrungen hinsichtlich der Freundlichkeit in Krankenhäusern waren ungemein positiv. Patienten werden vom Personal mit Handschlag und kurzer Vorstellung begrüßt, wodurch ein privateres Klima herrscht und Patienten sich gut aufgehoben fühlen.

Aufgrund der geringen Gesamteinwohnerzahl Dänemarks können sich viele Krankenhäuser nicht leisten, eine Vielzahl von Fachabteilungen anzubieten. Dänische Krankenhäuser sind demzufolge stark spezialisiert. Es kommt nicht selten vor, dass ein Krankenhaus in einem kleinen Ort das dänische Zentrum für eine bestimmte Fachrichtung ist. Deshalb: Von der Größe des Ortes auf die Qualität des Krankenhauses zu schließen, wäre irreführend!

9.4 Wartezeiten

Viele werden von langen Wartezeiten für Termine, Behandlungen, Untersuchungen oder bei Fachärzten etc. überrascht sein. Werden für die Diagnostik mehrere Untersuchungen benötigt, so können sich Wartezeiten schnell summieren.

Die dänische Regierung wollte dieser Situation entgegensteuern und per Gesetz durchsetzen, dass zwischen dem Zeitpunkt einer Überweisung und dem ersten Termin nicht mehr als 1 Monat liegen darf. Danach soll der Patient selbst nach einem Krankenhaus suchen dürfen, das einen früheren Termin anbietet.

Wartezeiten für Krankenhäuser können im Internet unter *(L63) http://www. sundhedskvalitet.dk* eingesehen werden. Die Suchkategorien sind jedoch recht weit gefasst, weshalb die Informationen ungenau sein können. Wenn Sie lange auf einen Termin warten müssen, sollten Sie am besten Ihren überweisenden Arzt fragen, welche weiteren Krankenhäuser er für die entsprechende Diagnose empfehlen kann, und sich direkt mit diesen Krankenhäusern in Verbindung setzen.

Zum Teil ist es auch jetzt schon möglich, sich über die gesetzliche Krankenversicherung im Ausland behandeln zu lassen oder dafür Zuschüsse zu bekommen. Ob und in welcher Höhe die Kosten übernommen werden, erfragen Sie am besten (vor der Reise) beim Bürgerservice (borgerservice) Ihrer Kommune.

Um lange Wartezeiten zu verkürzen, ist es empfehlenswert, Zusatzversicherungen abzuschließen (siehe dazu Kapitel 9.7).

Zu beachten

Bitte denken Sie daran, dass Dänemark im Monat Juli wegen Urlaubszeit fast stillsteht, was besonders im Gesundheitswesen spürbar wird. Außer dringenden Operationen und Behandlungen wird im Juli wenig passieren.

9.5 Zahnarzt

Kinder und Jugendliche

Für Kinder und Jugendliche unter 18 Jahren übernimmt die gesetzliche Krankenversicherung alle Kosten für Behandlungen zu 100%, auch für notwendige Zahnregulierungen. Für Jugendliche zwischen 18 und 25 Jahren übernimmt sie immerhin 65% der Kosten.

Erwachsene

Für Erwachsene übernimmt die gesetzliche Krankenversicherung 40% der Zahnarztkosten, was bedeutet, dass für jegliche Besuche beim Zahnarzt zumindest Teilkosten anfallen. Die Zuschüsse von der Krankenkasse werden sofort abgezogen, so dass der Patient nur den Eigenanteil entrichten muss. Für Zahnprothesen oder Kronen trägt der Patient die vollen Kosten.

Folgendes wird zurzeit bezuschusst:

- Untersuchungen
- vorbeugende Behandlungen
- Behandlung von Karies
- Parodontose
- Zahnextraktion mit lokaler Betäubung

Die Gesamtübersicht der Honorare für Zahnarztbehandlungen finden Sie über den Link *(L64) http://www.tandlaegeforeningen.dk/Patienter/Priser.aspx* (nur auf Dänisch). Die Tabelle zeigt jedoch nur die Kosten für die einzelnen Positionen, doch kann z. B. eine Zahnfüllung mit allen notwendigen Behandlungsschritten leicht bei 1.500 DKK (200 EUR) liegen.

Die gleichen Zuschüsse gelten auch, wenn die Behandlung bei einem Zahnarzt im Ausland vorgenommen wird, wobei die Praxis im Ausland öffentlich anerkannt sein muss. Am besten, Sie informieren sich vor der Reise beim Bürgerservice (borgerservice) Ihrer Kommune bezüglich der Kostenübernahme, um später keine Überraschungen zu erleben. Sie müssen die Kosten zunächst selbst tragen und dann die Zuschüsse bei Ihrer Kommune beantragen.

Sie können bei den Zahnarztkosten eventuell sparen, wenn Sie zu Zahnarztschulen, z. B. in Kopenhagen *(L65) http://www.odont.ku.dk* oder in Århus *(L66) http://www.odontologi.au.dk*, gehen. Dort werden Sie von fortgeschrittenen Zahnarztstudenten behandelt, die einen Betreuer an ihrer Seite haben.

Bezüglich zahnärztlicher Notfälle: siehe Kapitel 22.3.

9.6 Arzneimittel

Die Anzahl der verschriebenen Arzneimittel ist eher gering. Zudem sind Arzneimittel nicht kostenlos. Schwer oder chronisch Kranke werden dennoch nicht an den Rand des Ruins gedrängt, denn auch hier gilt das Solidaritätsprinzip, indem es eine Kostenstaffelung für rezeptpflichtige Arzneimittel gibt, die innerhalb eines Jahres gekauft werden.

Als Beispiel die Kostenstaffelung für 2009 (Stand: Januar 2009):
Personen über 18 Jahre:

- unter 820 DKK (110 EUR): 0% Zuschuss
- 820–1.340 DKK (110–179 EUR): 50% Zuschuss
- 1.341–2.885 DKK (179–385 EUR): 75% Zuschuss
- über 2.885 DKK (385 EUR): 85% Zuschuss

Personen unter 18 Jahre:

- unter 1.340 DKK (179 EUR): 60% Zuschuss
  Ab da gelten die gleichen Sätze wie für Erwachsene.

Informationen über die aktuellen Zuschüsse erhalten Sie auf folgender Webseite:
(L67) https://www.borger.dk/Emner/sundhedogsygdom/medicin/Sider/tilskudtilmedicin.aspx.

Wie läuft das in der Praxis?
Alle Apotheken sind mit dem sogenannten CTR-System (Lægemiddelstyrelsens **C**entrale **T**ilskuds**R**egister = zentrales Zuschussregister der Arzeimittelverwaltung) verbunden. Bei den ersten verschriebenen Arzneien wird ein Konto im CTR-System für Sie eröffnet, und ab da werden alle Kosten addiert. Beim Kauf von Arzneimitteln

wird Ihr Kontostand für Arzneimittel abgefragt und sofort der Ihnen zustehende Zuschuss gewährt. 12 Monate nach der ersten Rechnung wird das Konto wieder auf null gesetzt.

Da auch Ärzte mit dem CTR-System verbunden sind, können Rezepte online ausgestellt werden. Ein sehr praktisches System, denn im Falle einer Nachbestellung reicht es, beim Arzt anzurufen (Sie müssen ihm dafür keinen Besuch abstatten), er hinterlegt das Rezept im CTR-System, und Sie können dann in jede Apotheke gehen, um Ihre Arzneimittel abzuholen.

9.7 Zusätzliche Krankenversicherungen

Wie bereits erwähnt, ist es empfehlenswert, Ihre gesetzliche Krankenversicherung mit Zusatzversicherungen zu erweitern. Dafür gibt es unterschiedliche Möglichkeiten, die in diesem Kapitel beleuchtet werden.

9.7.1 Zusatzversicherung im Gehaltspaket

Viele Firmen bieten als Teil ihres Gehaltspaketes eine zusätzliche Krankenversicherung an (oft Teil des Pensionspaketes). Siehe dazu Kapitel 8.4. Was die Versicherung im Einzelnen abdeckt, hängt von dem Abkommen zwischen Firma und Versicherungsgesellschaft ab, aber oftmals werden Kosten für unterschiedliche Untersuchungen, Behandlungen, Operationen, Physiotherapie, Akupunktur, psychologische Hilfe etc. bezuschusst. In Anbetracht langer Wartezeiten im öffentlichen Gesundheitswesen ist es am wichtigsten, wenn die Zusatzversicherung Wartezeiten für Untersuchungen, Behandlungen und Operationen abkürzen kann. Oft ist dieser Service unter dem Begriff „behandlingsgaranti" (Behandlungsgarantie) erfasst. Fragen Sie am besten Ihre Firma, ob sie solche Zusatzversicherungen anbietet und was sie genau beinhalten.

9.7.2 Private Zusatzversicherungen

Viele Dänen schließen eine private Zusatzversicherung bei „Sygeforsikring Danmark", *(L68) http://www.sygeforsikring.dk*, ab, die unterschiedliche Versicherungsniveaus anbietet. Die Mitgliedschaft in der sogenannten *Basisgruppe* ist passiv und stellt sicher, dass im Krankheitsfall problemlos in eine andere Gruppe mit mehr Service gewechselt werden kann, denn es werden nur gesunde Menschen in die Versicherung aufgenommen. *Gruppe-5-Mitglieder* z. B. erhalten Zuschüsse für Arzneimittel, Zahnarztkosten, Brillen, Kontaktlinsen und zum Teil Behandlungen beim Chiropraktiker, Physiotherapeuten und für psychologische Hilfe. Diese Gruppe hat die meisten Mitglieder. Für *Gruppe 1* bzw. *2* werden z. B. zusätzliche Kosten für Zahnarzt und Arzneimittel, Operationen, Untersuchungen, Behandlungen etc. abgedeckt.

Viele weitere Versicherungsgesellschaften bieten private Krankenversicherungen an, z. B. „Topdanmark", *(L69) http://www.topdanmark.dk*, oder „DanicaPension", *(L70) http://www.danicapension.dk*, etc.

Sie sollten auf alle Fälle auch bei Ihrer Gewerkschaft nachfragen, denn oft haben diese Vereinbarungen mit diversen Versicherungsgesellschaften, weshalb die Gewerkschaftsmitglieder bessere Konditionen bekommen.

Für die Recherche im Internet ist „sundhedssikring" ein effektives Suchwort. Alle Webseiten sind jedoch auf Dänisch.

9.7.3 Krankenversicherung im dänischen Ausland

Es ist noch gar nicht so lange her, da wurde die gelbe Krankenversicherungskarte auch „gelbe Kreditkarte" genannt, weil sie alle Kosten übernahm, die bei gesundheitlichen Problemen auf Auslandsreisen auftraten. Diese Leistungen sind inzwischen etwas eingeschränkt worden. Nun werden „nur noch" akute Behandlungen auf Privatreisen in Staaten der EU/EFTA übernommen, die nicht länger als einen Monat dauern. Die Kosten müssen im Reiseland erst selbst getragen werden, bevor sie dann vom dänischen Gesundheitssystem zurückerstattet werden. Bewahren Sie deshalb alle Belege auf. Rücktransport (nach Dänemark) ist davon ausgeschlossen. Deshalb ist es empfehlenswert, sich diesbezüglich privat zu versichern.

Für Reisen in Staaten der EU/EFTA, die länger als einen Monat dauern und/oder einen geschäftlichen Anteil haben, können Sie eine kostenlose blaue EU-Versicherungskarte beim Bürgerservice (borgerservice) Ihrer Kommune beantragen.

Für Reisen in Länder außerhalb der EU/EFTA und für einen Rücktransport aus allen Ländern ist es ratsam, eine private Auslandsreisekrankenversicherung zu haben. Möglich sind Versicherungen bei:

– Europæiske Rejseforsikring: *(L71) http://www.europaeiske.dk*
– International Health Insurance Danmark: *(L72) http://scandinavia.ihi.com*
– Tryg: *(L73) http://www.tryg.dk* usw.

Für die Recherche im Internet ist „rejseforsikring" ein gutes Suchwort. Alle Web-seiten sind jedoch auf Dänisch.

9.8 Schwangerschaft und Geburt

Eine Schwangerschaft verändert im Allgemeinen das Leben – umso mehr in ei-nem anderen Land. Dieses Kapitel richtet sich an werdende Mütter, denn für sie wird diese Zeit zusätzliche Turbulenzen mit sich bringen. Zu wissen, wie alles rund um eine Geburt in Dänemark abläuft, wird Sie hoffentlich etwas beruhigen.

Wenn Sie den Verdacht haben, schwanger zu sein, so vereinbaren Sie wie üb-lich einen Termin bei Ihrem Hausarzt. Er wird die notwendigen Untersuchungen vornehmen, um die Schwangerschaft festzustellen. Ihr Hausarzt befragt Sie über Krankheiten und Risiken in Ihrer Familie sowie in der des Vaters, aber auch über Ihre Arbeitsverhältnisse und Arbeitsumgebung sowie Ihre Ernährungs- und sport-lichen Gewohnheiten. Im selben Gespräch werden Sie auch gefragt, wo Sie ent-binden wollen, in welchem Krankenhaus oder ob Sie eine Hausgeburt wünschen. Je früher Sie Ihre Entscheidung bekanntgeben, desto besser, denn die meisten Untersuchungen während der Schwangerschaft werden in dem Entbindungs-krankenhaus Ihrer Wahl vorgenommen. Äußern Sie rechtzeitig Ihre Vorstellungen und Wünsche, so kann diesen auch entsprochen werden. Natürlich können Sie sich im Laufe der Zeit noch umentscheiden.

Geburt in einem öffentlichen Krankenhaus

Die Informationen, die der Hausarzt in dem ersten Gespräch in Erfahrung gebracht hat, werden an das gewünschte Krankenhaus geschickt. Von dort werden Sie an-geschrieben und zu den notwendigen Untersuchungen eingeladen.

Hebammen spielen in Dänemark eine große Rolle – nicht umsonst heißt Hebamme auf Dänisch „Erdenmutter" (jordemoder). Hebammen sind speziell dafür ausgebildet, die meisten Untersuchungen von Schwangeren eigenständig durchzuführen. Ein Gynäkologe wird in der Regel nur dann hinzugezogen, wenn es Unregelmäßigkeiten gibt.

Im Normalfall werden Sie also während Ihrer Schwangerschaft von Hebam-men und Ihrem Hausarzt betreut. Etwa 5–7 Untersuchungen sind bei der Hebamme vorgesehen (bei jeder Untersuchung wird jeweils der nächste Termin vereinbart), während Sie beim Hausarzt gewöhnlich in der 24. und 35. Woche vorstellig werden.

Falls es Ihnen zwischendurch nicht gutgeht, ist der Hausarzt für Sie zuständig. Er ist es auch, der Sie krankschreiben kann – nicht Ihr Entbindungskrankenhaus.

Während der Schwangerschaft werden diverse Ultraschall-Untersuchungen durchgeführt, um frühzeitig Unregelmäßigkeiten festzustellen. Falls der Arzt das von Ihnen gewünschte Krankenhaus gut kennt, kann er Ihnen mitteilen, auf welche Art Sie Termine bekommen werden: ob Sie sich selbst anmelden müssen oder ob das Krankenhaus Sie einlädt. Erkundigen Sie sich sonst direkt beim Krankenhaus nach dem üblichen Vorgehen. In der Regel finden die ersten Ultraschall-Untersuchungen in der 11.–14. Schwangerschaftswoche statt, um gewisse Krankheiten, z. B. Mongolismus, frühzeitig zu erkennen. In der 18.–20. Schwangerschaftswoche werden weitere Untersuchungen durchgeführt, um Missbildungen zu erkennen. Sollte es Unregelmäßigkeiten geben, werden weitere Untersuchungen angeordnet.

Und dann ist es soweit: Der kleine Mensch will seinen ersten Auftritt haben. Bei der Geburt sind gewöhnlich nur Hebammen dabei, selbstverständlich hat aber ein Facharzt Dienst, der bei Schwierigkeiten herbeieilt. Da in den meisten Fällen alles gut geht, beschränkt sich seine Aufgabe darauf, die Eltern zu beglückwünschen – weshalb er auch „Glückwuscharzt" (tillykkelæge) genannt wird.

Je nach Zustand bleiben Mutter und Kind 1–3 Tage im Krankenhaus und dürfen dann nach Hause. In der ersten Woche wird sich eine Schwester vom Gesundheitsamt (sundhedsplejerske) bei Ihnen melden, um zu untersuchen, wie das Baby gedeiht. 48–72 Stunden nach der Geburt müssen beim Kind Untersuchungen vorgenommen werden, um Stoffwechselkrankheiten oder Gehörschäden auszuschließen. Vor Verlassen des Krankenhauses wird Ihnen mitgeteilt, wo Sie diese Termine wahrnehmen und ob Sie sich dafür anmelden müssen.

Ab da ist wieder der Hausarzt für Sie und Ihr Kind zuständig. Er wird es auch sein, der dem Baby die empfohlenen Schutzimpfungen verabreichen wird.

Unterstützung der Eltern

Alles rund um Schwangerschaft und Geburt ist kostenlos für diejenigen, die eine CPR-Nummer haben.

Als Arbeitnehmerin sind Sie verpflichtet, Ihren Arbeitgeber spätestens 3 Monate vor Geburtstermin davon zu unterrichten.

Mütter, die vor der Geburt gearbeitet haben, haben laut Gesetz Recht auf 4 Wochen Mutterschaftsurlaub vor der Geburt und 14 Wochen danach. Arbeitenden Vätern stehen 2 Wochen Vaterschaftsurlaub in den ersten 14 Wochen nach der Geburt zu. Danach hat jeder Elternteil Recht auf je 32 Wochen Babyurlaub, die sie unter sich verteilen können. Das sind insgesamt 84 (!) Wochen Babyurlaub: für die Mutter 50 und den Vater 34 – Zeit, die Sie wahrscheinlich in Ihrem Heimatland nie freibekommen würden, um mit der Familie zusammen zu sein! Details zu diesem Thema finden Sie auf Dänisch auf folgenden Webseiten: *(L74) http://www.bm.dk/sw26582.asp* und *(L75) http://www.paabarsel.dk/.*

Mütter, die vorher gearbeitet haben, können für maximal 52 Wochen Mutterschaftsgeld (barselsdagpenge) von der Kommune beziehen. Damit Sie eine Vorstellung über die Höhe des Zuschusses bekommen, hier die Angabe zur Kopenhagener Kommune für 2009: maximal 3.295 DKK/Woche (483 EUR). Wie hoch die Sätze in Ihrer Kommune liegen, können Sie sicher auf deren Webseite über die Suchwörter „barsel", „takster" oder „barseldagpenge" finden. Wie jedes Einkommen muss auch das Mutterschaftsgeld versteuert werden, doch weil Sie damit im niedrigen Einkommensbereich liegen, werden die Abgaben nicht sehr hoch sein.

Auch wenn der Zuschuss Erleichterung für eine Familie bedeutet, reichen die Sätze für viele nicht aus, weshalb sie den Mutterschaftsurlaub nicht ausschöpfen und wieder arbeiten gehen. Andererseits bieten manche Arbeitgeber als Teil des Mitarbeiterpaketes zumindest für eine gewisse Zeit des Mutterschaftsurlaubes vollen Lohnausgleich: manche für ein paar Monate, einige sogar für ein volles Jahr. Am besten, Sie klären frühzeitig bei der Kommune und Ihrem Arbeitgeber das genaue Vorgehen und deren Unterstützungsmöglichkeiten ab.

Auch für Arbeitslose und Selbstständige gibt es während des Mutterschaftsurlaubes finanzielle Unterstützung, und Studenten erhalten 12 Monate zusätzliche staatliche Studiumsunterstützung (SU).

Zum Thema „Betreuungsmöglichkeiten für Kinder" finden Sie detaillierte Informationen im Kapitel 12.

Hieraus geht klar hervor, dass Kinder in Dänemark sehr wichtig sind und Familien stark unterstützt werden.

10 Geldwesen

Bei einem Umzug in ein anderes Land sind Geldaspekte ein weiterer Bereich, der für Verwirrung und erhebliche Kosten sorgen könnte, weil vieles unterschiedlich gehandhabt wird. In diesem Kapitel werden Themen wie Bankenwahl, Kontoeröffnung und Bezahlung in Dänemark erläutert. Einige Tipps werden Ihnen helfen, schon zu Beginn die richtigen Entscheidungen zu treffen, um Ihr Leben zu erleichtern.

10.1 Bankkonto

Ohne Konto bei einer dänischen Bank wird einiges komplizierter: Sie können nicht so oft bargeldlos zahlen und müssen mehr Bargeld bei sich haben, das Sie mit einer ausländischen Kreditkarte gegen Gebühr abheben müssen. Zudem wird Ihnen in Restaurants bei der Bezahlung mit ausländischen Kreditkarten oft eine hohe Gebühr berechnet. Personen, die in Dänemark arbeiten, brauchen unbedingt ein dänisches Konto, denn dänische Arbeitgeber überweisen Gehälter nicht ins Ausland.

Doch nach welchen Kriterien sollten Sie eine Bank auswählen? Klären Sie die nachfolgend beschriebenen Aspekte vor Ihrer Bankenwahl ab.

Konto ohne CPR-Nummer?

Normalerweise brauchen Sie für die Eröffnung eines dänischen Bankkontos eine CPR-Nummer. Manche Neubürger jedoch warten sehr lange (z. B. 2 Monate und mehr) darauf, wodurch ihnen das Eröffnen eines Kontos erschwert wird.

Eine Reihe von Banken jedoch haben Expats schon Konten ohne CPR-Nummern eingerichtet. Einige waren erfolgreich bei folgenden Banken:

- Danske Bank: *(L76) http://www.danskebank.dk*
- Jyske Bank: *(L77) http://www.jyskebank.dk*
- Sydbank: *(L78) http://www.sydbank.dk*

Deshalb sollten Sie bei einer lapidaren Abweisung nicht aufgeben und sich in Ihr kontoloses Schicksal fügen. Weisen Sie die Bankangestellten darauf hin, dass

Bekannte ein Konto ohne CPR-Nummer bekommen haben. Wenn das nicht hilft, probieren Sie es einfach bei einer anderen Bank. Die CPR-Nummer werden Sie nachreichen, sobald Sie sie bekommen haben.

Netbanking

Netbanking (Onlinebanking) könnte ein weiteres Kriterium für die Wahl der Bank sein, denn die Internetinfrastruktur ist auch bei Banken sehr gut ausgebaut. Sie können Ihre Zahlungen online durchführen und dadurch Zeit und Geld sparen. Fragen Sie nach, in welcher Sprache Netbanking verfügbar ist, denn viele Banken bieten es auch auf Englisch an, so z. B. „Danske Bank" und „Jyske Bank".

Sprache

Sehr wichtig ist, dass Sie sich mit Ihrem Bankberater gut verständigen können, eventuell auf Englisch. Klären Sie auch ab, in welchen Sprachen (außer Dänisch) das Konto geführt werden kann.

Ihr Blutdruck wird steigen, wenn die ersten Schriftstücke von Ihrer Bank ins Haus flattern, die in dänischer Sprache verfasst sind und Sie wieder Ihre netten Nachbarn, Kollegen oder Bekannte bemühen müssen. Manche Bankinformationen, z. B. Geschäftsbedingungen, sind auch in anderen Sprachen verfügbar.

Öffnungszeiten

Dänische Banken haben relativ eingeschränkte Öffnungszeiten, und oft ist das Vereinbaren von Terminen außerhalb dieser nicht möglich.

Gewöhnlich haben sie montags bis freitags 10:00–16:00 Uhr (evtl. 17:00 Uhr) geöffnet, und viele donnerstags eine Stunde länger. Das kommt der arbeitenden Bevölkerung nicht sonderlich entgegen. Man wird sich wohl oder übel während der Arbeitszeit zur Bank begeben müssen. Jedoch kann ein Großteil per Telefon oder E-Mail abgeklärt werden. Meine Erfahrung war, dass auf E-Mails zuverlässig geantwortet wurde.

Lokation in der Nähe?

Wenn Sie Netbanking auf Englisch zur Verfügung haben, eine Dankort (dänische Bankkarte) besitzen und gute Beziehungen zu Ihrem Bankberater aufgebaut haben, ist es nicht unbedingt notwendig, Ihre Bank in der Nähe zu haben.

10.2 Dankort

Dankort heißt die magische Bankkarte, mit der in Dänemark beinahe überall bezahlt werden kann. Fast jeder Laden, sei es für Lebensmittel, Kleidung oder ein Baumarkt – sogar der kleine Grünzeugladen an der Ecke ist für die Bezahlung mit Dankort ausgestattet.

Diese Möglichkeit der Bezahlung bedeutet eine große Erleichterung: Anfangs, weil Sie Ihr dänisches Geld noch nicht auseinanderhalten können, und später, weil Sie nie viel Bargeld mit sich führen müssen, um Ihrem Shoppingdrang nachzukommen. Die Dankort gibt es auch als Kombination mit einer Visakarte (Visa/Dankort), so dass Sie mit der gleichen Karte auch im Ausland bezahlen können. Beide Karten sind Debitkarten, d. h., jeder Betrag wird sofort vom Konto abgehoben. Eine Visa/Dankort ist im Normalfall ohne Schwierigkeiten zu bekommen, und gewöhnlich ist kein Bonitätsnachweis notwendig.

Die Gebühren für Dankort und Visa/Dankort sollten Sie bei Ihrer Bank erfragen. Bedenken Sie dabei, dass alle Kosten für gute Kunden verhandelbar sind.

Manche Banken sind so ausgestattet, dass die Dankort und Visa/Dankort mit einem eigenen Foto personalisiert werden können. Ist es nicht schön, das Geschenk für die Liebsten zu bezahlen, indem Sie ihnen direkt in die Augen blicken? Und wenn Sie jemandem Ihre Familie zeigen wollen, muss der Geldbeutel nicht prallvoll mit Bildern sein, sondern Sie holen einfach Ihre Dankort hervor.

10.3 Bargeld abheben

Sie können mit Ihrer Dankort oder einer Kreditkarte am Bankautomaten oder Bankschalter Bargeld abheben. Dafür müssen Sie aber erst zu einer Bankfiliale gehen. Bei fremden Banken werden Ihnen Gebühren dafür berechnet, ebenso für Abhebungen beim Bankpersonal – auch bei Ihrer Bank.

Es gibt jedoch eine wesentlich bessere Methode: Beim Einkaufen wird es fast immer vorkommen, dass man Sie beim Bezahlen mit Ihrer Dankort (vor dem Ausdrucken des Bons) etwas fragt. Wenn Sie noch kein Dänisch können, so lächeln Sie nur zaghaft. Die Kassiererin wird jedoch mit dem Ausdrucken des Bons so lange warten, bis sie von Ihnen eine Antwort erhält. Mit 99%-iger Sicherheit fragt sie Sie: „På beløbet?", was „Auf den (Einkaufs-)Betrag genau?" heißt. Wenn Sie nun etwas Bargeld brauchen, so sagen Sie: „Jeg vil gerne have xxx Kroner over" („Ich möchte

gerne xxx Kronen"). Sie bekommen den Betrag xxx ausgezahlt, und der Gesamt-
betrag (Einkauf und Bargeld) wird über Ihre Dankort Ihrem Konto belastet. Wenn
nicht, sagen Sie: „Ja tak, på beløbet" („Ja danke, auf den Betrag genau") – und
schon haben Sie die erste Unterhaltung auf Dänisch erfolgreich gemeistert.

10.4 Geldtransfers

Sie werden während Ihres Aufenthaltes in Dänemark des Öfteren Geld überweisen
müssen: Rechnungen bezahlen, Geld auf ein anderes Konto überweisen, Überweisungen ins Ausland tätigen usw.

Überweisungen an Personen
Dafür werden die „Reg. Nr." (Registrierungsnummer der Bank) und die „Kontonr."
(Kontonummer) des Empfängers gebraucht. Am einfachsten kann der Empfänger
diese Daten von der Rückseite seiner Dankort ablesen. Diese Art des Geldtransfers
wird für private Empfänger verwendet.

Zu beachten
Sie können viel Geld sparen, wenn Sie Ihre Rechnungen rechtzeitig zahlen, denn Mahngebühren sind in Dänemark sehr hoch.

Auslandsüberweisungen
Auslandsüberweisungen können bislang nur in wenigen Banken per Netbanking
getätigt werden. Weil in vielen Banken Sachbearbeiter den Vorgang noch manuell
durchführen, wird eine Gebühr fällig, die je nach Bank und Zielland unterschiedlich hoch sein kann und bei etwa 45–100 DKK (6–14 EUR) liegt. Für die Auslandsüberweisungen werden IBAN (International Bank Account Number = internationale Bankkontonummer) und BIC/SWIFT (Bankidentifizierungscode) des Empfängers gebraucht.

Bezahlen von Rechnungen
Beim Bezahlen von Rechnungen werden 2 Methoden unterschieden, die mehr
oder weniger aufs Gleiche hinauslaufen: Bezahlen via Giro(karte) (giro[kort]) oder

Einzahlungskarte (indbetalingskort). Die Bezahlung mit Girokarte ist die herkömmliche Art, die einst von der Girobank (der früheren Postbank) eingeführt wurde. Andere Banken haben später ein ähnliches Konzept unter dem Namen „indbetalingskort" eingeführt.

Rechnungen werden gewöhnlich mit einem Vordruck verschickt, auf dem im unteren Feld eine Codezeile steht. Diese Codezeile setzt sich aus Zahlen zusammen, die durch Sonderzeichen getrennt sind, z. B.: >71<055566699001122+880 07766.

Die ersten 2 Ziffern geben die Bezahlungsart an. Bei girokort-Vordrucken lauten die ersten 2 Ziffern der Codezeile: 01, 04 oder 15, bei Einzahlungskarten: 71, 73 oder 75. Danach folgt bei beiden Bezahlungsarten ein „<", an dem sich 1 oder 2 weitere Zahlen anschließen, die durch ein Pluszeichen getrennt sind. Diese Zahlen bedeuten je nach Bezahlungsart: Giro-Nummer oder Bezahlungs-ID und/oder Kreditornummer.

Bei meinem obigen Beispiel handelt es sich um eine Einzahlung (die ersten 2 Ziffern lauten 71), danach folgt die Bezahlungs-ID und die Kreditornummer.

Beide Rechnungsarten können per Netbanking oder bei einer Bank direkt eingegeben werden. Sie können die Rechnungen (girokort und indbetalingskort) auch bei der Post bezahlen, dies kostet jedoch 20 DKK (2,70 EUR) Gebühr.

Zu beachten

Manche Kreditoren wechseln die Bezahlungs-ID bei jeder Rechnung, während sie bei anderen gleich bleibt.

Automatisches Bezahlen von Rechnungen

Um regelmäßig anfallende Rechnungen ohne Zeitaufwand und Mühe zu begleichen, können Sie das sogenannte PBS (Pengeinstitutternes Betalings Systemer = Bezahlungssystem der Geldinstitute) nutzen. Dieses Vorgehen ist mit dem Lastschriftverfahren vergleichbar, bei dem Sie diejenigen Firmen angeben, deren Rechnungen automatisch beglichen werden können. Voraussetzung ist, dass der Rechnungsabsender ein Abkommen mit PBS hat.

Damit Sie über Ihr Netbanking das automatische Bezahlen einrichten können, brauchen Sie die PBS-Nummer, die Debitorgruppe und die Kontonummer des Rechnungsabsenders. Diese Daten sind in der Regel auf der Rechnung angegeben.

Sie können das automatische Bezahlen jederzeit über Ihr Netbanking wieder zurücksetzen.

Ausländische Kreditkarten

Wenn Sie in Restaurants und Geschäften mit ausländischen Kreditkarten bezahlen wollen, werden Sie schnell entmutigt: Die Karten werden zwar angenommen, aber es werden etwa 4–6% Gebühren berechnet. Es kommt auch vor, dass in Lebensmittelläden ausländische Kreditkarten nicht angenommen werden. Am besten vorher fragen.

Fremdwährung

Falls Sie Fremdwährung brauchen, fragen Sie bei Ihrer Bank nach, ob Sie sie ohne Kommission bekommen können. Viele Banken werden das für ihre Kunden tun, aber Sie werden die Währung eventuell im Voraus bestellen müssen.

11 Alles rund ums Haus

Dieses Kapitel gibt Ihnen Einblicke in den dänischen Wohnungsmarkt: Wohnformen, Wohnraumsuche sowie zahlreiche weitere Punkte, die mit einem Zuhause zusammenhängen.

11.1 Mieten oder Kaufen?

Die wichtigsten Wohnformen in Dänemark sind:

<u>rækkehus</u>	=	Reihenhaus
<u>villa</u>	=	Villa
<u>villalejlighed</u>	=	Villawohnung (siehe unten)
<u>lejelejlighed</u>	=	Mietwohnung
<u>andelslejlighed</u>, <u>andelsbolig</u>	=	Genossenschaftswohnung (siehe unten)
<u>ejerlejlighed</u>	=	Eigentumswohnung
<u>bofællesskab</u>	=	Wohngemeinschaften

<u>Villa</u>/<u>villalejlighed</u> (Villawohnung)
Unter einer <u>villa</u> versteht man ein normales Haus oder eine Villa im klassischen Sinn (Villensitz). Eine beliebte Bauform ist ein dreistöckiges Haus, bei dem sich auf jeder Ebene eine Wohnung befindet. Eine solche Wohnung heißt <u>villalejlighed</u>.

<u>Andelslejlighed</u> ist die dänische Form einer Genossenschaftswohnung (oft auch unter dem Begriff „<u>andel</u>" oder „<u>andelsbolig</u>" zu finden). Die Anteilseigner besitzen einen Anteil am ganzen Haus und haben für ihre Wohnung ein Nutzungsrecht. In der Praxis läuft das so ab: Die Genossenschaft (<u>andelsforening</u>) kauft eine Immobilie (dafür muss ein Darlehen aufgenommen werden) und verkauft die einzelnen Wohnungen an Käufer, die somit zu Mitgliedern in der Genossenschaft werden. Der *maximale* Quadratmeterpreis für das Eigentum wird von den Mitgliedern der Genossenschaft festgelegt und kann bei Jahresversammlungen geändert werden, indem die Mitglieder darüber abstimmen. Für eine Wohnung zahlt ein Käufer

– basierend auf diesem Quadratmeterpreis – den Preis, der der Grundfläche der Wohnung entspricht, doch seit so viele Wohnungen zum Verkauf stehen, ist dieser Quadratmeterpreis verhandelbar.

Gewöhnlich müssen die Käufer einer Wohnung selber ein Darlehen aufnehmen. Außer den Darlehenskosten kommen die monatlichen Nebenkosten (boligafgift) hinzu, die die Kosten für das Eigentumsdarlehen, die Müllabfuhr, den Gemeinschaftsstrom, Hausmeister, eventuell Wasser, eventuell Heizung usw. beinhalten. Die monatlichen Kosten können von Genossenschaft zu Genossenschaft sehr variieren. Es kommt neuerdings nicht selten vor, dass sie bei neuen Genossenschaftswohnungen fast die Höhe einer hohen Miete erreichen.

Mehr zum Thema „Genossenschaftswohnung" gibt es auf S. 180, siehe unter „Kaufen".

Wohngemeinschaften (bofællesskab) sind nicht ganz einfach zu finden. Eventuell helfen folgende Webseiten weiter: *(L79) http://www.hay4you.dk*, *(L80) http://www. cityapartment.dk*, *(L81) http://www.boligportal.dk*.

Im Anzeigenblatt „Den Blå Avis" (siehe Kapitel 11.8) werden entsprechende Annoncen veröffentlicht, ebenfalls auf der Webseite „Facebook" – einem internationalen sozialen Netzwerk: *(L82) http://www.facebook.com*.

Zu beachten

Die in Annoncen angegebene Anzahl an Zimmern bezieht sich auf alle enthaltenen Zimmer einer Wohnung und nicht auf die Anzahl der Schlafzimmer, wie z. B. in den USA üblich.

– Erdgeschoss heißt stue, danach folgt 1. sal (1. Stock) , 2. sal etc. Wohnungsadressen werden angegeben, indem die Lage auf dem Stockwerk genannt wird, z. B.:„2th" heißt„2. Stock zur rechten (til højre)", des Weiteren gibt es„tv" (til venstre = zur linken) oder „mf" (midt for = in der Mitte).

– Die Preise für Wohnungen/Häuser weisen je nach Region riesige Unterschiede auf. Sie sind in und um Kopenhagen in keiner Weise mit denen z. B. auf Jütland zu vergleichen. Viele können sich Wohnungen in direkter Nähe von Kopenhagen nicht leisten und nehmen verlängerte Anfahrtswege in Kauf, um ihre Lebenshaltungskosten erschwinglich zu halten.

- Es ist akzeptiert, jemanden nach dem Preis seiner Wohnung zu fragen. So können Sie sich eine Vorstellung von Wohnungspreisen machen.

- Wegen der vielen unverkauften Wohnungen im Jahr 2008 ist die Position der Wohnungsinteressierten sehr gut, denn Preise/Kautionen können oft gut verhandelt werden. Dänische Sprachkenntnisse sind auch hier sehr von Vorteil.

- Fragen Sie auch Freunde und Bekannte nach Wohnungen, denn nicht selten haben deren Freunde eine Wohnung frei.

- Vorsicht, wenn Sie nach Vorauszahlungen gefragt werden – es könnte sich um einen Schwindel handeln.

Mieten

Wohnungen zu vermieten, war bis ca. 2008 in Dänemark nicht besonders üblich. Der Mietwohnungsmarkt war sogar Anfang 2008 noch recht leer, vor allem weil die Mietpreise nicht an den Markt angepasst werden konnten und die Kosten steuerlich nur gering absetzbar waren. Vermieten war also nicht sonderlich attraktiv. Doch baute sich 2006–2008 eine Immobilienspekulationsblase auf, und die Wohnungspreise schossen in astronomische Höhen. Mitte 2008 brach der Markt dann ein. Viele Leute haben Wohnungen/Häuser gekauft, können ihre bisherigen jedoch nicht verkaufen, weil die Preise dafür viel zu hoch angesetzt sind. Wegen Kreditkosten und doppelt anfallender Nebenkosten müssen die Eigentümer nun notgedrungen vermieten, um nicht zahlungsunfähig zu werden.

Für die Suche von Mietwohnungen sind folgende Webseiten von Interesse: *(L83) http://www.dba.dk, (L84) http://www.boligbasen.dk, (L85) http://www.lejebolig.nu, (L86) http://www.boligstedet.dk, (L87) http://www.nybolig-lejebolig.dk/, (L88) http://www.scandiahousing.dk, (L89) http://www.livingindk.dk*, *(L90) http://www.danishhomes.com, (L91) http://www.expres-boligudlejning.dk* usw.

Webseiten für Mietimmobilien sind noch nicht so gut gestaltet wie diejenigen für Immobilienkauf. Oft können keine Bilder und Grundrisse eingesehen werden. Dennoch bekommen Sie eine Vorstellung, welche Arten von Wohnungen/Häusern angeboten werden und zu welchen Preisen.

Ansonsten können Sie im Internet nach boligselskab (Wohnungsbaugesellschaft) oder almennyttige boligselskab (gemeinnützige Wohnungsbaugesellschaft) suchen und sich direkt mit diesen Firmen in Verbindung setzen.

Kaufen

Zurzeit bewegt sich auf dem Immobilienmarkt nicht viel, weil Verkäufer auf baldige Besserung hoffen und die Preise nur zögerlich senken, während Käufer – auch wegen der Finanzkrise – vorsichtig sind, verbindliche Absprachen zu treffen. Das hat zur Folge, dass es eine große Auswahl an Immobilien gibt.

Diejenigen, die eine Wohnung und kein Haus kaufen wollen, werden vor der Frage stehen: Genossenschaftswohnung (andelsbolig) oder Eigentumswohnung (ejerlejlighed)?

☺ Andelsboliger sind vom Kaufpreis her gewöhnlich günstiger als Eigentumswohnungen, doch sollten Sie unbedingt die Höhe der monatlichen Nebenkosten in die Rechnung einbeziehen.

☹ Nur Banken stellen Darlehen für den Kauf von andelsboliger aus (keine Kreditgesellschaften), und diese sind nur mit flexiblen Zinsen zu haben, was ein gewisses Risiko birgt.

☺ Auf andelsboliger muss keine Eigentumssteuer gezahlt werden.

☹ Sie als Besitzer einer andelsbolig haben weniger Einfluss, denn die Gemeinschaft bestimmt die Regeln. Das gilt auch für den Quadratmeterpreis.

☹ Andelsboliger können im Normalfall nicht vermietet werden.

☺ Die meisten andelsboliger bieten „Münzwaschräume", wodurch Sie sich das Geld für eigene Geräte (Waschmaschine, Trockner etc.) sparen können. Auch gibt es oft Gemeinschaftsräume und Gästeräume, die Sie relativ günstig mieten können.

Beim Kauf einer Immobilie ist es wichtig, nach dem „Zustandsbericht" (tilstands-rapport) zu fragen und diesen zu analysieren. Darin sind Mängel entsprechend folgender Kategorien gelistet:

K0 – „kosmetische" Mängel

K1 – kleine Mängel, die keine ernsthaften Risiken darstellen

K2 – ernsthafte Mängel, die sich auf die Immobilienfunktion auswirken können

K3 – kritische Mängel, die sich auch auf andere Teile der Immobilie auswirken können

IB – keine Bemerkungen, keine festgestellten Mängel

UN – es muss genauer untersucht werden, welche Konsequenzen dieser Mangel darstellt

Natürlich können nichtsichtbare Mängel existieren, die bislang noch nicht gefunden wurden. Das Beheben aller Mängel (der gelisteten und der noch nicht erkannten) geht auf Kosten des Käufers. Deswegen sollten die gelisteten Mängel als Argument für einen Preisnachlass genutzt werden. Gegen unerkannte Schäden kann man sich über eine „Versicherung bei Eigentümerwechsel" (ejerskifteforsi-kring) absichern. Anbieter für diesbezügliche Versicherungen sind:

- Alm. Brand Forsikring: *(L92) http://www.almbrand.dk*
- Codan: *(L93) http://www.codan.dk*
- Nykredit Forsikring: *(L94) http://www.nykredit.dk*
- Topdanmark: *(L95) http://www.topdamark.dk*
- Tryg Forsikring: *(L96) http://www.tryg.dk*
  u. a.

Gut zu wissen

Falls Ihnen nach der Unterschrift des Kaufvertrages doch noch Zweifel kommen, so ist es gut zu wissen, dass es ein Rücktrittsrecht (fortrydel-sesret) gibt. Es tritt in Kraft, nachdem der Verkäufer Ihr Angebot angenommen hat, und gilt 6 Werktage. Als Wiedergutmachung müssen Sie jedoch 1% der Kaufsumme an den Verkäufer zahlen.

In Dänemark ist es üblich, einen „Wohnungs"-Anwalt (boligadvokat) einzuschalten, um Hilfe für die vertraglichen Aspekte zu bekommen.

Für den Kauf von Immobilien gibt es ein gut funktionierendes Marketing: Sonntagszeitungen und Lokalblätter bieten dicke Ausgaben mit Wohnungsannoncen. Auch liegen bei Maklern deren eigene kostenlose Zeitungen mit Angeboten aus. Eigentumswohnungen und Häuser werden fast nur über Makler verkauft.

Im Internet werden Wohnungssuchmaschinen angeboten, die maklerübergreifend funktionieren und die größten Makler der Gegend einbeziehen: *(L97) http://www. boliga.dk*, *(L98) http://www.boligen.dk*, *(L99) http://www.boligsiden.dk*. Die Suchfunktionen sind recht gut, so dass Sie Wohnungen herausfiltern können und sich nicht durch alle Angebote quälen müssen.

Es lohnt sich auch, die Webseiten der einzelnen Makler (ejendomsmægler) selbst anzusehen. Die größten dänemarkweiten Makler (wobei es noch viele andere gibt) sind:

– EDC: *(L100) http://www.edc.dk*
– Danbolig: *(L101) http://www.danbolig.dk*
– Home: *(L102) http://www.home.dk*
– Nybolig: *(L103) http://www.nybolig.dk*, usw.

Kredite für Ihren Wohnungskauf können Sie natürlich bei den Banken bekommen, doch sollten Sie auf alle Fälle auch die Möglichkeit eines Realkredites (realkredit) prüfen. Diesen gibt es zu interessanten Konditionen, jedoch nur für festes Eigentum. Er wird oft über eine sehr lange Laufzeit (20–30 Jahre) zurückgezahlt und kann maximal 80% des Immobilienwertes betragen. Totalkredit, *(L104) http:// www.totalkredit.dk*, oder Nykredit, *(L105) http://www.nykredit.dk*, sind potenzielle Anbieter von Realkrediten.

Klären Sie die Strom-, Gas-, Heizungs- und Wasserversorgung gleich nach Übernahme Ihres neuen Zuhauses ab. Sie sollten sich dann auch die Stände der Zähler notieren. Einige Firmen werden mit Ihnen Termine vereinbaren, um die Stände selbst abzulesen. Mehr Informationen dazu: siehe Kapitel 11.3.

11.2 Haustiere

Zu vielen „Worktrotter"-Familien gehören Vierbeiner, und bei einem Umzug stellt sich immer die Frage, ob und wie sie nach Dänemark mitgenommen werden können. Ich beschränke mich hier auf Katzen und Hunde, weil sie die häufigsten Haustiere sind.

Einfuhr

Unter der Bedingung, dass die Tiere mit Ihnen reisen, gelten nachfolgend aufgeführte Bestimmungen. Falls sie nicht mit Ihnen reisen, wird ihre Einfuhr als „Import von Tieren" eingestuft, wonach wiederum andere Bestimmungen gelten.

Die Tiere müssen gechippt oder tätowiert sein (ab 2011 gilt nur noch der Chip).

Für die Einreise aus den meisten Ländern ist eine Tollwutimpfung notwendig, die mindestens 21 Tage und maximal 12 Monate vor Einreise nach Dänemark durchgeführt werden muss.

Wenn Sie aus der EU einreisen, so müssen Sie einen „EU-Heimtierpass" für jedes Tier besitzen, in dem die erhaltenen Impfungen aufgelistet sind. Diesen erhalten Sie von Ihrem Tierarzt. Für Tiere, die von außerhalb der EU kommen, muss ein Gesundheitszertifikat beantragt werden, wie auf der folgenden Webseite erklärt wird: *(L106) http://gl.foedevarestyrelsen.dk/Certifikater/Levende_dyr/Hunde_katte_og_fritter/Import/Tredjelande/Nonkommerciel.htm* (auf Dänisch).

Details finden Sie auf folgender Webseite: *(L107) http://www.uk.foedevaresty relsen.dk/ImportExport/Travelling_with_pet_animals/Dogs_cats_ferrets/Travelling_to_Denmark/forside.htm* (auf Englisch).

Kampfhunde einzuführen ist nicht erlaubt. Besonders die Rassen „Pitt Bull Terrier" und „Tosa Inu" sowie Kreuzungen davon sind strengstens verboten.

In den Suchmaschinen von Maklern kann explizit danach gesucht werden, ob Haustiere erlaubt sind oder nicht – was ein Zeichen dafür ist, dass sie es in vielen Fällen *nicht* sind. Viele meiner Bekannten wohnen in Wohnungen, die haustierfrei sind. Auf die Einhaltung von Regeln wird geachtet – auch von den Nachbarn.

Wenn Sie verreisen

Nun werden Sie sicherlich auch reisen wollen, und da stellt sich die Frage, was Sie mit Ihrem Vierbeiner in dieser Zeit tun sollen.

Es scheint eher unüblich zu sein, dass Nachbarn sich diesbezüglich gegenseitig helfen. Die meisten Dänen bringen ihre Tiere in eine Katzen-/Hundepension (<u>kat</u><u>tepension</u>/<u>hundepension</u>), obwohl die Kosten dafür sehr (!) hoch sind.

Doch sind Katzen sehr revierbewusst. Ich wollte meiner Katze den Stress ersparen, sich immer wieder an eine fremde Umgebung zu gewöhnen. Gibt es denn nicht genug Expats mit dem gleichen Problem, die sich gegenseitig helfen können? Aus dieser Überlegung heraus habe ich nach dem Modell, das ich aus Deutschland von dem Verein „Katzenfreunde" kannte, die Gruppe „Denmark Catsitting Exchange" zur gegenseitigen Hilfe gegründet: *(L108) http://www.katteven ner.dk*. Jeder Katzenbesitzer, der interessiert ist, anderen zu helfen und sich selbst helfen zu lassen, kann sich dort anmelden. Im Augenblick sind die Mitglieder vor allem auf das Kopenhagener Ballungsgebiet konzentriert. Doch je mehr Leute sich aus allen Teilen Dänemarks beteiligen, umso mehr Möglichkeiten für gegenseitige Hilfe wird es geben.

11.3 Nebenkosten

Unabhängig davon, ob Sie kaufen oder mieten – die Anmeldung für Strom, Wasser, Heizung und Gas sollte normalerweise automatisch passieren. Woher sollten Sie auch wissen, von wem die unterschiedlichen Leistungen kommen?
Folgende Möglichkeiten kommen infrage:

–   Entweder der vorherige Besitzer bzw. vorherige Mieter wird den Nachfolger angeben.

–   Es kann auch sein, dass der Besitzer der Mietwohnung oder der Hausmeister der Anlage Sie bei den entsprechenden Firmen anmeldet.

–   Oder Sie erhalten bei der Übergabe der Wohnung eine Informationsmappe mit entsprechenden Hinweisen, anhand derer Sie sich bei den jeweiligen Firmen anmelden müssen. Die Anmeldung erfolgt in der Regel per Telefon, weshalb es empfehlenswert ist, gleich zu Beginn ein Telefon zu haben (siehe Kapitel 11.5).

Strom
Zunächst einige allgemeine Informationen:

–   Dänemark hat 220-V-Strom. In den meisten Fällen sind Stecker mit 2 Steckstiften ausgelegt. Geräte, die Erdung brauchen, haben Stecker mit 3 Stiften.

– Oft haben Steckdosen einen An- und Aus-Schalter. Vergessen Sie also nicht, den Schalter einzuschalten, wenn Sie Geräte zum Aufladen anschließen (z. B. Handy).

Beim Einzug in Ihr neues Zuhause sollten Sie sicherstellen, dass Sie beim Stromlieferanten angemeldet sind (siehe S. 184). Sie werden voraussichtlich – basierend auf einem zu erwartenden Jahresverbrauch – quartalsmäßige Vorauszahlungen (acontoregning) leisten müssen. Am Jahresende werden Sie gebeten, den Strommesser abzulesen und den aktuellen Stand (evtl. via Internet) an den Lieferanten zu senden. Anhand dieses Zählerstandes werden Ihr effektiver Verbrauch festgestellt und die Kosten dafür berechnet. In der Jahresendabrechnung (årsopgørelse) werden die angefallenen Kosten mit Ihren Vorauszahlungen verrechnet. Sie erhalten entweder Geld zurück oder müssen eine Nachzahlung leisten.

Bei der Lieferung von Strom kann der Stromlieferant (derjenige, bei dem Sie den Strom kaufen) und der Netzbetreiber (derjenige, dem das Kabelnetz gehört) unterschiedlich sein. Deshalb, wenn auf Ihrer Stromrechnung 2 Firmennamen auftauchen, ist der eine Ihr Stromlieferant und der andere der Netzbetreiber. Es kann aber auch vorkommen, dass Sie von beiden getrennte Rechnungen erhalten.

Wasser
Kurze Zeit, nachdem ich nach Kopenhagen umgezogen war, wurde meine Haut ganz trocken. Meine Gesichtscreme half nicht mehr, und einige wollten mir nahebringen, dass es Zeit wäre, eine Creme für die „reifere Haut" zu verwenden. Dabei konnte ich mir gar nicht vorstellen, dass ich so schnell gealtert sein sollte – nicht einmal im nordischen Winter. Irgendwann habe ich bemerkt, wie kalkhaltig das Wasser ist! Seither verwende ich für mein Gesicht demineralisiertes Wasser – und siehe da, alles ist wieder in Ordnung.

Das Wasser in Dänemark ist tatsächlich sehr hart. Schnell kommt es zu Kalkschichten in Teekessel und Kaffeemaschine, die Sie jedoch einfach mit Essig (eddike) entfernen können. Essig sollte allerdings bei Geräten mit Gummidichtungen nicht angewendet werden, weil diese davon angegriffen werden. Die Ansichten bezüglich der Verwendung von Calgon in Waschmaschinen sind geteilt, und für Spülmaschinen soll Zitronensäure (citronsyre) helfen.

Bei Ihrem Einzug sollten Sie sicherstellen, dass Sie beim Wasserwerk angemeldet sind (siehe S. 184). Bei Mietwohnungen kann es sein, dass die Wasserkosten in den Mietkosten oder Nebenkosten enthalten sind, wodurch die Vorauszahlungen (acontoregning) implizit geschehen. Ansonsten sind sie monatlich bzw. quartalsmäßig zu zahlen. Am Jahresende werden Sie von dem zuständigen Wasserwerk aufgefordert, den Zähler abzulesen, woraufhin Sie eine Jahresendabrechnung (årsopgørelse) bekommen.

Heizung

Die Heizungsarten können verschieden sein, z. B. Fernwärme (fjernvarme), Zentralheizung (centralvarme) etc. Bei Ihrem Einzug sollten Sie sicherstellen, dass Sie bei Ihrem Anbieter angemeldet sind (siehe S. 184).

Bei Mietwohnungen kann es sein, dass die Heizkosten in den Mietkosten oder Nebenkosten enthalten sind, wodurch die Vorauszahlungen (acontoregning) implizit geschehen. Ansonsten sind sie monatlich bzw. quartalsmäßig zu zahlen. Am Jahresende wird jemand von der Heizungsfirma kommen, um den Verbrauch abzulesen, woraufhin Sie eine Jahresendabrechnung (årsopgørelse) bekommen. Über den Ablesetermin werden Sie informiert.

Gas

Hat Ihre Wohnung einen Gasanschluss, sollten Sie bei Ihrem Einzug sicherstellen, dass Sie bei Ihrem Gaslieferanten angemeldet sind (siehe S. 184).

Vorauszahlungen (acontoregning) erfolgen monatlich bzw. quartalsmäßig. Am Jahresende wird der Zähler abgelesen, woraufhin Sie eine Jahresendabrechnung (årsopgørelse) bekommen. Sie werden darüber informiert, wie das Ablesen zu geschehen hat; entweder lesen Sie den Zähler ab und senden die Information ein, oder jemand wird vorbeikommen.

Müll

Für Mietwohnungen und -Häuser sind Müllgebühren in den Mietkosten enthalten. Manche Kommunen trennen Müll, Papier und Glas, andere trennen Biomüll zusätzlich. Alles, was nicht „normaler Müll" ist, muss entweder zu Apotheken, Malerfirmen oder zum Abfallplatz (genbrugsplads) gebracht werden. Wo es Abfallplätze in Ihrer Gegend gibt und wann sie geöffnet sind, können Sie übers Internet herausfinden.

In einigen Kommunen gibt es Termine für Sperrmüllabholung (storskrald). Wo es keine gibt, bestellen Mehrfamilienhäuser oft einen Container für Sperrmüll, der aus der Gemeinschaftskasse des Hauses bezahlt wird.

11.4 Fernsehen/Radio

Für das Benutzen von Fernseher und Radio müssen in Dänemark Gebühren (<u>li-cens</u>) gezahlt werden. Für diese gibt es 2 Arten: <u>medielicens</u> und <u>radiolicens</u>. Eine <u>medielicens</u> deckt alle Empfangsgeräte im Haushalt ab (Computer, Fernseher, Radio, evtl. Mobiltelefon). Sind Sie für eine <u>licens</u> angemeldet, so sind damit alle Geräte der entsprechenden Typen in Ihrem Haushalt, Sommerhaus, Auto und Boot (hoffentlich gehören Sie zu den Glücklichen) inbegriffen.

Über die <u>licens</u>-Gebühren werden die Kosten der öffentlichen Sender gedeckt, die die Aufgabe haben, unparteiisch und sachlich zu sein sowie vielseitige und ausgewogene Nachrichten und Programme bereitzustellen.

Die Anmeldung muss innerhalb von **14 Tagen** geschehen und kann über Telefon (70 20 13 13) oder über die Webseite *(L109) http://www.dr.dk/OmDR/Licens/ Tilmeld_Frameld_Aendring/Tilmelding.htm* (auf Dänisch) vorgenommen werden. Ein entsprechendes Formular können Sie auch beim Bürgerservice (<u>borgerservice</u>) Ihrer Kommune erhalten.

Kosten für 2009 (Stand: Januar 2009) siehe: *(L110) http://www.dr.dk/OmDR/Licens/ Privat/FAQ_Privat/20081201164157.htm.*

<u>medielicens</u>	185 DKK (25 EUR)/Monat
	1100 DKK (147 EUR)/Halbjahr
<u>radiolicens</u>	26,67 DKK (4 EUR)/Monat
	160 DKK (22 EUR)/Halbjahr

Mit der <u>licens</u> sind jedoch nur die öffentlichen Programme abgedeckt. Was nun, wenn Sie weitere Sender empfangen wollen? Diese können Sie über Kabel oder Satellit empfangen. Dabei können Sie unterschiedliche „Pakete" wählen – ganz Ihrem Bedarf und Geldbeutel entsprechend. Ein gängiger Anbieter für Kabelprogramme ist „YouSee", *(L111) http://www.yousee.dk.* Für Programme via Parabolantenne sind „CanalDigital", *(L112) http://www.canaldigital.dk,* oder „ViaSat", *(L113) http://www.viasat.dk,* mögliche Adressen.

11.5 Telefon/Internet

Telefonieren zu können, ist in einem neuen Land sehr wichtig, denn es gilt vieles zu organisieren. Doch Telefonpreise sind ein weites Feld. Sie werden einige Zeit brauchen, bis Sie alles überblickt und verstanden haben. Erschwerend könnte hinzukommen, dass Sie kein Telefon anmelden können, solange Sie noch keine CPR-Nummer besitzen.

Ein mitgebrachtes Handy könnte für den Anfang eine gute Lösung sein. Wenn es nicht durch einen SIM-Code gesperrt ist, wird es mit großer Wahrscheinlichkeit mit dänischen Prepaidkarten funktionieren, die es in jedem Kiosk zu kaufen gibt.

Die Webseite *(L114) http://www.it-borger.dk/verktojer/teleguide* (auf Dänisch) ist eine gute Anlaufstelle für die Erforschung des Telefonkostendschungels. Hier können Sie sich über den Menüeintrag „Start guiden" ein Paket ausrechnen, das sowohl Mobiltelefon/Internet/Festnetz enthalten kann. Diese Berechnung berücksichtigt leider das Telefonieren ins Ausland nicht, doch über den Menüpunkt „Udlandstelefoni" (Telefonieren ins Ausland) können Sie sich Preise für gewisse Länder und Verbindungsarten (Festnetz, Telefonkarten oder Internettelefonie) anzeigen lassen. Weitere Webseiten, mit denen Sie Preisvergleiche (auf Dänisch) vornehmen können, sind: *(L115) http://telepriser.dk*, *(L116) http://mobilpriser.dk*, *(L117) http://telepristjek.dk*.

Fest- und Mobilnetzlösungen bieten an:
- Cybercity: *(L118) http://www.cybercity.dk*
- Sonofon: *(L119) http://www.sonofon.dk*
- Supertel: *(L120) http://www.supertel.dk*
- TDC: *(L121A) http://www.tdc.dk*
- Tellio: *(L121B) http://www.tellio.dk*
- Universal Telecom: *(L122) http://www.uvtc.dk* usw.

Lösungen für Internetzugang gibt es bei:
- Cybercity: *(L123) http://www,cybercity.dk*
- TDC: *(L124) http://www.tdc.dk*
- Telia: *(L125) http://www.telia.dk* usw.

Wenn Sie nicht zu denjenigen gehören, die viel telefonieren, dann sind Telefonkarten (telefonkort) oder Prepaidkarten (taletidkort) eine gute Alternative:

– A+ Telecom: *(L126) http://www.aplus.dk*
– Lebara: *(L127) http://www.lebara.dk*
– TeleNordic: *(L128) http://www.telenordic.dk*
– Telmore: *(L129) https://www.telmore.dk* etc.

Oft beinhalten diese Karten ein Startguthaben und können neu aufgeladen werden. Damit jedoch ins Ausland zu telefonieren, kann sehr teuer sein.

Zu beachten

Es ist nicht unbedingt zu empfehlen, No-name-Karten zu kaufen, die für größere Beträge ausgestellt sind, denn viele der unbekannten Firmen, die solche Karten verkaufen, verschwinden schnell wieder vom Markt.

Überlegen Sie, wie oft und zu welcher Tageszeit Sie telefonieren oder eine SMS senden wollen und wohin (in oder außerhalb von Dänemark). Entsprechend können Sie entscheiden, ob Sie einen Vertrag brauchen oder ob eine Prepaidkarte reicht.

Telefonieren kostet je nach Anbieter unterschiedlich und kann bei 1 DKK/Minute liegen. Eine SMS zu senden, ist viel billiger und kann auch kostenlos sein. Interessant wird für Sie auch sein, dass Sie ein Anruf selbst dann etwas kostet, wenn Sie keinen erreichen.

Sie können natürlich auch weltweite Telefonkarten aus anderen Ländern verwenden. Zum Beispiel können Sie über *(L130A) http://www.comfi.com* einige Karten und deren Preise vergleichen.

Wenn Sie Internetzugang haben, sollten Sie überlegen, ob Sie ein Festnetztelefon wirklich brauchen oder ob Ihr Computer mit Hilfe des Programms „Skype", *(L130) http://www.skype.com*, als Telefon ausreicht. Damit können Sie mit anderen Skype-Benutzern kostenlos oder für eine recht niedrige Minutengebühr mit Leuten weltweit telefonieren.

Gut zu wissen

Telefonnummern werden in Dänemark in Zweiergruppen genannt: 12 34 56 78 heißt demnach zwölf, vierunddreißig, sechsundfünfzig, achtundsiebzig. Jedoch Telefonnummern auf Dänisch zu nennen oder zu verstehen, wird eine Herausforderung sein, denn zwischen zehn und hundert sind die Zahlen nicht leicht eingängig. Wenn Dänen ihre Telefonnummern zu schnell nennen, halten Sie sie an und bitten Sie sie, die Zahlen langsam auszusprechen oder die Ziffern einzeln zu nennen.

11.6 Versicherungen und Rechtsbeistand

Überall kann etwas schiefgehen, und gerade in einem fremden Land, wo Sie sich nicht gut auskennen, ist es wichtig, Unterstützung zu bekommen.

Es gibt kostenlose Rechtsbeihilfe (retshjælp, advokatvagt), die Sie bei Ihrer Kommune erfragen können. Über *(L131) http://borger.dk* können Sie dazu ebenfalls Informationen finden (auf Dänisch). Eine kurze Übersicht von Rechtshilfestellen und Beratungszeiten können Sie über die Webseite *(L132) http://www.advo katsamfundet.dk/Default.aspx?ID=11780* einsehen.

Ansonsten können Sie auch private Versicherungen abschließen. Die Versicherungsfirmen

– Codan: *(L133) http://www.codan.dk*,

– TopDanmark: *(L134) http://www.topdanmark.dk* oder

– Tryg: *(L135) http://www.tryg.dk* etc.

sind mögliche Anlaufstellen, die bei Hausratsversicherungen u.v.m. weiterhelfen. Sie können auch bei Ihrer Gewerkschaft nachfragen, ob sie Versicherungspakete anbietet.

Was das Mietrecht bei Miet- oder Genossenschaftswohnungen anbelangt, kann z. B. „Lejernes LO" (Landesorganisation der Mieter), *(L136) http://www.lejerneslo.dk*, helfen.

Versicherungsgemeinschaften (gensidig forsikring)

Unbedingt sollten Sie sich auch Versicherungsgemeinschaften ansehen, die Versicherungsvereine auf Gegenseitigkeit sind. Statt Kunden haben sie Mitglieder, und es handelt sich nicht wie bei den obigen Firmen um profitorientierte Unternehmen, wodurch die Mitglieder oft umfassender unterstützt werden. Eine Übersicht der Versicherungsgemeinschaften finden Sie über die Webseite: *(L137) http:// www.gensidigforsikring.dk/Medlemsejede%20forsikringsselskaber.aspx*.

11.7 Post

Wie schön ist es doch, neben Rechnungen ab und zu auch private Briefe zu bekommen, und es ist gleich wie Weihnachten, wenn mal ein Care-Paket mit geliebten Sachen von zu Hause ankommt.

Zu beachten

Sie sollten sicherstellen, dass alle Namen der in Ihrem Haushalt wohnenden Personen am Briefkasten oder an der Haustür angebracht sind, sonst riskieren Sie, dass Briefe oder Pakete nicht ankommen.

Briefe werden täglich von Montag bis Samstag und Pakete von Montag bis Freitag ausgeliefert. Werden Sie nicht zu Hause angetroffen, wird das Paket in der Regel wieder mitgenommen. Entweder der Postbote hinterlässt eine Benachrichtigung, oder sie wird Ihnen zugeschickt.

Zu beachten

In Mehrfamilienhäusern sind Eingangstüren gewöhnlich abgeschlossen. Briefträger haben einen Schlüssel, Paketboten jedoch nicht. Deshalb können Benachrichtigungen für Pakete oft nicht direkt eingeworfen werden. Sie erhalten sie am nächsten Tag per Post. Mitunter gab es jedoch mit der Auslieferung von DHL-Paketen Schwierigkeiten, weil die Benachrichtigungen nicht ankamen. Da die Pakete nicht innerhalb einer gewissen Zeit abgeholt wurden, gingen die Pakete wieder an den Absender zurück. Lassen Sie sich deshalb, wenn möglich, bei Paketen die Trackingnummer geben, mit der Sie nachprüfen können, wo sich das Paket befindet.

> **Gut zu wissen**
> Im Normalfall wird in Dänemark der Absender durchgestrichen.

Auf Postfilialen können Briefe und Pakete aufgegeben und abgeholt werden. Die Öffnungszeiten sind gewöhnlich von Montag bis Freitag 10:00–18:00 Uhr und Samstag 10:00–14:00 Uhr. Ihre nächste Postfiliale können Sie über *(L138A) http:// www.postdanmark.dk/cms/da-dk/files/findPosthus122007.htm* und den am nächsten gelegene Briefkasten über *(L138B) http://www.postdanmark.dk/cms/da-dk/ files/findkasse122007.htm* finden.

Eine Broschüre mit Preisen für Briefe und Pakete (prisliste, posttakster) ist in der Postfiliale erhältlich oder kann per Internet eingesehen werden: *(L139) http:// www.postdanmark.dk/cms/da-dk/files/Breve_oekonombreve_prisark.pdf*. Zum Beispiel kostet das Versenden eines Standardbriefes unter 50 g (Stand 2009):

- innerhalb Dänemarks: 5,50 DKK (0,75 EUR)
- ins europäische Ausland: 8,00 DKK (1,10 EUR)
- ins übrige Ausland: 9,00 DKK (1,20 EUR)

> **Zu beachten**
> Werden Briefe mit zu wenig Porto verschickt, so werden Ihnen 33,75 DKK (4,50 EUR) Administrationsgebühr in Rechnung gestellt.

Für das Verschicken von Paketen ins Ausland wird eine Grundgebühr von 172 DKK (23 EUR) erhoben und je nach Land ein Kilopreis von, z. B. für Europa, 17–25 DKK (2,26–3,33 EUR) hinzuaddiert. Details hierzu finden Sie unter: *(L140) http://www. postdanmark.dk/cms/da-dk/files/pakker_udland_kontant_prisark_2009.pdf*.

Für Pakete gibt es die Möglichkeit, sich bei Packstationen (døgnposten) anzumelden, wo Sie Ihre Pakete rund um die Uhr abgeben und abholen können. Mehr Informationen dazu finden Sie auf der Webseite der dänischen Post: *(L141) http://www.postdanmark.dk/contentfull.dk?content=/cms/da-dk/privat/doegnpost/ doegnpost_forside.htm&menufile=*.

Dänen versenden unheimlich gerne Weihnachtskarten. Oft werden zusätzlich zu den Briefmarken auch „Weihnachtsmarken" auf die Briefe geklebt, mit denen gemeinnützige Zwecke unterstützt werden. Für diejenigen, die diese Weihnachtsmarken aus ihrem Land kennen, ist es eventuell interessant zu wissen, dass die weltweit erste Weihnachtsmarke 1904 in Dänemark herausgekommen ist.

11.8 Zeitungen

Dänische Medien haben sich eine gewisse Unschuld bewahrt und zeichnen sich durch recht positive Berichterstattung aus. Skandale, Schlagzeilen und Negatives nehmen nicht den ganzen Raum ein und werden nicht bis zum Letzten ausgeschlachtet. Auch werden Angst und Schrecken nicht so geschürt wie in anderen Ländern, was sich positiv auf das Sicherheitsempfinden der Leute auswirkt.

Guten Nachrichten wird viel Aufmerksamkeit geschenkt – sowohl in Zeitungen als auch im Fernsehen. Oft wird Positives berichtet, und fast jeden Tag werden Statistiken vorgestellt, vor allem über Dänemark – oft im Vergleich zum Rest der Welt. Ulrik Haagerup, Nachrichtenchef von DR (Dansk Radio), hat den Begriff der „konstruktiven Nachrichten" geprägt. Da Wirtschaftsnachrichten wegen der bisher florierenden dänischen Wirtschaft im Allgemeinen positiv ausfielen, waren Dänen noch mehr stolz auf ihr Land und bestärkt darin, dass ihre Ansichten und Methoden die richtigen sind.

Dänische Zeitungen

Berlingske Tidende: *(L142) http://www.berlingske.dk*

Jyllandsposten: *(L143) http://www.jp.dk*

Politiken: *(L144) http://www.politiken.dk*

Auf Englisch

Copenhagen Post: *(L145) http://www.cphpost.dk*

Sie ist das wichtigste Nachrichtenmedium in englischer Sprache in DK. Sie erscheint wöchentlich und ist in Kopenhagen in Touristenbüros und am Kopenhagener Flughafen kostenlos erhältlich, kann aber auch online angesehen werden.

Politiken (englische Online-Version): *(L146) http://politiken.dk/newsinenglish*

Jyllands Posten (englische Online-Version): *(L147) http://jp.dk/uknews*

Boulevardblätter

BT: *(L148) http://www.bt.dk*

Extra Bladet: *(L149) http://www.ekstrabladet.dk*

Lokalzeitungen für Ihre Umgebung

Es gibt zahlreiche kostenlose Zeitungen auf Dänisch: MetroExpress, Lokala-visen X, Lokalbladet X, wobei X der Name Ihres Ortes ist. Solche Zeitungen werden in Ihren Briefkasten geworfen, liegen in Cafés aus etc. Sie können damit Ihre dänischen Lesekenntnisse üben, lokale Nachrichten erfahren und auch das Fernsehprogramm einsehen.

Anzeigenblatt:

Den Blå Avis: *(L150)* http://www.dba.dk

Den Blå Avis gibt es auch online und ist sehr gut (nicht ohne Grund hat eBay es gekauft und dafür viel Geld bezahlt). Seither sind Anzeigen privater Anbieter kostenlos.

12 Ausbildung

Dieses Kapitel wird Ihnen Hilfestellung in Sachen Kindergarten und Schule geben – und da wir damit beim Thema „Ausbildung" sind, wird nahtlos in die Ausbildungsmöglichkeiten von Erwachsenen übergegangen.

12.1 Kindergarten und Schule

Schon ab einem Alter von 6 Monaten gibt es Betreuungsmöglichkeiten für Kinder (Details in den folgenden Unterkapiteln), wodurch es Müttern möglich ist, bald nach der Geburt wieder zu arbeiten. Die meisten nehmen diese Möglichkeit auch wahr, doch einige betreuen ihr Kind selbst, bis es 12 Monate alt ist. Danach sind die meisten Kinder in einer Kinderkrippe bzw. ab etwa 3 Jahren in einem Kindergarten, was zur Folge hat, dass es wegen fehlender Nachfrage kaum Freizeitangebote für Kinder an Wochentagen gibt. Diese Tatsache ist sicherlich interessant für diejenigen, die auf ihre CPR-Nummer warten und deshalb ihre Kinder in keine Betreuungseinrichtung einschreiben können.

Familien können für die ersten 12 Monate nach der Geburt Mutterschaftsgeld beziehen, doch ist dies an den Fakt gekoppelt, dass die Mutter das Kind betreut. Bringt sie es vor dem 12. Monat in eine Kinderkrippe, so wird sie wieder mit dem Arbeiten beginnen oder sich arbeitslos melden müssen. Natürlich kann sie auch entscheiden, keines von beiden zu tun und ohne jegliche finanzielle Unterstützung zu Hause zu bleiben – etwas, was in Dänemark unüblich ist und von Dänen auch nicht gern gesehen wird.

Welche Möglichkeiten der Kinderbetreuung gibt es? Im Folgenden wird erst auf die Optionen eingegangen, die das dänische Kinderbetreuungs- und Schulsystem bietet, danach auf internationale Schulen, und am Ende werden Entscheidungshilfen für diejenigen gegeben, die sich noch im Unklaren darüber sind, welchen Weg sie gehen sollen. Des Weiteren wird auch auf die Schulen der deutschen Minderheit eingegangen.

Da Ausbildung ein Teil sozialer Dienste ist, ist die Kommune dafür zuständig (siehe Kapitel 2.2.3), weshalb bei den folgenden Themen das Prozedere kommuneabhängig ist. Wie das genaue Angebot Ihrer Kommune aussieht, müssen Sie dort erfragen. Kapitel 23.3 erklärt, wie Sie herausfinden, zu welcher Kommune Sie gehören. Dort wird auch beschrieben, wie Sie die Webseite Ihrer Kommune finden, denn darauf werden Sie Adressen und weitere hilfreiche Informationen finden – im Allgemeinen jedoch nur auf Dänisch.

12.1.1 Dänisches Betreuungs- und Schulsystem

Von 0 bis 6 Jahren

Für diese Altersgruppe gibt es folgende Betreuungsmöglichkeiten:

- Kinderkrippe (<u>vuggestue</u>): 0–3 Jahre
- Tagesmutter (<u>dagpleje</u>): 0–3 Jahre
- Kindergarten (<u>børnehave</u>): 3–6 Jahre

In Dänemark gibt es eine Betreuungsgarantie (<u>pasningsgaranti</u>) für Kinder älter als 26 Wochen und bis zum Schulstart, was heißt, dass sie ein *Recht* auf einen öffentlichen Kinderkrippen- und Kindergartenplatz haben. Damit Sie dieses Recht für Ihre Kinder in Anspruch nehmen können, müssen Sie sie bei Ihrer Kommune dafür anmelden. Dabei dürfen Sie gewöhnlich auch Wünsche äußern, welche/n Kinderkrippe/Kindergarten Sie bevorzugen und Priorität 1, 2 und 3 angeben. Die Kinder werden dann auf eine Warteliste gesetzt, doch ob Ihre Wünsche berücksichtigt werden, ist nicht zwangsläufig garantiert.

Zu beachten

Da viele Eltern ihre Kinder schon sehr früh auf Wartelisten setzen lassen, kann es für Zuzügler etwas länger dauern, bis ihre Kinder einen Platz bekommen. Deshalb sollten Sie für die Übergangszeit Vorsorge treffen, falls Sie Ihre Kinder nicht selbst betreuen können.

Für das Voranschreiten auf der Warteliste sind kommuneabhängige Vorgaben ausschlaggebend, die besagen, nach welchen Kriterien neue Kinder auf die Warteliste kommen und Vorrang bekommen: sei es nach Alter oder danach, ob andere Geschwister in die gleiche Einrichtung gehen usw. Deshalb können Sie sich nicht selbst ausrechnen, wann Ihre Kinder an die Reihe kommen. Doch wegen der Betreuungsgarantie *muss* die Wartezeit unter 3 Monaten nach der Anmeldung liegen, mit der Folge, dass Ihrem Kind eventuell ein Platz in einer anderen Einrichtung als gewünscht zugewiesen wird. In manchen Kommunen können Sie sich im Internet mit Hilfe Ihrer digitalen Signatur (siehe Kapitel 7.11) informieren, an welcher Stelle der Warteliste Ihre Kinder stehen.

Sie können auch entscheiden, Ihre Kinder statt in die Kinderkrippe zu einer Tagesmutter zu bringen. Die Kosten sind die gleichen. Natürlich können Sie auch selbst als Tagesmutter arbeiten.

Gut zu wissen

Kinder, die in einer Kinderkrippe oder bei einer Tagesmutter sind, bleiben dort, bis ein Platz in einem Kindergarten frei wird.

Es gibt kombinierte Einrichtungen, bei denen ein Kindergarten mit einer Kinderkrippe gekoppelt ist, wodurch es für Kinder eine größere Kontinuität gibt.

In allen vorschulischen Kinderbetreuungseinrichtungen gibt es Lehrpläne, die mindestens 6 Kriterien bei der Entwicklung der Kinder berücksichtigen: persönliche Entwicklung, soziale Kompetenzen, Sprache, Bewegung, Natur und kulturelle Werte.

In den meisten Fällen gibt es Ganztagsbetreuung, d. h., die Kinder bekommen Mittagessen und halten Mittagsschlaf. Entsprechend der dänischen Tradition wird das Mittagessen kalt serviert (im Normalfall gibt es gesundes Roggenbrot). Es kommt nicht selten vor, dass der Mittagsschlaf im Freien stattfindet – selbst bei niedrigen Temperaturen. Die Kinder werden jedoch gut eingewickelt und in Unterständen untergebracht.

Von 6 bis 18 Jahren

Die Schule wird in Dänemark im Normalfall mit 6 Jahren begonnen. Es gibt 10 Jahre Unterrichtspflicht (keine Schulpflicht). Kinder haben einen garantierten Schulplatz in der ihnen zugeordneten Distriktschule. Welches Ihre Distriktschule ist, können Sie bei Ihrer Kommune erfahren. Falls Sie Ihre Kinder auf eine andere Schule schicken wollen, so können Sie sie dort einschreiben und abwarten, ob ausreichend Platz ist und sie angenommen werden können. Ob es geklappt hat, bekommen Sie spätestens im Frühjahr von der Schule Ihrer Wahl mitgeteilt. Falls es nicht möglich ist, haben die Kinder auf alle Fälle einen Platz an Ihrer Distriktschule sicher.

Einschulung (indskoling): 0.–3. Klasse (5/6–8/9 Jahre)
Mittelstufe (mellemtrin): 4.–6. Klasse
Oberstufe (udskoling): 7.–9. Klasse

Die „0. Klasse" wird auch „Kindergartenklasse" (børnehaveklasse) genannt und soll die Kinder an die Schule heranführen.

Im Allgemeinen sind etwa 24 Schüler in einer Klasse. Die Klassen werden für die unterschiedlichen Schulabschnitte (0.–3./4.–6. und 7.–9. Klasse) von Lehrerteams betreut. Die Lehrer haben große Freiheit bei der Gestaltung des Lehrplanes, denn es gibt nur Richtlinien für den Stand, der nach der 3., nach der 6. und nach der 9. Klasse erreicht werden muss, jedoch keine für dazwischen. Auch können Lehrer Schulbücher frei auswählen. All dies hat zur Folge, dass bei einem Schulwechsel das Wissensniveau der Kinder eventuell sehr unterschiedlich ist und völlig andere Schulbücher gebraucht werden.

Es wird viel Wert auf Ausprobieren, Sammeln von Erfahrungen und Entwickeln von kreativen Fähigkeiten gelegt. Interessant zu wissen ist, dass erst ab der 8. Klasse Schulnoten vergeben werden. Davor können Eltern erfahren, wie ihre Kinder in ihrer Entwicklung voranschreiten, wobei keine vergleichenden Angaben zu anderen Kindern gemacht werden. Es gibt etwa ein- bis zweimal im Jahr einen Elternabend (foreældremøde), bei dem sich alle Eltern treffen, um administrative Themen zu besprechen, und 2 Einzelbesprechungen (skolehjemsamtale), bei denen die Lehrer den Eltern einzeln über ihr Kind berichten.

Die Lehrer entscheiden, ob Ihr Kind besondere Unterstützung braucht, doch gewöhnlich erst dann, wenn der Abstand zu Mitschülern sehr groß wird. Hierbei sind allerdings nur Kinder gemeint, die anderen nicht folgen können. Für hochbegabte Kinder (højt begavede børn) wird (noch) sehr wenig getan. Da hat „Jantelov" sicher die Finger im Spiel (siehe dazu Kapitel 2.4.4). Es ist zwar nicht mehr verpönt, das Thema „Hochbegabung" überhaupt anzusprechen, doch werden Sie diesbezüglich nicht mit offenen Armen empfangen. Inzwischen gibt es allerdings unterschiedliche Initiativen und auch Privat- und Freischulen, in denen den Fähigkeiten von „Turbo-Kids" Rechnung getragen wird, eine davon ist „Mentiqa": *(L151)* *http://da.wikipedia.org/wiki/Mentiqa.*

Abgangsprüfungen gibt es nach der 9. Klasse. Danach kann eine Ausbildung (ungdomsuddannelse) begonnen werden. Schüler, die nach der 9. Klasse weitermachen, können nach der 12. Klasse das Abitur (<u>studentereksamen</u>) ablegen. Es gibt auch Schulen mit einem Handels- oder technischem Abitur. Im Juni, während der mündlichen Abiturprüfung, sieht man viele Jungendliche, die weiße Schild-mützen mit einem farbigen Stirnband tragen. Entsprechend der Farbe des Stirn-bandes kann man erkennen, welche Schulart besucht wurde:

– bordeaux: Gymnasium
– königsblau: Handelsgymnasium
– marineblau: technisches Gymnasium
– mit Länderfahnen: internationales Gymnasium

Wenn die Prüfungen abgeschlossen sind, werden zahlreiche Abiturienten auf tradi-tionell geschmückten Lastwagen hupend durch die Straßen fahren, laut singen und Passanten mit ihren Mützen zuwinken und ja – auch Alkohol ist mit von der Partie.

Für Schulkinder ist die Betreuung so abgesichert, dass Eltern einem Ganztagsjob nachgehen können. Dafür wurde 1984 die Freizeitregelung (<u>skolefritidsordning</u> – SFO) eingeführt.

Die Bezeichnungen werden gewöhnlich wie folgt verwendet:

<u>SFO</u>   1.–4. Klasse (evtl. auch „Freizeitheim"/„<u>fritidshjem</u>" genannt)
<u>SFO-klub</u>   5.–6. Klasse (evtl. auch „Freizeitclub"/„<u>fritidsklub</u>" genannt)
<u>Ungdomsklub</u> 7.–9. Klasse (Jugendclub)

Jedoch bietet nicht jede Kommune alle Möglichkeiten an.

Wenn Kinder an einer Schule angemeldet werden, müssen die Eltern auch ent-scheiden, welche Betreuungsmöglichkeiten ihre Kinder nutzen wollen.

Die Kinder werden nach Schulschluss das Betreuungsangebot wahrneh-men, das ihrer Altersgruppe entspricht, und können gewöhnlich bis etwa 17:00–18:00 Uhr dort verweilen, freitags etwas kürzer. Die Kinder können in unterschied-lichen Abteilungen betreut werden und jeden Tag etwas anderes wählen, damit sie sich nicht langweilen.

Beim SFO (1.–4. Klasse) werden die Kinder beim Kommen in Empfang ge-nommen und beim Verlassen (bei der Abholung durch einen Elternteil) aus der Anwesenheitsliste ausgetragen. Sie können also nicht einfach gehen. Bei der Tochter einer Kollegin beispielsweise hat jedes Kind einen Magneten mit seinem

Bild. Wenn es im SFO ist, bringt es sein Bild auf der Tafel der Freizeitgruppe an, in die es gerade gehen will. Wenn es davon genug hat, verschiebt es sein Bild in eine andere Freizeitgruppe, wodurch jederzeit festgestellt werden kann, wo es sich befindet. Wenn das Kind an einem bestimmten Tag nicht zum SFO geht, muss es abgemeldet werden.

Für die älteren Kinder sind die Regeln nicht so streng, da diese mehr Verantwortung übernehmen können. Die Freizeitangebote sind dem Alter angepasst.

12.1.2 Ausländische Kinder im dänischen System

Kapitel 12.1.1 beschreibt das gängige dänische Betreuungs- und Schulsystem. Ausländische Kinder jedoch, die nach Dänemark ziehen, können wegen fehlenden Dänischkenntnissen nicht sofort an diesem System teilhaben.

Für Vorschulkinder gibt es im Allgemeinen keine großen Schwierigkeiten, denn sie müssen noch keine Leistung erbringen und lernen die dänische Sprache sehr schnell. Deshalb gibt es für sie gewöhnlich keine Sonderklassen. Schulkinder jedoch müssen zuerst Dänisch lernen, bevor sie normalen Unterricht besuchen können.

Das Vorgehen ist von Kommune zu Kommune verschieden: Entweder werden Tutoren zur Verfügung gestellt, oder es gibt an einigen Schulen Spezialklassen, in der ausländische Kinder auf die Schule in Dänemark vorbereitet werden. Diese heißen „MK-Klassen" (<u>modtageklasse</u>) (Empfangsklassen) und sind in der Regel folgendermaßen nach Altersgruppen organisiert:

- MK1: 0.–3. Klasse für Kinder im Alter von 6 bis 9 Jahren
- MK2: 4.–6. Klasse für Kinder im Alter von 10 bis 13 Jahren
- MK3: 7.–9. Klasse für Kinder im Alter von 14 bis 17 Jahren

Wenn Sie Ihre Kinder auf eine dänische Schule schicken wollen, so ist das folgende Vorgehen zu empfehlen: Fragen Sie bei Ihrer Kommune nach einem Gespräch mit einem „Berater für zweisprachige Kinder" (<u>konsulent for tosprogede børn</u>). Bei diesem Gespräch müssen Sie Auskunft über Ihre Kinder geben: Lese- und Schreibfähigkeiten in der Muttersprache, sonstige Fähigkeiten oder Schwierigkeiten, bisherige Lebensumstände etc. Da der Berater alle Möglichkeiten in seiner Kommune kennt (ob Dänisch-Tutor oder MK-Klasse oder an welchen Schulen es MK-Klassen gibt etc.), weiß er, welche Möglichkeiten für Ihre Kinder infrage kommen, z. B. an welche Schule Sie sich wenden sollen usw.

Je nach Schule ist das Programm in den MK-Klassen verschieden, doch oft ist es so: Die Kinder lernen Dänisch und befassen sich mit Themen über Dänemark (Landes- und Unterrichtskultur, dänische Gesellschaft etc.). Zudem werden auch andere Fächer wie Mathematik, Biologie, Sport usw. gelehrt. Die Kommunikationssprache ist zum Teil Dänisch, zum Teil Englisch, und wenn notwendig, können Übersetzer in der Muttersprache der Kinder herangezogen werden.

Sowie ausreichende Dänischkenntnisse vorhanden sind, die es erlauben, dem dänischen Unterricht zu folgen, werden die Kinder nach und nach in den regulären dänischen Unterricht integriert. Auch Kinder in MK-Klassen können nach den Schulstunden im SFO und SFO-klub betreut werden.

In den MK-Klassen werden öfters als in den üblichen Klassen Einzelgespräche mit den Eltern und mehr Elternabende durchgeführt, um die Entwicklung der Kinder intensiv zu fördern.

Zu beachten

Versuchen Sie, Ihren Kindern bei diesem Übergang eine gewisse Kontinuität zu bieten. Suchen Sie nach MK-Klassen, die nahe Ihres Wohnortes liegen, so dass sie eventuell an derjenigen Schule besucht werden können, an der die Kinder nachher bleiben werden. Auch wenn die Kinder beim dänischen Unterricht von anderen Lehrern unterrichtet werden als im MK-Unterricht, so wird es doch Wiedererkennungseffekte geben.

Manchmal ist unklar, welche Lehrer Ihre Ansprechpartner und Bezugspersonen sind – die Lehrer der MK-Klassen oder die der dänischen Klassen. Klären Sie deshalb besser vorher ab, an wen Sie sich bei Belangen um Ihre Kinder wenden sollen.

12.1.3 Internationale Schulen

Es gibt in Dänemark auch internationale Schulen, die vor allem von Kindern aus „Worktrotter"-Familien besucht werden. Die Eltern wohnen und arbeiten in Dänemark; die meisten aber nur für eine bestimmte Zeit, weil in einem anderen Land eine neue Aufgabe auf sie wartet. Doch gibt es an den internationalen Schulen auch dänische Kinder, deren Eltern für ihre Kinder ein internationales Umfeld bevorzugen, eventuell, weil sie ins Ausland reisen wollen. Eine Übersicht von Schulen in Dänemark mit einer anderen Unterrichtssprache als Dänisch finden Sie im Kapitel 23.7. Bezüglich Schulen der deutschen Minderheit finden Sie im Kapitel 12.1.5 mehr Informationen. Sie sind mit internationalen Schulen nicht zu vergleichen.

Die internationalen Schulen agieren wie private Schulen, wobei einige eigene Lehrpläne haben und sich nicht nach dem dänischen Schulsystem richten. Beispielsweise folgt die französische Schule dem französischen Bildungskonzept und Lehrplan.

Für den Besuch von internationalen Schulen werden Schulgebühren erhoben, die von Schule zu Schule unterschiedlich hoch ausfallen. Sie liegen im Allgemeinen über 20.000 DKK (2.666 EUR) pro Jahr. Sollten Sie mehrere Kinder haben, so können sich die Kosten schnell summieren, die sich etliche Zugereiste nicht leisten können, falls deren Arbeitgeber die Schulgebühren nicht übernehmen.

Zu bedenken
Diesen Punkt sollten Sie unbedingt schon bei den Vertragsverhandlungen mit Ihrem Arbeitgeber ansprechen. So können Sie vielleicht erreichen, dass die Kosten vom Unternehmen getragen werden.

An den Schulen wird entweder auf Englisch, an deutschen Schulen auf Deutsch und an französischen Schulen auf Französisch unterrichtet, wobei es auch Dänischunterricht gibt, um die Landessprache zu erlernen.

IB-Programm
Einige der Schulen haben Lehrpläne, die an das IB-Programm („International Bakkalaureat" – Internationales Abitur) angelehnt und in der ganzen Welt vergleichbar sind. Besonders den „Nomaden"-Kindern, die mit ihren Eltern von Land zu Land reisen, würde es entgegenkommen, wenn ihre Ausbildung nach dem IB-Programm ablaufen würde, wodurch sie sich nicht stets aufs Neue mit unterschiedlichen Schulsystemen auseinandersetzen müssten und einen weltweit anerkannten Schulabschluss machen könnten.

Das IB-Programm umfasst mehrere Stufen:
- Grundschule (PYP – Primary Year Program) für das Alter von 3 bis 12 Jahren
- Mittelstufe (MYP – Middle Year Program) für das Alter von 11 bis 16 Jahren
- Abschluss (DP – Diploma Program) für das Alter von 16 bis 19 Jahren

Mehr Details zu dem IB-Programm können Sie über *(L152) http://www.ibo.org* erfahren.

Einige Schulen, wie z. B. CIS (Copenhagen International School), *(L153) http://www.cis-edu.dk*, bieten das IB-Programm schon ab der „0. Klasse" (Kindergartenklasse) an. Doch nicht alle der in Kapitel 23.7 aufgelisteten Schulen bieten alle obigen IB-Stufen an. Suchen Sie auf den Webseiten der einzelnen Schulen danach oder setzen Sie sich mit den Schulen in Verbindung.

Klären Sie auch ab, in welchen Sprachen Grundstufe und Mittelstufe angeboten werden, denn ein IB-Programm anzubieten heißt noch nicht, dass die Unterrichtssprache Englisch ist.

Auch internationale Schulen haben die Betreuungsangebote wie SFO und SFO-klub. Klären Sie mit der Schule Ihrer Wahl ab, was Sie diesbezüglich tun sollen, damit Ihre Kinder die Angebote nutzen können.

12.1.4 Dänisch oder international?

Sie wissen nun, welche Schulmöglichkeiten es gibt. Doch welche Schule sollten Sie wählen – eine dänische oder eine internationale? Dieses Kapitel soll Ihnen helfen, verschiedene Aspekte gegeneinander abzuwägen, um am Ende eine wohlüberlegte Entscheidung treffen zu können.

Wichtig

Wenn Sie nach Dänemark ziehen, ist es empfehlenswert, sich und Ihren Kindern etwas Zeit zu geben, bevor Sie sie in eine Schule schicken. Eine kurze Gewöhnungsphase, um die Umgebung und das neue Land kennen zu lernen, kann sich positiv auswirken.

Geben Sie Ihren Kindern besonders am Anfang so viel Kontinuität wie möglich. Sollten Sie anfangs nur eine vorübergehende Wohnlösung haben, so ist es besser, mit der Wahl der Schule etwas zu warten, bis Sie eine permanente Wohnung gefunden haben (falls das nicht zu lange dauert). Schicken Sie die Kinder nicht auf eine Schule, die sie bald wieder wechseln müssen, weil die neue Wohnung zu weit davon entfernt ist. Sie würden Ihren Kindern damit erneute Trennungsschmerzen zumuten. Da es in Dänemark Unterrichtspflicht, jedoch keine Schulpflicht gibt, ist es möglich, in der Überbrückungszeit den Unterricht zu Hause vorzunehmen.

Entscheidungshilfen

Falls Sie vorhaben, in Dänemark zu bleiben, ist es am besten, wenn Ihre Kinder eine dänische Schule besuchen. Sie werden die Sprache fließend lernen, dänische Freunde bekommen und sich in das Land integrieren und dazugehören. Das dänische Schulsystem ist im Kapitel 12.1.1 beschrieben.

Für alle, die sich nur eine begrenzte Zeit in Dänemark aufhalten wollen, gelten die folgenden Abschnitte. Die Schulen der deutschen Minderheit werden getrennt behandelt. Mehr Informationen dazu finden Sie im Kapitel 12.1.5.

Unabhängig davon, ob Sie Ihre Kinder auf eine internationale oder eine dänische Schule schicken, wird das Einleben leichter fallen, wenn es eine Schule ist, auf der es *etwas* Fluktuation gibt. Denn kommen Ihre Kinder in Klassen, in denen schon immer die gleichen Kinder waren und Freundschaften und Cliquen gefestigt sind, wird es Ihren Kindern schwerfallen, Anschluss zu finden.

Für alle, die zu den modernen Nomaden gehören und von einem Land in das nächste reisen, wird es für Kinder eine Zumutung sein, immer wieder eine neue Sprache zu erlernen. In dem Falle ist eher eine internationale Schule zu empfehlen. Das gleiche gilt auch, wenn Sie sich nicht sehr lange in Dänemark aufhalten, weil Dänisch in der Kürze der Zeit kaum fließend erlernt werden kann.

Doch wenn eine Zweitsprache in Kinderjahren erlernt wird, so ist das Erlernen einfacher als im späteren Leben und das Erlernen von weiteren Sprachen fällt danach oft leichter. Da mit der Sprache auch viel über Kultur und Mentalität vermittelt wird, kann es eine große Bereicherung sein. Deshalb ist es eine Überlegung wert, ob Ihre Kinder fließend Dänisch lernen sollten – dafür müssten sie in das dänische Schulsystem integriert werden. Da an einer internationalen Schule Dänisch jedoch nicht so intensiv unterrichtet wird, lernen die Kinder die Sprache dort nicht unbedingt fließend zu sprechen.

Besuchen Ihre Kinder eine dänische Schule, so vergrößern sich Ihre Chancen, Kontakt zu Dänen zu knüpfen (wobei es auch davon abhängt, ob Sie selbst Dänisch sprechen oder nicht) (siehe Kapitel 16).

Sind Ihre Kinder im Grundschulalter, ist eine dänische Schule eine gute Option. Sind sie älter, ist sie nicht unbedingt zu empfehlen, da die Rückkehr in das Schulsystem im Herkunftsland Probleme bereiten könnte. Die Anforderungen sind in den oberen Klassen höher, deshalb könnte es nach der Rückkehr schwieriger werden, die Unterschiede zwischen den Systemen zu kompensieren.

Es sei auch zu bedenken, dass auf einer internationalen Schule viele Kinder aus Familien stammen, die sich nur auf Zeit in Dänemark aufhalten, was zur Folge hat, dass geschlossene Freundschaften häufig und nicht ohne Schmerzen auseinandergerissen werden.

Es kann aber sein, dass die internationale Schule zu weit entfernt von Ihrem Wohnort liegt und Sie keine Möglichkeit haben, Ihre Kinder jeden Tag von und zur Schule zu fahren. Lange Schulwege haben auch den Nachteil, dass die Schulfreunde Ihrer Kinder möglicherweise weit weg wohnen, weshalb sie außerschulisch nicht zusammenkommen.

Es kommt auch immer wieder vor, dass Familien ihre Kinder zwar gern in eine internationale Schule schicken möchten, jedoch kein Platz frei und die Warteliste zu lang ist. Die zuständigen Ministerien haben bereits erkannt, dass dieses Problem viele Familien dazu bewegt, Dänemark wieder zu verlassen, weshalb es Bestrebungen gibt, weitere internationale Schulen oder Abteilungen aufzubauen. Die Umsetzung solcher Pläne wird aber einige Zeit dauern.

Ein weiteres Problem besteht darin, dass die meisten internationalen Schulen Schulgebühren einfordern – Kosten, die nicht alle Familien tragen können.

In diesen Fällen wird gar nichts anderes übrig bleiben als eine dänische Schule zu wählen. Das wird vielleicht anfangs als Problem angesehen, kann aber auch eine Chance darstellen.

Was spricht für dänische Schulen?

☺   In dänischen Schulen werden andere Fähigkeiten gefördert, als Sie es wahrscheinlich von Ihrem Schulsystem her kennen. Kinder lernen freier und ohne Notendruck. Es wird Wert auf Kreativität, Wahrnehmung, Lernen durch Ausprobieren, Unabhängigkeit, Selbstständigkeit, Durchsetzungsvermögen u.v.m. gelegt.

☺   Die Kinder lernen fließend Dänisch, integrieren sich in das dänische Schulsystem, bekommen Kontakt zu Dänen und lernen deren Mentalität kennen. Auch für Sie als Eltern mag der Kontakt zu Dänen dadurch einfacher sein.

☺   In den Klassen gibt es größere Stabilität als an internationalen Schulen, in denen die Klassenzusammenstellung einem ständigen Wechsel unterworfen ist.

☺ Die Schulkosten sind niedriger als bei internationalen Schulen, da nur die Kosten für die außerschulische Betreuung zu tragen sind.

Was spricht für internationale Schulen?

☺ Das Schulsystem passt eventuell besser zu dem Ihres Herkunftslandes, so dass sich die Anpassungsphase verkürzt.

☺ Die Kinder werden sich in einer Sprachumgebung befinden, die ihnen entweder bekannt ist oder die sie in anderen Ländern auf Ihrem „Worktrotter"-Pfad wieder antreffen werden.

☺ Die Rückkehr in das Schulsystem Ihres Landes könnte leichter fallen.

☺ Kontakte in einer internationalen Gemeinschaft aufzubauen, wird Kindern und Eltern erfahrungsgemäß leichter fallen. Zudem haben es Eltern leichter, bei Elternaktivitäten, wie Elternabende usw., mitzukommen.

Doch hat Rachelle Mee-Chapman, eine Zuzüglerin aus den USA, in unserem Gespräch zu diesem Thema einen guten Punkt angemerkt: Die Wahl muss nicht auf ein Entweder-oder hinauslaufen. Auch wenn Ihre Kinder auf eine dänische Schule gehen, können Sie einen privaten Tutor mit Kenntnissen in Ihrer Muttersprache involvieren, der Ihren Kindern die Fähigkeiten beibringen kann, die Ihnen wichtig erscheinen, z. B. Sprachfähigkeiten, das Durchgehen von Fächern in Ihrer Sprache, Informationen über Ihr Land usw.

Gut zu wissen

Fragen Sie auch den „Berater für zweisprachige Kinder" (konsulent for tosprogede børn) im Bürgerservice (borgerservice) in Ihrer Kommune, welche Möglichkeiten diese für Unterricht in Ihrer Muttersprache (modersmålundervisning) bereithält. Es wurde nämlich festgestellt, dass Kinder im Dänischlernen Fortschritte machen, wenn sie auch in ihrer Muttersprache vorankommen.

Des Weiteren gibt es Organisationen und Firmen, die landestypischen Unterricht für Kinder anbieten: Beispielsweise bietet Clarice Scott an der internationlen Rygaardschule in Hellerup bei Kopenhagen die „American Studies for Kids" (ASK) an, wo amerikanische Kinder mehr über ihre Herkunft erfahren (Geschichte, Kultur, Lieder usw.). Und dieses Angebot gilt nicht nur für Schüler der Rygaardschule! Mehr Informationen bezüglich dieses Programms für das Frühjahr 2009 können Sie über *(L154) http://www.rygaards.com/international/Parents/Fritids/Rygaards%20Fritids%20Brochure%20Spring2008.pdf* finden.

Sollten Sie weitere Möglichkeiten kennen, wäre ich Ihnen sehr dankbar, wenn Sie sie über *feedback@worktrotter.com* mitteilen würden, damit sie auf der Worktrotter-Webseite auch anderen bekannt gemacht werden können.

Auch wenn es in Dänemark unüblich ist, Kindern Privatstunden zu geben, so liegt es an Ihnen, derlei Schritte zu unternehmen und die Unterstützung zu organisieren, die Sie für notwendig erachten. Schulen werden Sie eventuell auf Tutoren verweisen. Sie können aber auch auf der Worktrotter-Webseite *(L163) http://www.worktrotter.dk/resources* fündig werden.

12.1.5 Schulen der deutschen Minderheit

Diese Möglichkeit möchte ich in einem eigenen Kapitel kurz beschreiben, da sie eine Sonderoption für den Süden Dänemarks ist, denn dort befindet sich eine große deutsche Minderheit. Um ihr Kulturgut und ihre Sprache zu pflegen, gibt es eine wohlausgebaute Infrastruktur von Kindergärten, Schulen und anderen (Kultur-)Einrichtungen mit deutscher Unterrichtssprache. Gleichzeitig lernen die Kinder aber auch Dänisch.

Für Eltern, die ihre Kinder deutschsprachig erziehen wollen und im dänischen Grenzland zu Deutschland wohnen, können diese Angebote sehr interessant sein. Es gibt 23 Kindergärten, 15 Schulen und 1 Gymnasium, wobei einige dieser Einrichtungen auch die Schulfreizeitordnung (SFO – mehr dazu im Kapitel 12.1.1) anbieten. Dänisch wird auf Muttersprachniveau unterrichtet, und die Schüler bekommen sowohl einen dänischen als auch einen deutschen Abschluss. Doch es sind nicht nur Kinder der deutschen Minderheit, die diese Schulen besuchen. Auch viele Dänen nutzen diese Gelegenheit, um ihre Kinder zweisprachig aufwachsen zu lassen. Dadurch erhöhen sich Ihre Chancen, Dänen kennen zu lernen.

Mehr Informationen zur Geschichte und zu Angeboten dieser Einrichtungen können Sie auf der Webseite des deutschen Schul- und Sprachvereins Nordschleswig finden: *(L155) http://www.dssv.dk*.

Die Liste der deutschen Kindergärten, Schulen sowie des deutschen Gymnasiums können Sie in Kapitel 23.7.2 finden.

Für Eltern, die nicht in Süddänemark wohnen, ihre Kinder dennoch in eine deutschsprachige Schule schicken wollen, ist die Sankt Petri Schule in Kopenhagen (siehe Kapitel 23.7.1) die Anlaufstelle. Sie agiert jedoch eher nach dem Prinzip einer internationalen Schule. Siehe zu diesem Thema Kapitel 12.1.3.

12.1.6 Ferien

Schulferien sind von Kommune zu Kommune, ja sogar von Schule zu Schule verschieden. Deshalb ist es nicht möglich, einen allgemein gültigen Ferienkalender aufzustellen.

Doch gibt es folgende „Fixpunkte" :

Winterferien (vinterferie)	Gewöhnlich rund um Woche 7 (9.–15. Februar 2009)
Osterferien (påskeferie)	Gewöhnlich vor Ostern (9.–13. April 2009)
Großer Bettag (Stor Bededag)	8. Mai 2009
Christi Himmelfahrt (Kristi Himmelfart)	21. Mai 2009
Pfingsten (Pinse)	30. Mai bis 1. Juni 2009
Tag des Grundgesetzes (Grundlovsdag)	5. Juni
Sommerferien (sommerferie)	Gewöhnlich letzte Juniwoche bis erste Augustwoche (27. Juni bis 9. August 2009)
Herbstferien (efterårsferie)	Gewöhnlich rund um Woche 42 (12.–18. Oktober 2009)
Weihnachtsferien (juleferie)	Rund um Weihnachten

12.2 Finanzielle Aspekte

Kindergeld

Wenn Sie nach Dänemark ziehen, so haben Sie unter bestimmten Bedingungen Recht auf Kindergeld (børnecheck oder børnefamilieydelse) – eine steuerfreie finanzielle staatliche Unterstützung für Ihre Kinder unter 18 Jahren:

– Wenn Sie und Ihre Kinder in Dänemark angemeldet sind und dort wohnen und

– zumindest ein Elternteil voll steuerpflichtig ist.

Das Kindergeld ist altersabhängig und beträgt für 2009:

0–2 Jahre	Babyleistung (babyydelse)	4.107 DKK (548 EUR)/Quartal
3–6 Jahre	Leistung für Kleinkinder (småbørnydelse)	3.251 DKK (434 EUR)/Quartal
7–17 Jahre	Leistung für Kinderfamilie (børnefamilieydelse)	2.558 DKK (342 EUR)/Quartal

Aktuelle Informationen können Sie auf folgender Webseite finden: *(L156) http://www.skm.dk/tal_statistik/tidsserieoversigter/1294.html* (auf Dänisch).

 Eigentlich sollten Sie automatisch für Kindergeld angemeldet werden, ansonsten melden Sie sich in Ihrer Kommune bei der Leistungsabteilung (ydelseskontor).

Die Zahlungen erfolgen quartalsmäßig am 20. Januar, 20. April, 20. Juli und 20. Oktober gewöhnlich an die Mutter. Damit das Kindergeld an Sie überwiesen werden kann, brauchen Sie unbedingt ein NemKonto (siehe dazu Kapitel 7.5).

Kosten im öffentlichen Kinderbetreuungssystem

Da die Kosten kommuneabhängig sind, sollten Sie diese bei Ihrer Kommune erfragen oder auf der Webseite Ihrer Kommune danach suchen. Passende Suchwörter sind „pris børnepasning" oder „takst børnepasning".

Damit Sie eine Vorstellung über die Höhe der Kosten bekommen, hier als Beispiel die Kosten für Kopenhagen für 2009:

Tagespflege:	2.985 DKK (398 EUR)/Monat
Kinderkrippe:	2.985 DKK (398 EUR)/Monat
Kindergarten:	1.879 DKK (251 EUR)/Monat
SFO:	1.274 DKK (170 EUR)/Monat
SFO-klub:	502 DKK (70 EUR)/Monat

Sollten Sie mehrere Kinder haben, zahlen Sie nur den teuersten Satz vollständig und die anderen nur zur Hälfte.

Internationale Schulen und Einrichtungen haben ihre eigenen Preise für die Betreuungsmöglichkeiten festgelegt.

12.3 Ausbildung für Erwachsene

Universitätsausbildung

In dieser Ausgabe des Ratgebers, der sich an Personen richtet, die nach Dänemark ziehen, um dort zu arbeiten, wird nur kurz auf ein Studium in Dänemark eingegangen. Das Folgende ist nicht für Leute gedacht, die primär nach Dänemark zum Studieren kommen, sondern vielmehr für die, die schon dort wohnen und eine weitere Ausbildung vornehmen wollen.

Falls Sie ein Studium in Dänemark beginnen wollen, so müssen Sie auf alle Fälle einen Aufenthaltsnachweis bzw. eine Aufenthaltsgenehmigung haben (siehe dazu Kapitel 7.1). Als Nächstes müssen Sie sich an CIRIUS, die dänische Anerkennungsstelle, wenden, um Ihre bisherige Ausbildung in Dänemark anerkennen zu lassen (mehr dazu im Kapitel 8.6). Danach müssen Sie sich an die gewünschte Ausbildungsstelle wenden, um Details zu klären: ob z. B. Ihr Abschluss für ein Studium dort ausreicht oder welche Lücken es zu schließen gilt und was dafür zu machen ist.

Es gibt inzwischen zahlreiche Studiengänge in Dänemark, die auf Englisch abgehalten werden, vor allem Master-Studiengänge. Falls Sie die Grundvoraussetzungen dafür erfüllen, sind noch die Kosten zu klären. Gewöhnlich können Bürger aus EU-Staaten kostenlos in Dänemark studieren, während Bürger von außerhalb der EU die Kosten selbst tragen müssen. Klären Sie mit der Ausbildungsstelle, wie hoch die Kosten für das entsprechende Studium sind.

Für alle, die ein Studium auf *Dänisch* absolvieren wollen, sind ausreichend gute Dänisch-Sprachkenntnisse Bedingung. Dafür müssen Sie die Studienprüfung (Studieprøve) bestanden haben (mehr dazu im Kapitel 14.3).

Eine Übersicht der Studiengänge können Sie auf folgender Webseite finden: *(L157) http://www.ug.dk/Internationalt.aspx.* Diese Webseite ist zwar auf Englisch, doch heißt das nicht, dass die erwähnten Studiengänge auch auf Englisch gehalten werden.

Kurse und Studiengänge, die in Englisch gehalten werden, finden Sie auf dieser Seite: *(L158) http://studyindenmark.dk/study-programmes.*

Sollten Sie kein Vollzeitstudium anstreben, weil Sie sich nicht die Chancen verbauen wollen, während Ihres Aufenthaltes Dänemark und Europa zu bereisen, so gibt es je nach Studium Möglichkeiten, einzelne Kurse zu belegen. Dafür müssten Sie sich mit der Ausbildungsstelle in Verbindung setzen, die die gewünschten Kurse anbietet, und sich dort über Angebot und Kosten erkundigen.

Volkshochschulen

Das Volkshochschulkonzept gibt es in zahlreichen Ländern und geht auf das 18. Jahrhundert zurück, als die Bestrebungen begannen, Wissen in die ärmeren Bevölkerungsschichten zu bringen, die sich eine formelle Ausbildung nicht leisten konnten.

In Dänemark gibt es mehrere Arten von Schulen, die dem Konzept der Volkshochschulen folgen, wobei folkehøjskole und aftenskole für Sie infrage kommen könnten. Die folkehøjskole geht auf den Priester namens N.F.S. Grundtvig (1783–1872) zurück (von dem auch die meisten dänischen Kirchenlieder stammen), während der Pionier der aftenskole der Lehrer und Rechtsanwalt Rasmus Sørensen (1799–1865) ist.

Folkehøjskole

Diese Schulen befinden sich häufig auf dem Lande. Sie bieten Ganztagsunterricht und haben ein Internat. Meist sind sie auf bestimmte Themen spezialisiert, z. B. auf Sport oder Politik etc. Die Dauer der Kurse ist verschieden: 5 Tage bis 3 Wochen, 4–7 Wochen oder 8–40 Wochen. Es gibt auch Reisekurse, Familienkurse oder Sommerkurse. Sie werden in der Regel in Dänisch gehalten. Damit sich eine breite Bevölkerung diese Form der Ausbildung leisten kann, werden sie von Staat und Kommune unterstützt. Mehr Infos können Sie über folgende Webseite erfahren: *(L159) http://www.hojskolerne.dk/korte-kurser* (auf Dänisch).

Aftenskole

Diese Schulform ist für Leute gedacht, die sich in ihrer Freizeit weiterbilden wollen, wobei die Teilnehmer einen sehr unterschiedlichen Ausbildungsstand haben können. Auch aftenskole wird von Staat und Kommune unterstützt, weshalb die Kurse relativ günstig sind. Es gibt eine breite Auswahl an Themen: Sprachen, Sport, Kochen, Technik, Computer u.v.m. Die Kurse sind von unterschiedlicher Dauer; einige Kurse tagsüber, andere abends; manche finden regelmäßig über ein Semester verteilt statt, andere sind Eintageskurse. Alle bieten sie jedoch gute Gelegenheit, Leute mit gleichen Interessen zu treffen. Die meisten Kurse sind auf Dänisch. Interessant sind vor allem Vorträge und Stadtführungen, die sich gut für Zuzügler eignen, um mehr über Dänemark zu erfahren und die dänische Sprache zu üben. Gewöhnlich werden im späten Sommer bzw. Winter kostenlose Prospekte der Volkshochschulen für das nächste Semester in die Briefkästen geworfen.

Die wichtigsten aftenskole-Organisationen sind:

- Arbejdernes Oplysningsforbund (AOF), *(L160) http://www.aof.dk*
- Folkeligt Oplysningsforbund (FOF), *(L161) http://www.fof.dk*
- Liberalt Oplysningsforbund (LOF), *(L162) http://www.lof.dk*

Auf der Worktrotter-Webseite *(L163) http://www.worktrotter.dk/resources* finden Sie Links zu Kursen, die von unterschiedichen Organisationen auf Englisch angeboten werden.

12.4 Dänische Schulnotenskala

Da sich die dänische Schulnotenskala sowohl auf die Ausbildung der Kinder als auch auf die der Erwachsenen auswirkt, wird ihr ein eigenes kleines Kapitel gewidmet. Schulnoten in Dänemark sind genau wie Zahlen (siehe Thema „Telefonnummern" in Kapitel 11.5) gewöhnungsbedürftig und nicht unbedingt eingängig.

Bis Mitte 2008 wurden Noten von 13 bis 00 vergeben, wobei die Note 13 nur selten und nur für exzeptionelle Leistung stand. Das hatte zur Folge, dass dänische
Studenten, die sich im Ausland an renommierten Hochschulen bewarben, Nachteile hatten, denn ihre Noten waren zwar sehr gut, aber sie zeigten oft nicht klar,
dass sie zur dänischen Crème de la Crème gehörten. Da Sie inzwischen einiges
über das Gleichheitsprinzip in Dänemark wissen, können Sie sich vorstellen, wie
oft die Note für exzeptionelle Leistung vergeben wurde.

Deshalb wurde die Benotung (karakter) überarbeitet und besteht nun aus
folgenden Noten: 12, 10, 7, 4, 02, 00, -3. Ja, richtig gelesen, die letzte Zahl ist negativ.

Doch wie verhält sich die dänische Benotung zur internationalen ECTS-Skala
(European Credit Transfer and Accumulation System)?

Dänische Skala		ECTS-Skala
12	herausragend	A
10	vorzüglich, sehr gut	B
7	gut	C
4	mittelmäßig	D
02	ausreichend	E
00	nicht ausreichend	F
-3	minderwertig	G

Um eine Prüfung zu bestehen, wird die Note „ausreichend" (02) benötigt.

„DanRevision" –
bei grenzüberschreitenden Steuerfragen

13 Steuern

Steuern sind ein schmerzhaftes Thema in Dänemark. Sie sind hoch – da hilft kein Schönreden.

Doch bevor Sie die Steuersätze verdammen, sollten Sie sich darüber im Klaren sein, dass die Gehaltsniveaus in Dänemark im Vergleich zu anderen Ländern hoch sind. Sie sollten auch immer daran denken, wofür sie verwendet werden: unter anderem für Ihre gesetzliche Krankenversicherung, wovon Sie selbst direkt profitieren. Bildung, Sicherheit, Pflege und viele weitere Bereiche werden aus Steuern finanziert, nicht zuletzt bedürftige Leute damit unterstützt. Das ist es, was einen „Wohlfahrtsstaat" ausmacht, und muss irgendwie finanziert werden – unter anderem aus Steuereinnahmen.

Da das Steuersystem auch in Dänemark verwirrend ist, soll Ihnen dieses Kapitel ein grobes Verständnis für das dänische Steuersystem vermitteln: wie es aufgebaut ist, welche Abzüge Sie zu erwarten haben und welche Möglichkeiten es gibt, sie über Freibeträge zu senken. Darüber hinaus gibt es noch viele Details zu bedenken, deshalb wenden Sie sich am besten direkt an die dänische Steuerbehörde SKAT. Gehen Sie während der Öffnungszeiten hin, stellen Sie in einem persönlichen Gespräch die eigene Situation dar und fragen Sie nach hilfreichen Hinweisen. Details zu Adressen und Öffnungszeiten: siehe Kapitel 23.4.

Zu beachten

Schwarzarbeit wird intensiv verfolgt – oft werden Anzeigen von Leuten erstattet, die es nicht gut finden, wenn andere sich einen Vorteil erschleichen.

Sollten Sie bestimmte berufliche Fähigkeiten haben und nach Feierabend Freunden und Bekannten damit helfen, so ist die dänische Steuerbehörde damit nur in geringem Maße einverstanden, auch wenn dieser Service kostenlos ist. Sie dürfen aber gerne mit anderen Kenntnissen helfen, ohne Schwierigkeiten zu bekommen. Beispiel: Falls Sie beruflich als Softwareentwickler arbeiten, so dürfen Sie abends gerne Freunden beim Malern der Wohnung helfen, nicht aber, wenn Sie Maler sind.

Zu beachten

Es ist ratsam, einen Steuerberater zur Seite zu haben, der Ratschläge geben kann, wie vorhandene Möglichkeiten am besten ausgeschöpft werden können. Fragen Sie in Ihrem Freundeskreis nach Empfehlungen oder prüfen Sie die von anderen Expats auf der Worktrotter-Webseite *(L163) http://www.worktrotter.dk/resources*.

13.1 Allgemeines

Vieles im dänischen Steuersystem läuft für Sie transparent und „automatisch" ab. Ihr Arbeitgeber wird monatlich einen vorläufigen Steuerbetrag direkt an den Staat abführen, wobei sich dieser an Ihrem erwarteten Jahreseinkommen orientiert. Am Jahresende wird der reale Steuerbetrag berechnet – so gibt es entweder eine Nachzahlung oder eine Rückerstattung.

Hilfreiche Informationen zu dem dänischen Steuersystem kann in verschiedenen Sprachen auf der Webseite *(L550) http://www.skat.dk/SKAT.aspx? old=213873&vld=0&x=DE* gefunden werden.

Der Eintritt in das dänische Steuersystem beginnt mit der Beantragung einer Steuerkarte. Im Kapitel 7.3 werden die Modalitäten dazu erklärt. Es ist wichtig, die Karte frühzeitig zu beantragen, weil sonst Ihr Arbeitgeber nicht weiß, wie viel Steuern abgeführt werden sollen; er wird Ihnen automatisch einen Steuersatz von 60% berechnen. Sie bekommen zwar das zu viel Gezahlte beim Jahresausgleich wieder, dennoch haben Sie nur einen geringen Teil Ihres Gehaltes für einen ganzen Monat zur Verfügung.

Bei der Beantragung der Steuerkarte sollten Sie unbedingt darauf achten, das erwartete Jahresgehalt möglichst genau anzugeben. Falls Sie zu wenig angeben und somit jeden Monat zu wenig Steuern zahlen, werden Sie dies bei der Steuerabrechnung schwer bereuen. Denn falls der Nachzahlungsbetrag über 40.000 DKK (5.334 EUR) liegt, werden Ihnen dafür **7% Zinsen** in Rechnung gestellt.

Deshalb, wenn Sie feststellen, dass die Informationen, die der Steuerbehörde SKAT vorliegen, stark von dem tatsächlichen Wert abweichen, oder falls sich Ihre Einkommenssituation im Laufe des Jahres erheblich verändert, sollten Sie unbedingt Ihre SKAT-Angaben auf den neuesten Stand bringen. Wie Sie das tun können, wird im Kapitel 13.6 erklärt.

13.2 Steuersätze

Wie werden die zu zahlenden Steuern berechnet? Nachfolgend werden die Steuersätze für 2009 aufgelistet. Aktualisierte Informationen für 2010 werden auf der Worktrotter-Webseite *http://www.worktrotter.dk/guide* zur Verfügung gestellt.

Alle, die in Dänemark arbeitsbedingtes Einkommen beziehen, zahlen darauf einen Arbeitsmarktbeitrag (<u>arbejdsmarkedsbidrag,</u> <u>AM-bidrag</u>) von 8%.

Für den **verbleibenden Betrag** gelten folgende Steuersätze:

1. Der Gesundheitsbeitrag (<u>sundhedsbidrag</u>) beträgt 8%.
2. Die Kommunensteuer (<u>kommuneskat</u>) beträgt im Durchschnitt etwa 24,8%.
3. Diejenigen, die in der Kirche gemeldet sind, zahlen zusätzlich etwa 0,8% Kirchensteuer (<u>kirkeskat</u>).

Da die Höhe der Sätze 2. + 3. kommuneabhängig ist, kann sie unterschiedlich sein, im Durchschnitt können Sie jedoch für beide etwa 26% ansetzen. Die genauen Prozentwerte für Ihre Kommune können Sie sich über *(L164) http://www.tax.dk/ satser/komm08.htm* ausrechnen lassen.

Die weiteren Steuersätze sind gestaffelt und setzen sich aus verschiedenen Niveaus zusammen, um eine solidarische Verteilung zu gewährleisten:

4. Die Mindeststeuer (<u>bundskat</u>) wird für Ihr Jahreseinkommen erhoben, das – nach Abzug des Arbeitsmarktbeitrages – über 42.900 DKK (5.720 EUR) liegt, und beträgt 5,04%.
5. Die Mittelsteuer (<u>mellemskat</u>) beträgt 6%.
6. Die Spitzensteuer (<u>topskat</u>) beträgt 15%.

Bisher wurden die Steuersätze 5. + 6. für unterschiedliche Einkommensgrenzen angesetzt, um eine weitere Staffelung zu erreichen; dies ist im Jahr 2009 jedoch nicht der Fall, denn da werden beide Steuersätze auf Ihr Jahreseinkommen erhoben, das – nach Abzug des Arbeitsmarktbeitrages – über 347.200 DKK (46.294 EUR) liegt.

In das Einkommen werden Einkünfte aus selbstständiger und nichtselbstständiger Arbeit, Einkünfte aus Kapital- und Aktienerträgen sowie Einkünfte aus Vermietung und Verpachtung einbezogen.

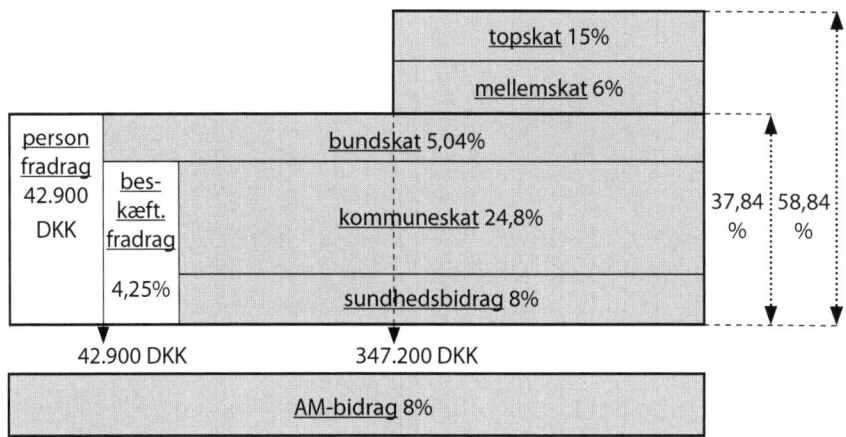

Die obige Graphik verbildlicht die Steuersätze, wobei auch die 2 wichtigsten Freibeträge eingezeichnet sind (personfradrag = persönlicher Freibetrag, beskæftigelsesfradrag = Arbeitnehmerfreibetrag), jedoch ist die Kirchensteuer hier nicht berücksichtigt.

Alle zahlen den Arbeitsmarktbeitrag (AM-bidrag) für ihr *arbeitsbedingtes* Bruttoeinkommen. Danach werden auf das *verbleibende* Einkommen die entsprechenden Steuersätze und Freibeträge angewendet.

Um eine Vorstellung zu bekommen, wie hoch Ihre Steuern in etwa sein werden, können Sie eine Steuerberechnung für 2009 mit Hilfe der Webseite *(L165)* *http://www.tax.dk/beregn/skat09.htm* (auf Dänisch) durchführen. Hier können Sie Ihr Einkommen und eventuelle Freibeträge eingeben, und Sie bekommen als Ergebnis die erwartete Steuerlast ausgerechnet. Mehr Infos zu Freibeträgen gibt es im nächsten Kapitel.

Durch die Globalisierung stellt sich natürlich die Frage, wie es sich mit Einkommen von außerhalb Dänemarks verhält. Zum Glück hat Dänemark „Doppelbesteuerungsabkommen" mit vielen Ländern, wodurch sich die Besteuerung über Grenzen hinweg etwas weniger kompliziert gestaltet. Diese Abkommen sollen vermeiden, dass Sie nicht sowohl im Herkunftsland als auch im Aufenthaltsland für die gleichen Einkommen besteuert werden.

Wenn Sie in Dänemark angemeldet sind, wird in Dänemark Ihr „Welteinkommen" besteuert, d. h. auch Ihr Einkommen aus anderen Ländern. Sie können aber wählen und bestimmen, dass das Einkommen Ihres Herkunftslandes auch im Herkunftsland besteuert wird, was bei der Steuerberechnung in Dänemark berücksichtigt wird.

> **Zu beachten**
> Wenn Sie Einkommen außerhalb Dänemarks beziehen, so sollten Sie
> sich unbedingt von einem Steuerexperten beraten lassen, der sich im
> internationalen Steuerrecht auskennt. Fragen Sie am besten andere Ex-
> pats, ob sie jemanden empfehlen können, oder sehen Sie auch auf der
> Worktrotter-Webseite *(L163) http://www.worktrotter.dk/resources* nach.

13.3 Freibeträge

Um gewisse arbeitsrelevante Aspekte steuermäßig zu berücksichtigen, werden
Arbeitnehmern gewisse Freibeträge eingeräumt, wodurch sie ihre Steuerlast verringern können. Sie werden vor dem Ansetzen der Steuersätze vom Einkommen
abgezogen. Sollte es sich um größere Freibeträge handeln, so lohnt es sich, diese
gleich von Anfang an in Ihre Steuerkarte eintragen zu lassen.
Nachfolgend finden Sie die wichtigsten Freibeträge für 2009.

Persönlicher Freibetrag (personfradrag)
Jeder Steuerzahler hat für 2009 einen Freibetrag von 42.900 DKK (5.720 EUR). Dieser wird automatisch beachtet und muss nicht explizit angegeben werden.

Arbeitnehmerfreibetrag (beskæftigelsesfradrag)
Dieser beträgt 4,25%, jedoch maximal 13.600 DKK (1.814 EUR).

Fahrtkosten (kørselsfradrag)
Ein Teil der Kosten für die Anfahrtswege von und zur Arbeit kann steuerlich abgesetzt werden. Es gibt Kilometerpauschalen, wobei sich die Kilometerangaben auf
die Summe beider Wege (von und zur Arbeit) beziehen. Die Sätze für 2009 sind:

–   bis 24 km = 0
–   zwischen 25 und 100 km = 1,90 DKK (0,25 EUR)/km
–   über 100 km = 0,92 DKK (0,12 EUR)/km

Beispiel: Liegt Ihr Wohnort 50 km vom Arbeitsort entfernt und Sie arbeiten Vollzeit (220 Tage im Jahr), so haben Sie ein Recht auf einen Transportfreibetrag von

30.598 DKK (4.080 EUR). Über den Link *(L167) http://www.skm.dk/tal_statistik/skat teberegning/6148.html* können Sie sich Ihren eigenen Transportfreibetrag berechnen lassen.

Diejenigen, die in entfernten Kommunen (<u>udkantskommuner</u>) wohnen und einen längeren Weg zur Arbeit haben, werden steuerlich etwas begünstigt. Für sie gilt: über 25 km = 1,90 DKK (0,25 EUR)/km. Sie bekommen also auch über 100 km den hohen Kilometersatz. Die Liste dieser Kommunen ist via *(L168) http://www. skm.dk/tal_statistik/skatter_og_afgifter/4740.html* einzusehen.

Die Kilometerpauschalen gelten unabhängig von dem Transportmittel, das genutzt wird. Radfahrer bekommen die gleichen Pauschalen wie Personen, die mit dem Privatjet zur Arbeit kommen. Sie gelten auch, wenn Fahrgemeinschaften genutzt werden.

Arbeitnehmer, die ihren festen Wohnsitz nicht in Dänemark haben, können auch ihre Heimreisen steuerlich geltend machen. Siehe dazu Kapitel 21.

Kostenpflichtige Brücken
Die Kosten für die Benutzung von (kostenpflichtigen) Brücken auf den Fahrten von und zur Arbeit können in der Steuererklärung ebenfalls berücksichtigt werden. Es werden folgende Beträge pro Überquerung angerechnet:

Øresundbrücke:

- mit Auto/Motorrad   50 DKK (6,7 EUR)
- mit öffentlichen Verkehrsmitteln   8 DKK (1,1 EUR)

Große Beltbrücke:

- mit Auto/Motorrad   90 DKK (12 EUR)
- mit öffentlichen Verkehrsmitteln   15 DKK (2 EUR)

Fährenkosten
Gehört eine Fähre zum Weg von/zur Arbeit, so können die Kosten ebenso abgesetzt werden.

A-kasse, Gewerkschaft, Spenden
Des Weiteren können die Beiträge für Arbeitslosenversicherung und Gewerkschaften vom Einkommen abgezogen werden. Das Gleiche gilt für Spenden.

> **Gut zu wissen**
> Der persönliche Freibetrag kann vom nichtarbeitenden auf den arbei-
> tenden Partner übertragen werden, weshalb Sie unbedingt mit einem
> SKAT-Mitarbeiter sprechen sollten.

Alle Freibeträge sind via *(L169) http://www.skat.dk/SKAT.aspx?old=349579&vId=20
2129&i=2#i349579* unter „Fradrag for lønmodtagere" zu finden.

Eine sehr gute Webseite mit einer Übersicht der Sätze für 2009 für unterschiedliche steuerliche Aspekte ist: *(L170) http://www.skat.dk/display.aspx?old=13
3799&vId=202288&indhold=1*.

13.4 Die 25%-Steuerregelung

Wahrscheinlich haben Sie schon von diesem reduzierten Steuersatz gehört und
möchten auch in den Genuss dieses Vorteils kommen. Leider gilt er nicht für alle.

Es handelt sich um eine steuerliche Sonderkondition, die eingeführt wurde,
um **Forscher** und **leitende Mitarbeiter** ins Land zu holen – wichtig für eine fortschrittliche dänische Wirtschaft. Um sie nach Dänemark zu „locken", will sich das
Land so attraktiv wie möglich darstellen, denn auch andere Länder werben um
diese Fachkräfte. Bei den Überzeugungsargumenten spielen Gehalt und Steuern
keine geringe Rolle, weshalb man bei der Steuerbehörde SKAT aktiv wurde und
für diese Berufsgruppen eine 25%-Steuerregelung eingeführt hat. Interessanter-
weise kommen auch viele Fußballspieler in die Gunst dieser Regelung; sie sind
eben auch leitend in ihrem Team.

> **Zu beachten**
> Die Regelung heißt zwar „25%-Regelung", da aber der Arbeitsmarktbei-
> trag (8%) von allen steuerpflichtigen Bürgern zu zahlen ist, beträgt der
> Steuersatz insgesamt 31%. Klingt gut, nicht wahr? Doch als ausgleichen-
> de Gerechtigkeit gegenüber den anderen Steuerzahlern können diejeni-
> gen mit reduzierten Steuersätzen keine Freibeträge geltend machen.

Natürlich ist die 25%-Steuerregelung an einige Bedingungen geknüpft, sowohl für den Mitarbeiter als auch für die Firma – nachfolgend die *wichtigsten* Bedingungen:

- Die Regelung gilt nur für Arbeitnehmer, die aus dem Ausland akquiriert worden sind und nicht innerhalb der letzten 3 Jahre in Dänemark steuerpflichtig waren.
- Die 25%-Steuerregelung gilt nur für 36 Monate (siehe dazu auch den Punkt „DIe 33%-Steuerregelung").
- Der Arbeitsmittelpunkt muss Dänemark sein, und es müssen mindestens 2/3 der Arbeit in Dänemark ausgeführt werden.
- Alle Forscher, die ihren Forscherstatus von einem öffentlichen Forschungsinstitut nach den OECD-Regeln anerkannt bekommen haben und die obigen Regeln erfüllen, können die 25%-Steuerregelung geltend machen.
- Für leitende Mitarbeiter ist ein Mindesteinkommen notwendig: Es muss nach Abzug von ATP (gesetzliche Rente) und AM (Arbeitsmarktbeitrag = 8%) – Stand: Februar 2009 – monatlich mindestens 63.800 DKK (8.507 EUR) betragen, d. h. in etwa mindestens 70.000 DKK brutto (9.334 EUR). Das Mindesteinkommen bezieht sich jedoch nicht nur auf das Gehalt, sondern auch auf andere Vergütungsformen, z. B. ein freigestelltes Auto, Zuschüsse für Wohnungs-, Umzugs-, Telefonkosten usw. können in Betracht gezogen werden.

Details können Sie über den Link *(L171) http://www.skat.dk/SKAT.aspx?old=97319 &vId=201522* oder auf Dänisch auch über *(L172) http://tax.dk/lv/lvd* (im Abschnitt D.B.5.) erhalten, am besten jedoch direkt in einem Gespräch mit einem SKAT-Mitarbeiter.

Wenn Sie die obigen Bedingungen erfüllen, so muss sich Ihr Arbeitgeber frühzeitig mit SKAT in Verbindung setzen, um die Steuerermäßigung für Sie anzustoßen.

Die 33%-Regelung

Im Juni 2008 wurde eine Änderung an der 25%-Steuerregelung vorgenommen. Bis zu diesem Zeitpunkt konnte die 25%-Regelung nur für 3 Jahre angewendet werden, mit der Folge, dass viele der begehrten Mitarbeiter Dänemark nach 3 Jahren wieder verließen. Es gibt nun jedoch die Möglichkeit, 5 Jahre zu bleiben und von einer 33%-Steuerregelung zu profitieren. Wird der AM-bidrag (Arbeitsmarktbeitrag) mit in Betracht gezogen, so ergibt das einen Steuersatz von 38,4%.

Falls diejenigen, die in den Genuss der 25%-Steuerregelung kommen, auf 5 Jahre verlängern wollen, so wird für sie die 33%-Regelung rückwirkend angewendet – was **Steuerrückzahlung** bedeutet.

Bevor Sie nun vor Neid erblassen, falls Sie nicht unter diese Regelungen fallen, so sei Ihnen zum Trost gesagt, dass es nur etwa 2.500 Zuzügler sind, denen dieser Vorzug beschieden ist.

13.5 Wichtige Termine

Nachdem Sie im dänischen Steuersystem registriert sind, wird das meiste zwar automatisch ablaufen, jedoch kann Ihre Interaktion zu bestimmten wichtigen Zeitpunkten im Steuerjahr notwendig sein:

Forskudsopgørelsen (Vorabschätzung)

Im November jedes Jahres generiert SKAT eine Vorabschätzung (forskudsopgørelsen) des zu erwartenden Einkommens für das nächste Jahr. Dadurch sollen Ihre Einkommensdaten für das nächste Jahr auf den neuesten Stand gebracht werden, damit Ihnen monatlich die richtigen Steuerbeträge abgezogen werden. Wenn die Angaben in der Vorabschätzung stimmen, ist nichts zu tun. Ansonsten müssen die Änderungen bei SKAT eingebracht werden, wie im Kapitel 13.6 erklärt.

Seit November 2008 ist SKAT auf eine elektronische Vorabschätzung umgestiegen. Sie wird Ihnen nicht mehr wie bisher per Post zugeschickt, sondern in Ihre elektronische Steuerakte bei SKAT hinterlegt. Darauf können Sie mit Ihrer digitalen Signatur (siehe Kapitel 7.11) per Computer zugreifen. Wer keinen Computer hat, kann bei SKAT anrufen und sich die Vorabschätzung per Post zuschicken lassen.

Selvangivelsen (vorläufige Steuerabrechnung)

Im Februar verschickt SKAT eine vorläufige Steuerabrechnung (selvangivelsen) für das abgeschlossene Jahr, damit Sie noch mal die Möglichkeit haben, Tatsachen zurechtzurücken. Anhand dieser Informationen werden Sie feststellen, wie viel Steuern Ihnen für das abgelaufene Jahr berechnet und welche Freibeträge berücksichtigt worden sind. Kontrollieren Sie unbedingt, ob Ihre Freibeträge richtig eingetragen sind, denn die meisten anderen Daten wurden vom Arbeitgeber und von Ihrer Bank an SKAT gemeldet.

Wenn die Angaben stimmen, ist nichts zu tun. Ansonsten müssen Sie die Änderungen bei der Steuerbehörde melden, damit sie in der endgültigen Steuerberechnung berücksichtigt werden. Wie Sie das tun können, wird im Kapitel 13.6 erklärt.

Årsopgørelse (Steuerbescheid)

Die Änderungen, die Sie bis Ende April einbringen, werden in dem endgültigen Steuerbescheid (årsopgørelsen) berücksichtigt. Sollten Sie danach noch Unstimmigkeiten feststellen, sollten Sie sich umgehend mit SKAT in Verbindung setzen.

Falls Sie Glück haben und eine Rückerstattung ansteht, müssen Sie nichts tun außer sicherstellen, dass Ihr NemKonto eingerichtet ist (siehe dazu Kapitel 7.5). Im Falle einer Nachzahlung muss der Betrag bis 1. Juli an SKAT überwiesen sein, sonst werden Ihnen **7% Säumniszinsen** berechnet.

13.6 Einbringen von Änderungen

Änderungen zu Ihren Angaben bei SKAT können Sie bei einem Besuch oder über einen Anruf (siehe Kontaktinformationen im Kapitel 23.4) mitteilen. Am einfachsten geht es jedoch online mit Hilfe einer digitalen Signatur (siehe Kapitel 7.11) über *(L173) http://www.skat.dk/tastselv*. Darüber haben Sie jederzeit Zugang zu Ihrer eigenen Steuerakte, können Ihre Angaben einsehen und Änderungen einbringen – eine zeitsparende und effektive Methode. Natürlich sind alle Informationen auf Dänisch, aber Sie können sich mit einem Wörterbuch behelfen. Die Punkte, bei denen Sie dann noch Hilfe brauchen, können Sie bei einem persönlichen Gespräch bei SKAT klären.

14 Sprache

Eine neue Sprache bringt einen immer wieder in lustige, missverständliche Situationen. Als mir ein Däne mal erzählte, dass er nach Bergen fahren würde, dachte ich erst, er sei auf dem Weg in die Schweiz, denn auf Dänisch wird „Bergen" fast wie „Bern" ausgesprochen. Und „Dagmar" wird auf Dänisch wie „Dama" oder „Dauma" ausgesprochen, worauf ich lange Zeit nicht reagiert habe.

Wie klingt Dänisch denn? Innerhalb eines Wortes wird „G" fast ignoriert und „D" gewöhnlich wie ein „L" ausgesprochen, wobei die Zunge an der unteren Zahnreihe bleibt. Probieren Sie das einmal. Gar nicht so einfach! Der gleiche Vokal kann in verschiedenen Wörtern anders ausgesprochen werden, wodurch die Wörter eine völlig andere Bedeutung bekommen. Dør kann „Tür" oder „sterben" bedeuten, dabei ist der Unterschied in der Aussprache minimal. Auf der anderen Seite klingen z. B. kylling (Hühnchen), killing (Kätzchen) und kælling (grober Ausdruck für Frau) für Nichtdänen sehr ähnlich, wodurch witzige Situationen entstehen können, z. B., wenn Sie im Restaurant killing statt kylling bestellen oder gar kælling haben wollen.

Was jedoch am meisten verwirrt, ist der lockere Umgang der Dänen mit ihrer Sprache. Hier macht sich erneut die lässige Seite der Dänen bemerkbar, denn nicht selten werden Silben weggelassen, manchmal sogar ganze Wörter. Wie soll ein Ausländer da nur durchblicken?

In meinen dänischen Anfangstagen habe ich versucht, jeden Tag neue Wörter zu lernen. Natürlich waren die Wörter „ikke" (nicht) und „også" (auch) ziemlich früh dabei, und ich habe immer schön alle Buchstaben ausgesprochen. In der Regel klingen sie jedoch wie „ik'" und „os'". „Hvad siger du?" („Was sagst du?") war die Standardreaktion von Dänen – keiner konnte mich verstehen. Diese Reaktion werden Sie anfangs oft erleben, denn Dänen haben es schwer, das Dänisch von Ausländern zu verstehen. Es scheint, als ob sie die Fähigkeiten nicht entwickelt haben (vielleicht wegen der kurzen Ausländergeschichte – siehe dazu Kapitel 2.3) zu abstrahieren und phantasievoll bezüglich dessen zu sein, was sie hören. Als ich einmal in einer Tierhandlung nach Katzenfutter (kattemad) fragte, konnte sich die Verkäuferin überhaupt nicht vorstellen, was ich wollte, obwohl es in dem Geschäft nicht viele Artikel für Katzen gab.

Standhaft zu bleiben und sein Dänisch trotz aller Hürden anzuwenden, ist in der ersten Zeit nicht einfach, entweder weil Sie nicht verstanden werden oder weil Dänen auf Englisch umschwenken. Sie werden jedoch durch konsequentes Üben

Fortschritte machen. Nach einiger Zeit werden Sie merken, dass sich Ihre Mühe gelohnt hat – und plötzlich öffnen sich Tür und Tor. Deshalb nicht aufgeben! Denn die Sprache ist von zentraler Bedeutung, um ein Teil vom Ganzen zu werden.

Auch wenn viele Ausländer in Dänemark recht gut mit Englisch auskommen, so lege ich Ihnen dringend ans Herz, die dänische Sprache zu erlernen. Es erleichtert Ihnen, Arbeit zu finden, Kontakt zu Dänen zu knüpfen, eine Ausbildung zu absolvieren und überhaupt sich im Alltag leichter zurechtzufinden und selbstständig zu agieren.

Wenn Sie nur 3 Jahre im Land sind und Ihnen der Aufwand für das Erlernen der Sprache zu groß scheint, so sollten Sie zumindest ein Leseverständnis entwickeln, denn damit können Sie wichtige Informationen auf Allgemeinplätzen oder auf Webseiten, Ihre Post oder Menükarten in Restaurants besser verstehen – und nicht zuletzt Einkaufsprospekte lesen, mit Hilfe derer Sie viel Geld sparen können (siehe Kapitel 17).

Dieses Kapitel soll die wichtigsten Punkte zum Erlernen der Sprache erklären.

14.1 Dänisch ohne Sprachkurs

Es lohnt sich, schon vorab Dänisch zu lernen. Im Internet gibt es zahlreiche kostenlose Angebote:

- *(L174) http://www.multidansk.horsens.dk* ist für Kinder gemacht, kann aber auch Erwachsenen gut helfen.
- *(L175) http://www.nyidanmark.dk/da-dk/Integration/integration_af_nyankom ne/online_danskundervisning/dansk_for_boern/test2.htm* ist für Kinder gedacht und *(L176) http://www.nyidanmark.dk/da-dk/Integration/integration_ af_nyankomne/online_danskundervisning/danskundervisning_paa_nettet. htm* für Erwachsene. Beide richten sich an Anfänger und behandeln Alltagssituationen.
- *(L177) http://netdansk.asb.dk* ist für Studenten entwickelt worden und behandelt eine Reihe von Alltagssituationen.
- *(L178) http://www.danish-online.com* befasst sich mit Verstehen, Aussprache und Schreiben. Am Ende einer Lektion kann ein Test abgelegt werden.
- *(L179) http://www.irsam.dk* ist ein Dänischkurs für Deutsche, der sich gut zum Erlernen der Aussprache eignet.

- *(L180) http://vfs.dansk.nu* vergleicht die dänische Grammatik mit der von 10 anderen Sprachen: Englisch, Französisch, Spanisch u. a.
- *(L181) http://www.fjern-uv.dk* beinhaltet viel Grammatik sowie Übungen zum Lesen und Verstehen.
- *(L182) http://www.geocities.com/SiliconValley/Horizon/1284/dansk* erklärt die dänische Grammatik auf Englisch.
- *(L183) http://fjern.egl.ku.dk/quiz/index.php?directory_id=72* erklärt die dänische Grammatik auf Dänisch.

Kostenpflichtige Kurse:

- *(L184) http://www.speakdanish.dk* gibt es in verschiedenen Sprachen, von dem aber nur wenige Teile kostenlos genutzt werden können.
- *(L185) http://www.dansk.nu*, *(L186) http://www.danskabc.dk*
- *(L187) http://www.rosettastone.com* kann entweder als CD oder als Online-Kurs gekauft werden.
- Assimil-Kurse für Dänisch gibt es für verschiedene Sprachen: *(L188) http://www.assimil.com.*

Einige Organisationen bieten kostenlose Dänischunterstützung, vorausgesetzt, Sie sind in Dänemark gemeldet, z. B. „Bethesda" in Kopenhagen: *(L189) http://www.imta.dk/web* oder „Stjernen" in Århus: *(L190) http://imta.dk/web/index.php?page=aktiviteter-2.*

Außerdem gibt es unterschiedliche Kursangebote in Ihren Ländern in Form von Büchern oder CDs, die Sie (am einfachsten per Internet) kaufen können. Hier nur ein kleiner Auszug der Bücher, die mir bekannt sind:

Auf Deutsch:

Dänisch neu	Arbeitsbuch
Annegret Jöhnk	Annegret Jöhnk
ISBN 3190052557	ISBN 3190152551

Auf Englisch:

Teach yourself – Danish	2 CDs
Bente Elsworth	Bente Elsworth
ISBN 0071451021	ISBN 0340887486

Ein sehr gutes Grammatikbuch ist:

> Grammatikken – håndbog i dansk grammatik for udlændinge
> Barbara Fischer-Hansen, Ann Kledal
> ISBN 8776070298

Wörterbücher:

> Berlitz Danish-English Dictionary
> ISBN 9782831563053

> Gyldendals Røde Ordbøger (als Buch und CD)
> Das sind sehr gute Wörterbücher, die es für verschiedene Sprachen gibt:
> Dansk – Engelsk, Engelsk – Dansk / Dansk – Tysk, Tysk Dansk / Dansk – Fransk,
> Fransk – Dansk / Dansk – Spansk, Spansk – Dansk

Nicht zuletzt gibt es kostenlose Dänisch-Übersetzungsprogramme im Internet:
(L191) http://www.gramtrans.com, *(L192) http://translate.google.com/translate_t#*
u. a.

Zu bedenken
Die richtige Aussprache ist jedoch ohne direkte, professionelle Unterstützung sehr schwer zu erlernen. Und ohne richtige Aussprache werden Dänen Sie nicht verstehen!

14.2 Empfehlungen

Bevor auf Details von Sprachschulen eingegangen wird, erst einmal ein paar Empfehlungen, die auf meinen Gesprächen mit Expats basieren:

–   Wenn Sie die Wahl zwischen Privatunterricht und Sprachschule haben, so sind die Sprachschulen vorzuziehen, denn sie vermitteln außer der Sprache Informationen über das Land (Geschichte/Geographie, politisches System,

Werte, Traditionen etc.), vor allem aber bieten sie Gelegenheit, Leute kennen zu lernen! Für Neulinge ist die Sprachschule eine erste Möglichkeit, Bekanntschaften zu schließen.

– Außer den Sprachschulen bieten viele Firmen Dänisch-Sprachkurse an, auch Intensivkurse. Gutes Feedback wurde mir bezüglich „UB Language Consult" berichtet: *(L193) http://www.tyskkursus-danskkursus.dk/english/front_page. htm*. Ursula Behrle, eine Deutsche, die seit 21 Jahren in Dänemark lebt und ausgebildete Dänischlehrerin ist, hat auf der dänischen Insel Lolland eine Dänisch-Sprachschule aufgebaut, die sowohl Intensivkurse als auch entspannte Ferienkurse anbietet.

– Sehr hilfreich sind auch Kinder-CDs, z. B. aus der Serie „Lyt & Læs" (Hören und Lesen), in der Hör-CDs in Kombination mit Textheften angeboten werden. Sie können damit das Lesen lernen, aber auch das Verstehen trainieren sowie die Aussprache der Wörter erlernen. Geschichten können auch Erwachsene genießen, und sollten Sie Kinder haben, so hat sich die Investition gleich doppelt gelohnt. Über den Weblink *(L194) http://www.qxl.dk/kobe/bger--blade/ brnebger/lyt--ls/l/cn26976* können Sie einige der verfügbaren CDs aus dieser Reihe einsehen.

– Es ist nicht nur hilfreich, sondern auch notwendig, das erlernte Dänisch anzuwenden. Wenn Sie sich mit anderen Expats zum Dänischsprechen treffen, hat das natürlich auch einen Spaßfaktor. Aus diesem Gedanken heraus habe ich in Kopenhagen die sogenannten „Vi taler dansk"(Wir sprechen Dänisch)-Treffen im Rahmen der „Worktrotter"-Aktivitäten aus der Taufe gehoben (siehe: *(L195) http://www.worktrotter.dk/danish*). In dieser „geschützten Umgebung" werden alle nach und nach mutiger und lernen, sich besser auszudrücken und andere zu verstehen. Vor allem aber wagen sie, Dänisch anzuwenden, was motiviert dranzubleiben. Jeder, der üben will, kann dazustoßen. Solche Gruppen können von jedem organisiert werden, Hauptsache, es übernimmt jemand die Initiative, denn interessierte Teilnehmer finden sich immer.

– Mitglied in einem Verein zu sein, hilft ungemein, *auch* Ihr Dänisch zu verbessern. Sie werden dort vor allem Dänen treffen, und alle Aktivitäten werden auf Dänisch ablaufen. Mehr zum Thema „Vereine" finden Sie im Kapitel 16.1.

- Am meisten hat mir jedoch geholfen, als ich mich mit unseren dänischen Nachbarinnen vom Sommerhaus einen Sommer lang nur auf Dänisch unterhalten habe. Sie waren sehr geduldig und verständnisvoll, haben mir Wörter übersetzt und erklärt und mich mit viel Fingerspitzengefühl verbessert. Deshalb an dieser Stelle einen herzlichen Dank an Charlotte Claudi Magnussen und Bodil André! Vielleicht haben Sie auch jemanden in Ihrer Nähe, der sich über einen Plausch freut und dem es Spaß macht, Sie auf Ihrem Dänisch-Lernpfad zu begleiten.

Vielleicht können Sie im Gegenzug mit etwas anderem helfen. Wichtig ist, dass Sie von vornherein klarmachen, ob und wie Sie verbessert werden wollen, denn bei jedem zweiten Wort unterbrochen zu werden, kann unmotivierend sein.

14.3 Sprachschulen

Weil „Integration von Ausländern" in Dänemark ein wichtiges Thema ist, bietet der dänische Staat subventionierte Sprachkurse für Zuzügler an, die in Dänemark angemeldet sind. Das Ziel ist, ein ausreichendes Sprachniveau zu erlangen, um in einer Ausbildung, in einem Job und als Bürger zurechtzukommen.

Wichtig
Melden Sie sich wegen eines Sprachkurses kurz nach Erhalt der CPR-Nummer (siehe Kapitel 7.2) bei Ihrer Kommune. Dort werden Sie voraussichtlich an eine Schule verwiesen und der Schule gemeldet. Manchmal reicht es auch, direkt zu einer Sprachschule zu gehen.

Zu beachten
Um einen Sprachkurs zu beginnen, reicht es nicht, dass die Kommune Sie der Schule meldet. Sie müssen selbst aktiv werden und sich bei der Sprachschule für einen Einstufungstest anmelden, sonst warten Sie vergeblich! Erst nach dem Einstufungstest sind Sie im System der Sprachschule und können einer Klasse zugeordnet oder auf eine Warteliste gesetzt werden.

Viele Kommunen haben mehrere Schulen zur Auswahl. Möchten Sie den Kurs an einer bestimmten Schule besuchen, wird versucht, Ihrem Wunsch nachzukommen. Alle Sprachschulen sind über den Link *(L196) http://www.vidar.dk/vidar/vid pubre.nsf/a0e6d0cbf42c9711c12570810048580f/1fc5bf037e8dcb45c1256dd0004 f6832!OpenDocument* mitsamt Kontaktinformationen einzusehen, die auch im Kapitel 23.6 zusammengefasst sind.

Wenn es mehrere Alternativen gibt, hilft vorheriges Informieren über die verfügbaren Schulen, deren Profile und pädagogischen Konzepte, um die richtige Wahl zu treffen. Versuchen Sie von anderen Expats mehr über die Unterrichtsmethoden der Schulen zu erfahren. In meinem Fall gab es 2 Möglichkeiten: „Studieskolen" oder „KISS". „KISS" verfolgte ein fast militärisches Konzept, das für mich ein Fiasko gewesen wäre, für andere jedoch hat es gepasst – sie sind mit der Methode gut zurechtgekommen und haben gut und schnell Dänisch gelernt.

14.3.1 Kursarten

Je nach Ausbildungsgrad der Teilnehmer werden unterschiedliche Kurspfade angeboten:

–   Dansk 1 ist für diejenigen, die lateinische Buchstaben nicht lesen/schreiben können. Dieser Kurs wird mit der Prøve i Dansk 1 (Prüfung in Dänisch 1) abgeschlossen.

–   Dansk 2 ist für diejenigen, die eine kurze Schul-/Ausbildungszeit im Heimatland hatten, und wird mit Prøve i Dansk 2 (Prüfung in Dänisch 2) abgeschlossen.

–   Dansk 3 ist für diejenigen, die eine mittlere/lange Ausbildungszeit im Heimatland hatten, und wird mit Prøve i Dansk 3 (Prüfung in Dänisch 3) abgeschlossen. Nach Bestehen dieser Prüfung gibt es die Möglichkeit, weitere Kurse zu besuchen, um die Studieprøve (Studienprüfung) abzulegen. Damit kann ein Studium *auf Dänisch* an einer dänischen Hochschule besucht werden.

Jeder der Sprachkurspfade ist in der Regel in 6 Module aufgeteilt, wobei jedes Modul gewöhnlich 2 Abschnitte von je 6 Wochen beinhaltet. Am Ende eines jeden

Moduls wird ein Modultest abgelegt, mit Hilfe dessen entschieden wird, ob die erworbenen Sprachkenntnisse für das nächste Modul ausreichen. Wenn nicht, kann die aktuelle Stufe wiederholt werden.

Prøve i Dansk 1 und 2 wird nach Durchlaufen von 6 Modulen abgelegt.
Prøve i Dansk 3 wird nach 5 Modulen abgelegt, danach folgt Modul 6 für Teilnehmer, die die Studieprøve ablegen wollen.
Alle diese Prüfungen haben sowohl schriftliche als auch mündliche Teilprüfungen, wobei sie je nach Prüfung eine unterschiedliche Gewichtung bei der Bewertung haben.

Es folgt nun eine kurze Erklärung zum Ablauf der Prøve i Dansk 3 (Prüfung in Dänisch 3), denn die meisten Leser dieses Buches werden in diese Kategorie fallen:
Der schriftliche Test soll das Lese- und Schreibverständnis prüfen und besteht aus 3 Teilproben. Bei der ersten sollen innerhalb einer ziemlich eng bemessenen Zeit Fragen zu einem längeren Text kurz beantwortet werden. Im zweiten Teil soll in einem Text auf Haltungen und komplexere Fragestellungen eingegangen werden. Im dritten Teil muss ein Text zu einem bestimmten Thema geschrieben werden, etwa 200–300 Wörter. Die schriftliche Prüfung dauert etwa 3 Stunden, wobei es zwischen den Teilprüfungen Pausen gibt.
Die mündliche Prüfung wird zu einem späteren Datum *paarweise* abgelegt. Es sind 4 Abschnitte abzuhandeln: zuerst das Halten eines Monologs zu einem vorher festgelegten Thema. Der Monolog kann vorbereitet werden. Dann ein „Interview", in dem Sie Fragen des Prüfers zu dem Gesagten beantworten. Danach werden sich die 2 Prüfungsteilnehmer über ein Thema austauschen, um anschließend Fragen des Prüfers zu dem Gesagten zu beantworten. Es sei gleich gesagt, dass die mündliche Prüfung nur 10–15 Minuten dauert, wodurch das Ganze viel entspannter klingt.
Wenn Sie vor der Prüfung Sprachkurse besuchen (sie können die Prüfungen auch ohne ablegen), so werden Sie die Möglichkeit haben, anhand von Prüfungen aus Vorjahren zu üben.

Die Ergebnisse der Prøve i Dansk 1, 2 bzw. 3 und Studieprøve dokumentieren Ihre Kenntnisse in der dänischen Sprache. Diesen Nachweis brauchen Sie, wenn Sie eine permanente Aufenthaltsgenehmigung oder die Staatsbürgerschaft beantragen oder wenn Sie ein Studium auf Dänisch machen wollen.

14.3.2 Kosten

Die Teilnahmekosten für Ihre Sprachkurse sind für 3 Jahre ab dem Zeitpunkt Ihrer Anmeldung in Dänemark für CPR-Besitzer subventioniert. Danach müssen die gesamten Kosten selbst getragen werden – und das kann teuer werden.

Die Selbstbeteiligung der Teilnehmer während der 3 Jahre variiert je nach Kommune. Es handelt sich aber immer um einen geringen Betrag. Die aktuelle Richtgröße liegt bei etwa 500 DKK (67 EUR) pro Modulabschnitt oder für ein ganzes Modul. Manche Kommunen erstatten bei bestandener Modulprüfung die Kosten, einige Kommunen bieten die Prüfungen kostenlos an, andere wiederum nicht. Die genauen Konditionen müssen deshalb von Ihrer jeweiligen Kommune erfragt werden.

14.3.3 Kursumfang

Je nach Schule können Sie gewöhnlich aus mehreren Optionen auswählen: Morgen-, Abend- sowie Intensivklassen, mit unterschiedlicher Frequenz (2-, 3-, 4- bis 5-mal die Woche) und mit unterschiedlicher Stundenanzahl pro Kurstag. Gewöhnlich gibt es Kurse, die einen geregelten Job neben dem Sprachkurs ermöglichen.

Entsprechend der dänischen Integrationspolitik (siehe Kapitel 2.3) sind die Sprachkurse für Ausländer mit Auflagen verbunden, damit die Teilnehmer die Sprache so schnell wie möglich erlernen, um schnell Arbeit zu finden. Deshalb ist das Programm so konzentriert und streng gestaltet und hat den Fokus auf Lese-, Versteh-, Sprech- und Schreibfähigkeiten. Es wird vorausgesetzt und *eingefordert*, dass die Teilnehmer die Kurse regelmäßig besuchen und ihre Hausaufgaben machen – sonst droht Ausschluss von der subventionierten Leistung. Und das ist keine leere Drohung, sondern wird in vielen Schulen ernsthaft durchgesetzt. Doch wenn Sie einen verantwortungsvollen Job haben, werden Ihre Prioritäten ganz klar woanders liegen: Wenn bei der Arbeit wichtige Termine und Aufgaben anstehen, werden Sie Ihren Sprachkurs ausfallen lassen müssen, wodurch Sie schnell die maximale Anzahl an Fehlstunden erreichen und von der Schule verwiesen werden.

Einen Sprachkurs parallel zu einem Vollzeitjob zu besuchen, kann hart werden, denn das Mindestprogramm ist zurzeit 2 x 3 Stunden pro Woche, wobei Hausaufgaben hinzukommen. Das ganze Pensum wird Ihre Freizeit stark einschränken. Zum Glück können Sie innerhalb der 3 Jahre Pausen zwischen den Modulen einlegen, so dass Sie etwas auftanken können. Eventuell können Sie auch mit Ihrem Arbeitgeber vereinbaren, dass Ihnen gewisse Freiräume zum Erlernen der Sprache zugestanden werden, denn es ist schließlich auch im Sinne der Firma, wenn Sie Dänisch können.

Das geschilderte Sprachschulmodell ist natürlich sinnvoll für alle, die in Dänemark bleiben wollen, jedoch nicht wirklich für diejenigen, die mit einem Dreijahresvertrag nach Dänemark kommen und die Sprache in der verfügbaren Zeit kaum ausreichend erlernen werden. Viele geben deshalb schon früh auf, mit dem Ergebnis, dass sie innerhalb der 3 Jahre keine wirkliche Aufnahme in die Gemeinschaft finden und nach den 3 Jahren den Aufenthalt in Dänemark nicht verlängern werden. Dieses Problem wurde erkannt, und es wird sich zeigen, ob die Sprachkurse flexibler gestaltet und die Fokusgruppen differenziert werden.

15 Verkehr und Transport

Ein Auto ist in Dänemark ein teurer Luxus, und viele, die nach Dänemark ziehen, werden sich die gleichen Fragen stellen: Was macht ein Auto so teuer? Welche Kosten sind zu erwarten? Welche anderen Möglichkeiten für einen fahrenden Untersatz gibt es?

In diesem Kapitel werden die wichtigsten Aspekte rund ums Auto erklärt: wie Sie vorgehen müssen, falls Sie Ihr Auto aus dem Ausland mitbringen wollen, Alternativen dazu, andere infrage kommende Transportmittel etc.

15.1 Auto

Zuerst ein paar wichtige Basisinformationen rund ums Auto (<u>bil</u>):
Falls nicht anders angegeben, sind die Geschwindigkeitsbegrenzungen wie folgt:

– in Städten: 50 km/h
– auf Landstraßen: 80 km/h
– auf Autobahnen: 130 km/h

Die Promillegrenze liegt bei 0,5%.

Radarfallen befinden sich oft in Autos vom Typ Transporter oder Kleinbus mit weißen Nummernschildern, die am Straßenrand stehen. Aber oft werden die Geschwindigkeiten von Polizisten vom Straßenrand oder von Brücken gemessen sowie aus Autos mit „Laserpistolen". Und seit Anfang 2009 sind auch stationäre Radarkontrollen eingeführt worden.

Obwohl Fahrradfahrer nicht überall Vorfahrt haben, sind Sie oft gegenteiliger Meinung. Achten Sie deshalb immer auf sie – es wird Ihnen Ärger ersparen, denn falls es zu einem Unfall mit einem Fußgänger oder Fahrradfahrer kommt, haftet immer die Versicherung des Autofahrers, egal, wer den Unfall verschuldet hat. Besonders in Städten fahren viele Menschen mit dem Fahrrad zur Arbeit, wodurch es in Stoßzeiten zu dichtem Fahrradverkehr kommt. Das behindert Rechtsabbiegen mit dem Auto (wegen der vielen Fahrräder) fast genauso wie Linksabbiegen (wegen der Ampelschaltung).

Autos müssen immer Licht eingeschaltet haben – auch tagsüber! Bei in Dänemark gekauften Autos ist der Lichtschalter mit der Zündschaltung verbunden, so dass beim Autostart das Licht automatisch eingeschaltet wird. Bei einem eingeführten Auto sollten Sie dies möglichst einstellen lassen, um die Gefahr einer Strafe von 500 DKK (67 EUR) zu umgehen, wenn Sie das Einschalten des Lichtes vergessen. Eine Werkstatt kann diese Kopplung schnell durchführen.

Empfehlungen:

– Beachten Sie unbedingt die Verkehrsregeln, denn die Strafen sind hoch. Siehe Kapitel 15.3. Beachten Sie auch die Parkbestimmungen, sonst drohen Ihnen hohe Parkgebühren. Siehe dazu Kapitel 15.1.8.

– Stellen Sie sicher, dass Ihr Führerschein für das Fahren in Dänemark gültig ist, sonst kann das ebenfalls teuer werden. Siehe dazu Kapitel 15.1.7.

– Denken Sie immer daran, nach Fahrradfahrern Ausschau zu halten, wenn Sie einen Fahrradweg kreuzen. Besondere Vorsicht ist in der dunkeln Jahreszeit geboten.

– Überlegen Sie sich gut, ob Sie Ihr Auto nach Dänemark mitbringen wollen. Meist lohnt es sich nicht. Es läuft viel reibungsloser ab, wenn Sie Ihr altes Auto im Heimatland verkaufen und sich eines in Dänemark kaufen. Siehe dazu Kapitel 15.1.1.

Wenn Sie ein Auto in Dänemark haben wollen, gibt es entweder die Möglichkeit, eines in Dänemark zu kaufen oder Ihr bisheriges mitzubringen. Im Folgenden werden beide Optionen gegeneinander abgewogen. (Hinweis: Alle hier gegebenen Informationen beziehen sich nur auf Autos zum Privatgebrauch.)

Vielleicht haben Sie davon gehört, dass ein Auto mit gelben Nummernschildern billiger ist, und überlegen sich, ob Sie damit die Zulassungsschmerzen etwas lindern können. Lesen Sie dazu Kapitel 15.1.2.B.

Nicht zuletzt werden 2 weitere Optionen vorgestellt, die bei einem Umzug nach Dänemark interessant sein könnten: Firmenauto (siehe Kapitel 15.1.5) und Carsharing (siehe Kapitel 15.1.6).

15.1.1 Kaufen oder mitbringen?

Nach maximal **14 Tagen** nach Ihrer Anmeldung in Dänemark dürfen Sie *kein* Auto mit ausländischen Nummernschildern mehr fahren. Einzige Ausnahme: wenn der Besitzer des Autos neben Ihnen sitzt und dieser nicht fest in Dänemark wohnt.

Nun werden Sie vielleicht denken: ‚Was ist, wenn ich es trotzdem tue? Wie sollte die Polizei das je herausbekommen? Bei einer Kontrolle könnte ich ja Tourist spielen.' Obwohl es ab und zu Polizeiaktionen gibt, bei denen alle Autos mit ausländischen Nummernschildern angehalten und überprüft werden, werden Zuwiderhandelnde oft von anderen angezeigt, die es nicht mögen, wenn Vorteile erschlichen werden. Sollten Sie erwischt werden, sind die Nachzahlungen und Strafen drastisch.

Doch was ist es eigentlich, was ein Auto in Dänemark so teuer macht? Es sind nicht die Preise der Autos selbst, sondern die hohen Zulassungsgebühren (registreringsafgift). Diese sind bei einem *neuen* Auto: 105% auf die ersten 79.000 DKK (10.534 EUR) und 180% auf den Rest des Autopreises. (Hinweis: Diese Angaben sind die Berechnungsgrundlage für das Jahr 2009, die jederzeit wieder geändert werden kann.) Mehr Infos sind unter *(L197) http://www.tax.dk/pjecer/registreringsafgift.htm* zu finden.

Entscheidungshilfen

1. Auto in Dänemark kaufen
Finden Sie heraus, zu welchem Preis Sie ein Auto Ihrer Wahl in Dänemark kaufen könnten (siehe dazu Kapitel 15.1.1.A). Finden Sie heraus, zu welchem Preis Sie Ihr Auto in Ihrem Land verkaufen könnten. Berechnen Sie die Differenz.

2. Ihr Auto mitbringen
Finden Sie heraus, was die Zulassung Ihres Auto in Dänemark kosten würde. Kapitel 15.1.1.B. und 15.1.2. geben Ihnen hierzu Hilfestellung. Rechnen Sie noch weitere Kosten von etwa 5.000–10.000 DKK (666–1.333 EUR) für Fahrtauglichkeitsprüfung, Nummernschilder etc. hinzu.

Vergleichen Sie die Differenz von Punkt 1 mit den Kosten von Punkt 2. Wenn der Unterschied nicht sehr groß ist, sollten Sie auf alle Fälle Option 1 wählen. Sie werden sich viel Arbeit und Nerven sparen, besonders da Sie wahrscheinlich noch kein Dänisch sprechen.

Bedenken Sie auch die Möglichkeit, dass Ihnen die Zulassung zu teuer sein könnte und Sie das Auto wieder in Ihr Land fahren werden müssen, um es dort zu verkaufen. Das kostet wieder Zeit und Geld.

Wenn Ihr Auto ein übliches Modell ist, ist ganz klar Option 1 vorzuziehen. Wenn Sie jedoch ein besonderes Modell mit Sonderausstattungen haben, könnte sich *eventuell* Option 2 lohnen. Prüfen Sie unbedingt, welche Rabatte die Autohäuser in Dänemark für ein ähnliches Auto anbieten, denn zurzeit werden Kunden mit vielen Vergünstigungen gelockt.

A. Ein Auto in Dänemark kaufen

Falls Sie sich dazu entschließen, ein Auto in Dänemark zu kaufen, wird sich die Frage stellen, ob es ein neues oder ein gebrauchtes Auto werden soll. Sie sollten unbedingt die Preise gegenüberstellen, denn Autohändler bieten für neue Autos oft Sonderpreise und Boni an, um deren Absatz anzuspornen, so dass Sie mit einem gebrauchten Auto einen möglicherweise schlechteren Handel machen.

Sonderausstattungen, die ein Auto sicherer oder umweltfreundlicher machen (z. B. Airbag, ABS, ESP, geringer Spritverbrauch und dementsprechend geringere Umweltbelastung), können die Zulassungskosten sogar verringern.

Autos werden in Dänemark nicht so oft gewechselt (vermutlich wegen der hohen Autopreise) und der Wert der Autos fällt viel langsamer, als Sie es möglicherweise aus Ihrem Heimatland her kennen. Wiederum fällt der Wert in den ersten 3 Jahren schneller als danach. Wenn Sie ein gebrauchtes Auto kaufen wollen, kann es deshalb vorteilhaft sein, eines zu kaufen, das älter als 3 Jahre ist.

Sie sollten sich unbedingt auch bei weiter entfernt liegenden Autohändlern umsehen, denn Flexibilität kann sich hier auszahlen.

Gute Internetadressen (alle nur auf Dänisch), um sich über neue und gebrauchte Autos in Dänemark zu erkundigen, sind:

- *(L198) http://www.bilbasen.dk*
- *(L199) http://bilpriser.dk*
- *(L200) http://bilzonen.dk*
- *(L201) http://www.sol.dk*

> **Zu beachten**
> Im Autopreis sind die Zulassungsgebühr und im Normalfall auch 25%
> Mehrwertsteuer (<u>moms</u>) enthalten.

B. Ihr Auto mitbringen

Falls Sie Ihr Auto mitbringen wollen, sollten Sie auf alle Fälle prüfen, ob sich das
lohnt, denn in vielen Fällen ist es billiger, das alte Auto im Heimatland zu verkaufen und sich eines in Dänemark zu kaufen.

Fallen Zoll und Steuern an?

Wenn Sie aus einem EU-Land umziehen, kommen diese Kostenpunkte normalerweise nicht zum Tragen. Wenn Sie von außerhalb der EU nach Dänemark ziehen
und das Auto zu Ihrem Umzugsgut gehört, werden in der Regel kein Zoll und
keine Steuern erhoben, wenn Sie länger als 12 Monate in dem vorherigen Land
angemeldet waren und das Auto länger als 6 Monate in Ihrem Privatbesitz war.
Sie haben jedoch Limitierungen für die ersten 12 Monate nach der Zulassung in
Dänemark und dürfen es nicht verkaufen, vermieten oder geschäftlich nutzen.
Details können Sie über den Link *(L202) http://www.skat.dk/SKAT.aspx?old=134402
&vId=201975* erfahren.

Zulassung

Für die Zulassung eines mitgebrachten Autos sind folgende Schritte durchzuführen:

1. Fahrtauglichkeitsprüfung (<u>bilsyn</u>)
2. Autoversicherung (<u>bilforsikring</u>)
3. Zulassung (<u>registrering</u>)
4. Nummernschilder (<u>nummerplader</u>)

Danach ist Ihr Auto für den Gebrauch in Dänemark geeignet.

Bzgl. 1: Fahrtauglichkeitsprüfung (<u>bilsyn</u>)

Bevor ein Auto in Dänemark angemeldet werden kann, muss es erst bei einer zertifizierten Werkstatt auf seine Fahrtauglichkeit untersucht werden. Verlangen Sie

239

einen registreringssyn (Überprüfung zur Zulassung). Bei der Überprüfung wird ein Fahrtauglichkeitsbericht (bilsynsrapport) angefertigt, der für die Zulassung bei der Steuerbehörde SKAT vorgelegt werden muss.

Folgende Unterlagen sind notwendig:

– Fahrzeugschein

– ausgefülltes Formular: *(L203) http://www.fstyr.dk/graphics/synkron-library/ faerdselsstyrelsen/Dok/Blanketter/Omsyn-syn/MO2A.pdf*

In dem obigen Formular wird nach Extraausstattung gefragt. Diese kann sich positiv auf den Zulassungspreis auswirken, weil für ein sichereres Auto (ABS, ESP, Airbag) unter Umständen eine niedrigere Registrierungsgebühr erhoben wird.

Wenn das Auto den dänischen Normen entspricht, wird Ihnen ein Bericht ausgehändigt, in dem der Zustand Ihres Autos in niedrig/mittel/hoch eingestuft wird. Diese Beurteilung hat auf die Zulassungskosten Einfluss: Eine Mittel- bzw. Hoch-Einstufung zieht etwa 5 bzw. 10% höhere Zulassungskosten nach sich als eine Niedrig-Einstufung.

Werden bei der Untersuchung Mängel entdeckt, müssen diese beseitigt werden. Falls das Auto nicht den EU-Normen entspricht und nicht die notwendigen dänischen Standards erfüllt, müssen Sie notwendige Umbauten oder Aufrüstungen durchführen lassen. Sollten Sie weiterhin an der Zulassung Ihres Autos festhalten, so müssen Sie nach der Behebung der Mängel eine Nachuntersuchung durchführen lassen, um den Fahrtauglichkeitsbericht zu bekommen.

Die Kosten für die Fahrtauglichkeitsprüfung variieren von Werkstatt zu Werkstatt. Die preiswerteren Werkstätten sind „Pava Bilsyn" und „FDM", gefolgt von „Applus+", wobei der Preis für ein bilsyn bei etwa 500 DKK (67 EUR) und für eine Nachuntersuchung (omsyn) bei etwa 300 DKK (40 EUR) liegt.

Eine Auswahl von Adressen für zertifizierte Werkstätten, in denen Sie eine Fahrtauglichkeitprüfung durchführen lassen können, sind im Kapitel 23.5 angegeben.

Bzgl. 2: Autoversicherung (bilforsikring)
Sie sollten besser schon vor der Zulassung Ihre Autoversicherung (forsikringsbevis til brug for indregistrering) abklären, denn Sie werden eine gültige Versicherung vorlegen müssen, um Ihre Nummernschilder ausgehändigt zu bekommen (siehe dazu Kapitel 15.1.4).

Bzgl. 3: Zulassung (registrering)

Die verschiedenen Möglichkeiten werden in einem eigenen Unterkapitel, Kapitel 15.1.2, beleuchtet.

Bzgl. 4: Nummernschilder (nummerplader)

Ihre Nummerschilder bekommen Sie bei der Steuerbehörde SKAT. Dort müssen Sie eine Autoversicherung nachweisen. Kostenpunkt (Stand 2009) für die Nummernschilder: 1.180 DKK (185 EUR).

Zu beachten

Wenn Sie einen Fahrradträger am hinteren Teil des Autos anbringen und dadurch das Nummernschild verdeckt wird, so sollten Sie nicht in guter Absicht ein Schild mit der Hand schreiben. Das kann als Fälschungsversuch (!) geahndet werden. Nur offizielle Nummernschilder sind erlaubt. Deshalb lassen Sie sich für diesen Fall ein einzelnes, rot beziffertes Nummernschild ausstellen, das etwa 110 DKK (15 EUR) kostet. Außerdem müssen Sie einen Nummernschildhalter mit Beleuchtung am Fahrradträger anbringen.

15.1.2 Zulassungsalternativen

Ein Auto für den Privatgebrauch wird gewöhnlich mit weißen Schildern ausgestattet. Doch können Autos mit einer gewerblichen Zulassung (mit gelben Nummernschildern) auch zu privaten Zwecken genutzt werden. Diese Zulassung ist billiger, Sie müssen jedoch entscheiden, ob es eine sinnvolle Option für Sie ist. Die beiden Optionen werden nun genauer unter die Lupe genommen.

A. Weiße Nummernschilder

–   Wenn Sie ein Auto bei einem Autohändler in Dänemark kaufen, so wird Ihnen das Auto in der Regel angemeldet übergeben, und Sie müssen nichts tun.

–   Wenn Sie es von einer Privatperson kaufen, das Auto aber noch angemeldet ist, müssen Sie es ummelden. Dafür ist eine Fahrtauglichkeitsprüfung nur dann erforderlich, wenn die letzte schon mehr als 2 Jahre zurückliegt. Da angemeldete Autos ihre Nummernschilder noch haben, müssen Sie bei der „Nummernschildstelle" (motorkontoret) bei SKAT (siehe Adressen in Kapitel 23.4) nur einen Versicherungsnachweis vorzeigen und das Anmeldungsformular „anmeldelsesblanketten" ausfüllen, das vor Ort zu haben ist. Die Ummeldung kostet 350 DKK (47 EUR) – statt 1.180 DKK (158 EUR) für neue Schilder. Falls der Vorbesitzer seine Schilder behalten will, müssen Sie neue kaufen (siehe Kapitel 15.1.1, Nr. 4).

Für ein unangemeldetes dänisches Auto müssen Sie dieselben 4 Schritte durchführen wie bei einem mitgebrachten Auto (siehe Kapitel 15.1.1.B).

Wollen Sie ein mitgebrachtes ausländisches Auto mit weißen Nummernschildern anmelden, betragen die Zulassungskosten etwa **60–65% des dänischen Autowertes**. Wie hoch dieser Wert ist, können Sie am Anfang noch nicht wissen – deshalb können Sie auch die Zulassungskosten noch nicht abschätzen. Um dies in Erfahrung zu bringen, gibt es 2 Möglichkeiten: Einerseits können Sie sich eine schriftliche Vorabschätzung von der Steuerbehörde SKAT schicken lassen. Dafür füllen Sie das folgende Formular aus: *(L204) http://www.skat.dk/Blanketter/21009EN.pdf* und senden es zu SKAT. Nachteil ist, dass eine Antwort mehrere Wochen dauert.

Eine andere Möglichkeit ist folgender Link: *(L205) http://www.bilpriser.dk/zipcode.do?type=levy*, vorausgesetzt, das Auto ist nicht älter als 1996. Auf dieser Webseite können Sie zahlreiche Kriterien angeben (Erstzulassung, Typ, Zustand, Sonderausstattung, Verbrauch) und bekommen einen ziemlich guten Schätzwert der Zulassungskosten.

Doch letztendlich hat nur SKAT selbst die genaue Antwort, und dafür müssen Sie eine SKAT-Stelle aufsuchen. Informationen über Adressen und Öffnungszeiten: siehe Kapitel 23.4.

Folgende Informationen sind für die Zulassung bei der SKAT-Stelle vorzulegen:
- Fahrtauglichkeitsbericht (bilsynsrapport)
- Fahrzeugschein
- ausgefülltes Formular: *(L206) http://www.skat.dk/Blanketter/21009EN.pdf*

Um den dänischen Autowert zu bestimmen, suchen SKAT-Mitarbeiter in verschiedenen Listen nach dem versteuerbaren Wert eines vergleichbaren Autos. Darauf basierend werden Ihre Zulassungskosten berechnet.

Es hat Vorteile, wenn Ihr Auto ein in Dänemark häufig anzutreffendes Modell ist, denn wegen Angebot und Nachfrage ist der Durchschnittspreis solcher Autos niedriger. Oder Ihr Auto ist ein selteneres, dafür aber teures Modell mit Sonderausstattung, das am besten älter als 6 Jahre ist, weil bei diesen Autos die Sonderausstattung als abgeschrieben gilt und bei der Bestimmung des Autowertes (und demnach der Zulassungsgebühr) nicht mehr ins Gewicht fällt.

Normalerweise will niemand bei der Steuerbehörde Ihr Auto sehen. Falls Sie jedoch Unzulänglichkeiten geltend machen wollen, um den Wert und somit die Zulassungsgebühr zu mindern, sollten Sie das Auto dabeihaben. Ein Sachverständiger wird sich dann das Auto ansehen und entscheiden, ob Ihre Einwände berechtigt sind. Wenn Sie Glück haben, bekommen Sie etwas Nachlass. Machen Sie sich aber keine großen Hoffnungen.

Falls Sie mit der von SKAT festgelegten Zulassungsgebühr einverstanden sind, können Sie das Auto gleich anmelden – oder es sich noch einmal durch den Kopf gehen lassen – und innerhalb eines Monats zu dem von SKAT genannten Preis anmelden, ohne die ganze Prozedur noch einmal durchlaufen zu müssen.

Zu beachten

Die Zulassungsgebühr müssen Sie in *bar* entrichten oder über einen Bankscheck (banknoteret check) bezahlen. Dieses ist wohl einer der seltenen Fälle, wo die Macht der Dankort (dänische Bankkarte) gebrochen ist.

Falls Sie nur eine begrenzte Zeit in Dänemark sind, gibt es eventuell die Möglichkeit, die Zulassungsgebühr monatlich über die Zeit Ihres Aufenthaltes abzuzahlen. Dafür müssen Sie bei SKAT Ihren Arbeitsvertrag vorlegen, aus dem Ihre Aufenthaltsdauer klar hervorgeht. In Abhängigkeit davon wird entschieden, welche Zahlungsmethode man Ihnen gewährt.

B. Gelbe Nummernschilder

Wenn Ausländer von ermäßigten Zulassungsgebühren bei Autos mit gelben Nummernschildern hören, so herrscht reges Interesse, denn wer wollte nicht eine kostengünstigere Alternative für die hohen Zulassungskosten nutzen? Doch wie die folgenden Ausführungen zeigen werden, sind Autos mit gelben Nummernschildern nur für die allerwenigsten eine wirkliche Option!

Üblicherweise sind Autos mit gelben Nummernschildern Transportfahrzeuge für Firmen. Sie haben nur vorn 2 Sitze, und der hintere Raum ist zum Warentransport oder als Werkzeugraum umgebaut. Unter Umständen ist es jedoch erlaubt, dass auch Privatpersonen ein Auto mit gelben Nummernschildern zulassen können – vorausgesetzt, das Auto wird zu einem Transportfahrzeug umgebaut. Da der hintere Teil des Autos für den Personentransport unbrauchbar wird, ist diese Möglichkeit nur für Personen interessant, die gewöhnlich allein, höchstens zu zweit fahren und oft viel Gepäck transportieren müssen. Ob das für Sie wirklich eine Option ist, sollten Sie sich überlegen: Sie sparen zwar etwas bei der Zulassungsgebühr, haben jedoch nur noch ein „halbes" Auto.

Die Webseite *(L207) http://www.skat.dk/SKAT.aspx?thisID=1658414.202245&max=1* hält mehr Informationen auf Dänisch bereit.

Autos mit gelben Nummernschildern können bei Autohändlern und im Internet gekauft werden über (alle Seiten nur auf Dänisch):

- *(L208) http://www.bilbasen.dk*
- *(L209) http://bilpriser.dk*
- *(L210) http://bilzonen.dk*
- *(L211) http://www.sol.dk*

Zu beachten

Da es sich normalerweise um Firmenautos handelt, bei denen die Mehrwertsteuer abgesetzt werden kann, sind die Preise bei Händlern oft ohne Mehrwertsteuer (<u>uden moms</u>) angegeben, und Sie müssen für einen Privatkauf 25% zu dem angegebenen Preis hinzurechnen. Wenn Sie äußerst günstige Preise für Autos mit gelben Nummernschildern sehen, so bedenken Sie, dass möglicherweise die Mehrwertsteuer (<u>moms</u>) nicht angegeben ist.

Sollten Sie ein Auto mit gelben Nummernschildern zulassen wollen, so müssen folgende Bedingungen erfüllt sein:

- Das Gewicht des Autos muss höher als 750 kg betragen.

- Die hinteren Sitze müssen aus- und stattdessen muss eine Warenfläche eingebaut sein.
- Die hinteren Sicherheitsgurte und Fensterheber müssen ausgebaut sein.
- Hinter dem Fahrersitz muss ein Warennetz angebracht sein.

Die Umbauten werden in Werkstätten vorgenommen. Oft haben die Werkstätten Umbausätze (ombygningssæt) für mehrere Automodelle, wodurch die Umbaukosten geringer werden. Nach dem Umbau muss das Auto bei einer zertifizierten Werkstatt (siehe Kapitel 15.1.1.) eine Fahrtauglichkeitsprüfung (bilsyn) bestehen, dabei wird auch geprüft, ob der Umbau richtig vorgenommen worden ist. Mit diesem Bericht können Sie zur Zulassungsstelle gehen.

Die Zulassungsgebühr wird bei **neuen** Autos mit gelben Nummernschildern (entsprechend der Berechnungsgrundlage für 2009) wie folgt berechnet (siehe auch: *(L212) http://www.skm.dk/tal_statistik/satser_og_beloeb/228.html)*:

- bei einem Autogewicht unter 2,5 t: 0% auf die ersten 16.900 DKK (2.254 EUR) und 50% auf den Rest des Autopreises
- bei einem Autogewicht über 2,5 t: 0% auf die ersten 34.100 DKK (4.547 EUR) und 30% auf den Rest des Autopreises, bei Autos über 3 t jedoch höchstens 56.800 DKK (7.574 EUR)

Mehr Informationen sind unter *(L213) http://www.tax.dk/pjecer/registreringsafgift. htm* zu finden.

Diese Preise hören sich wesentlich besser an als die bei Autos mit weißen Nummernschildern (zur Erinnerung: 105% auf die ersten 79.000 DKK [10.534 EUR] und 180% auf den Rest des Autopreises) – doch ist das noch nicht das Ende der Kostenberechnung.

Weil der Wagen privat genutzt wird, muss zusätzlich zur Zulassungsgebühr auch die Privatbenutzungsgebühr (privatbenyttelses-afgift) gezahlt werden, und die beträgt **pro Jahr** für Autos (Stand 2009):

- bis inkl. 3 t Gewicht: 5.040 DKK (672 EUR)
- zwischen 3 und 4 t Gewicht: 15.000 DKK (2.000 EUR)

Diese Gebühr wird umgangssprachlich auch „Strafgebühr" (straffeafgift) genannt.

245

Ab 2007 musste ein SKAT-Aufkleber (<u>Klistermærke til biler på gule plader</u>) am hinteren Teil des Autos mit gelben Nummernschildern angebracht werden, wenn der Wagen privat genutzt wird. Dieser Aufkleber wird automatisch zugeschickt, ansonsten kann er bei den SKAT-Stellen geholt oder telefonisch bestellt werden.

Autos, die ab 01.01.2009 mit gelben Schildern zugelassen werden, brauchen diesen Aufkleber nicht mehr, bekommen aber sogenannte Papageinummernschilder (<u>papagøjeplader</u>) zum gleichen Preis wie die anderen Nummernschilder. Sie werden „Papageinummernschilder" genannt, weil sie gelb/weiß sind – farbenfroh eben.

Klingt ein Auto mit gelben Nummernschildern noch immer so verlockend wie am Anfang des Kapitels? Auch wenn Sie Ihr Auto maximal zu zweit nutzen wollen, sollten Sie unbedingt durchrechnen, ob sich ein Auto mit gelben Nummernschildern lohnt! Stellen Sie beide Seiten gegenüber und wägen Sie genau ab:

– Umbaukosten
– jährliche Privatbenutzungsgebühr versus niedrigere Zulassungsgebühr
– Beförderung von maximal 2 Personen versus mehr Transportraum
– geringerer Wiederverkaufswert des Autos

Sollten Sie z. B. Ihr Auto 5 Jahre fahren, so würden Sie mindestens 25.200 DKK (3.600 EUR) an Privatbenutzungsgebühren für diese Zeit zahlen. Wie stehen diese Kosten der eingesparten Zulassungsgebühr gegenüber?

Überlegen Sie auch, wie viele Käufer Ihr Auto mit nur 2 Sitzen interessant finden werden und zu welchem Preis Sie es nach z. B. 5 Jahren verkaufen können?

Bei der Betrachtung aller Aspekte wird sich für die meisten Privatpersonen herausstellen, dass die Option nicht wirklich sinnvoll ist. Und jeder kann sich wohl das ungläubige Staunen von Freunden aus der Heimat vorstellen, denen Sie die interessanten Eigenheiten des dänischen Automarktes präsentieren.

15.1.3 Verkauf eines Autos

Wenn Sie ein in Dänemark angemeldetes Auto verkaufen wollen, so können Sie damit zu einem Händler gehen. Er nimmt es eventuell in Zahlung, wenn Sie ein anderes bei ihm kaufen.

Sie können für den Verkauf natürlich auch das Internet nutzen und einen normalen Privatverkauf, z. B. bei *(L214) http://www.bilbasen.dk*, *(L215) http://bilpriser.dk*, *(L216) http://bilzonen.dk* oder *(L217) http://www.sol.dk* (jeweils auf Dänisch), abwickeln.

Eine interessante Alternative ist zudem, das Auto über eine Auktion bei *(L218) http://autocom.dk* (auf Dänisch) zu verkaufen. Sie bestimmen den Mindestpreis und verkaufen es dem Höchstbietenden – wie bei eBay.

Wie viel Ihr Auto noch wert ist, können Sie sich über *(L219) http://bilpriser. dk*, Stichwort „salgsvurdering" (Verkaufsschätzung), ausrechnen lassen. Den Wert können Sie bei den 3 oben genannten Verkaufsoptionen nutzen.

Wenn das Auto jedoch in Dänemark nicht zugelassen ist, so ist es wahrscheinlich sehr schwer, es dort zu verkaufen, außer es verfügt über gesuchte Sonderausstattungen. Händler sind an gebrauchten, unangemeldeten Autos nicht besonders interessiert, denn sie müssen ähnlich hohe Zulassungsgebühren zahlen wie Sie, was sich mit Sicherheit nicht lohnt.

15.1.4 Kraftfahrzeugversicherung

Autoversicherungen gibt es auch in Dänemark eine ganze Menge. Sicherlich sind die folgenden mögliche Adressen:

- Alka Forsikring: *(L220) http://www.alka.dk*
- Codan: *(L221) http://www.codan.dk*
- GF Forsikring: *(L222) http://www.gf-forsikring.dk*
- Topdanmark: *(L223) http://www.topdanmark.dk*
- Tryg: *(L224) http://www.tryg.dk*
  usw.

Die Webseite *(L225) http://www.forsikringsguiden.dk/Bil/Sider/Sporgsmal.aspx? step =1* (nur auf Dänisch) könnte Ihnen bei der Auswahl helfen: Sie geben Ihre Kriterien ein und erhalten die auf Ihre Bedürfnisse abgestimmte Versicherung.

Sie sollten unbedingt auch bei Ihrer Gewerkschaft nachfragen: Oft arbeiten Gewerkschaften mit bestimmten Versicherungen zusammen, weshalb ihre Mitglieder bessere Konditionen bekommen. Manche Arbeitgeber haben auch Absprachen mit Versicherungsfirmen. Oder falls Sie schon Versicherungen bei einer Firma abgeschlossen haben, bekommen Sie eventuell Rabatt für Ihre Autoversicherung. Fragen Sie also bei diesen Stellen nach.

Es ist außerdem zu empfehlen, sich von Ihrer bisherigen Versicherung im Herkunftsland einen Nachweis Ihrer „Schadenfreiheitsklasse" ausstellen zu lassen (am besten auf Englisch), die nach der Anzahl Ihrer schadenfreien Jahre bestimmt wird. Dieser Nachweis wird ggf. bei Ihrer neuen Versicherung in Dänemark berücksichtigt, und Sie erhalten bessere Konditionen.

15.1.5 Firmenauto

Für Arbeitsstellen, für die viele Fahrten zu Lieferanten und Kunden gehören, wird oft ein Firmenauto (firmabil) gestellt, das auch privat verwendet werden kann. Die Privatnutzung wird jedoch als „geldwerter Vorteil" ausgewiesen und muss versteuert werden.

Bevor auf Details zum Firmenauto eingegangen wird, soll eine Option angeführt werden, die für einige Leser ohne Firmenauto interessant sein könnte: Falls Sie mit Ihrem eigenen Auto Fahrten für Ihre Firma durchführen, so müssen diese Kosten (kørselsgodtgørelse) von der Firma zurückerstattet werden. Die Sätze für 2009 lauten wie folgt: für die ersten 20.000 km zahlt die Firma 3,56 DKK (0,48 EUR)/km, danach 1,90 DKK (0,26 EUR)/km. Höhere Sätze müssten versteuert werden. Siehe: *(L226) http://www.fdm.dk/public/biler/okonomi/befordringssatser/be fordringssatser.htm.*

Aber nun zu Firmenautos: Falls Ihre Firma Ihnen diese Möglichkeit bietet, sollten Sie genau ausrechnen, ob sich ein Firmenauto mit Privatbenutzung für Sie lohnt. Grob gesagt tut es das, wenn Sie damit sehr viele Kilometer privat fahren wollen.
    In der Regel läuft es folgendermaßen ab: Ihre Firma schließt für Ihren Firmenwagen einen 3- bzw. 4-Jahresvertrag mit einer Leasingfirma ab. Für die private Nutzung des Firmenautos wird über 3 Jahre Ihr Jahreseinkommen mit dem Wert erhöht, der 25% des Autowertes entspricht. Dieses erhöhte Jahreseinkommen wird entsprechend Ihren Steuersätzen versteuert. Das heißt, kostet das Auto z. B. 200.000 DKK (26.666 EUR) inkl. Zulassungsgebühr, so wird Ihr Jahreseinkommen in den ersten 3 Jahren jährlich um 50.000 DKK (6.666 EUR) erhöht. Manche Firmen bieten auch eine 4-Jahresnutzung an, wobei das Auto im vierten Jahr billiger ist.
    Einige Firmen erwarten eine Selbstbeteiligung des Mitarbeiters.
    Gewöhnlich werden die Kosten für Versicherung, Reparaturen und Instandhaltung, Winterreifen etc. von der Firma übernommen.

Bezüglich Kraftstoff gibt es 2 Modelle:

– Entweder die Benutzung ist all-inclusive, und alle privaten Kraftstoffkosten werden übernommen,

– oder es werden nur die privaten Kraftstoffkosten übernommen, die in Dänemark anfallen. Die Kosten, die für private Fahrten im Ausland anfallen, können Sie jedoch bei Ihrem steuerlichen Jahresausgleich geltend machen.

Es gilt also auszurechnen, wie sich ein Firmenauto auf Ihre Steuern auswirkt. Sie sollten die Kosten im Falle eines Firmenautos den Kosten gegenüberstellen, die Sie haben würden, wenn Sie ein eigenes Auto kaufen, instandhalten und unterhalten würden.

Sollten Sie sich für einen Firmenwagen entscheiden, so müssen Sie mit Ihrem Arbeitgeber abklären, welcher Autotyp oder Autopreis Ihnen zusteht, denn beides kann je nach Position unterschiedlich ausfallen – so dass Ihr Traum von einem Ferrari als Firmenauto möglicherweise nicht in Erfüllung geht.

15.1.6 Andere Möglichkeiten

Für Leute, denen ein eigenes Auto zu teuer ist, könnte Carsharing (delebil) interessant sein. Dafür melden Sie sich als Mitglied bei einer Carsharing-Firma an, zahlen ggf. eine Aufnahmegebühr, evtl. einen Jahresbeitrag. Wenn Sie ein Auto brauchen, buchen Sie es, holen es ab und zahlen einen Betrag pro gefahrenen Kilometer, evtl. zusätzlich Benzin.

Je nach Größe der Firma kann es variieren, wie lange Sie vorher buchen müssen, wie viele Abholstationen es gibt und wie leicht es ist, den Autoschlüssel zu bekommen.

Leider scheint es keine Firma zu geben, die landesübergreifend einen delebil-Service anbietet, und die meisten bieten ihren Service nur in *einer* Stadt an. Hertz Delebilen, *(L227) http://www.delebil.dk*, ist wohl die Firma, die in mehreren größeren Orten vertreten ist. Ob Sie eine Carsharing-Firma in der Nähe haben, können Sie herausfinden, indem Sie im Internet nach „delebil" suchen.

Interessant für Reisende ohne Auto kann auch eine Mitfahrgelegenheit sein (eventuell im Internet über das Suchwort „samkørsel" zu finden). Beispiele von Firmen für Mitfahrgelegenheiten sind: *(L228) http://gomore.dk* oder *(L229) http://www.pendlernet.dk*.

Und natürlich gibt es noch die klassischen, jedoch teureren Möglichkeiten:

- Ein Taxi nehmen: Sie zahlen eine Startgebühr und einen Kilometer- oder Takt-preis und eventuell eine Bestellgebühr.
- Ein Auto mieten: Hier gibt es die bekannten Namen wie „Hertz", „Avis", „Bud-get", aber auch kleinere Firmen, wie z. B. „Lej et lig", *(L230) http://www.lejetlig.dk*, das dänische Pendant zu „Rent a Wreck".

15.1.7 Führerschein

Dieses Kapitel ist besonders für Zuzügler interessant, die nicht aus der EU kommen und sich mittelfristig in Dänemark aufhalten – auf sie könnten größere Kosten für einen Führerschein zukommen. Die Prozedur wird grob erklärt, mehr Details finden Sie unter *(L231) https://www.borger.dk/Emner/dagligtransportogrejser/koere kort/Sider/koerekortiudlandet.aspx* (nur auf Dänisch), aber Ihre genaue Situation müssen Sie beim Bürgerservice (borgerservice) Ihrer Kommune abklären.

1. Mit einem gültigen Führerschein aus der EU, Island, Norwegen oder Liech-tenstein können Sie in Dänemark fahren, bis Sie 70 sind.

2. Ein Führerschein, ausgestellt in Japan, Südkorea, Russland und der Schweiz, kann gegen einen dänischen Führerschein umgetauscht werden, ohne die Führerscheinprüfung abzulegen.

3. Für den Umtausch aller anderen Führerscheine ist eine Führerscheinprüfung notwendig. Auch für US-amerikanische Führerscheine!

Bzgl. 2 + 3 gilt:
Der Führerscheinumtausch muss spätestens nach **2 Wochen** nach Erhalt Ihrer CPR-Nummer angestoßen werden, sonst gibt es drastische Strafen, etwa 5.000 DKK (667 EUR), falls Sie beim Fahren eines Autos in Dänemark erwischt werden.

Für den Besuch beim Bürgerservice brauchen Sie:

- ein Gesundheitsattest von Ihrem Arzt in Dänemark, das etwa 350 DKK (47 EUR) kostet

- ein Foto, bei dem genaue Kriterien beachtet wurden: Mund zu, beide Augen sichtbar und zur Kamera gerichtet usw., Beispiel: *(L232) http://www.politi.dk/ da/borgerservice/korekort/udenlandsk_koerekort/*
- Original des Führerscheins und eine beglaubigte englische Übersetzung
- gültigen Pass
- Ihre Aufenthaltsgenehmigung und CPR-Nummer

Der Umtausch kostet 260 DKK (35 EUR) (Stand 2009).

Bzgl. 3 gilt *zusätzlich*:
Für eine Führerscheinprüfung haben Sie im Normalfall 2 Monate Zeit und können evtl. eine Verlängerung erhalten, falls diese Zeit nicht ausreicht. Bis Sie einen dänischen Führerschein bekommen, wird Ihnen ein temporärer ausgestellt.

Sie müssen sowohl eine theoretische als auch eine Fahrprüfung ablegen. Dabei werden eine Reihe von Kosten anfallen:

- Falls Sie die erste Theorieprüfung nicht bestehen, kostet jeder weitere Versuch 870 DKK (116 EUR). Da die Prüfung auf Dänisch ist, werden Sie eventuell einen Übersetzer brauchen. Es wird empfohlen, vor der Theorieprüfung einige Theoriestunden bei der Fahrschule zu nehmen.
- Sobald Sie die Theorieprüfung bestanden haben, können Sie bei einer Fahrschule die Fahrprüfung ablegen. Es wird empfohlen, davor einige Fahrstunden zu nehmen. Für die Fahrprüfung brauchen Sie ggf. auch einen Übersetzer. Wahrscheinlich werden Sie ein Auto mieten müssen.

Damit Sie eine grobe Vorstellung haben, hier ein Beispiel eines Expats, der alle Prüfungen auf Anhieb bestanden hat. Kostenpunkt: über 4.500 DKK (600 EUR) (bei mehr Prüfungen werden auch die Kosten steigen). Diese Kosten haben sich folgendermaßen zusammengesetzt:

- Gesundheitsattest und Übersetzungskosten für den Führerschein: 610 DKK (82 EUR)
- Foto: 80 DKK (11 EUR)
- 2 Theoriestunden bei der Fahrschule und Online-Tests: 1.300 DKK (174 EUR)
- Übersetzer für den Theorietest: 400 DKK (54 EUR)
- 1 Fahrstunde: 700 DKK (94 EUR)
- Mietauto für die Fahrprüfung: 900 DKK (120 EUR)
- Übersetzer für die Fahrprüfung: 550 DKK (74 EUR)

Einige Fahrschulen bieten die ganze Prozedur auf Englisch an, aber davon gibt es nur wenige, weshalb Sie lange Wartezeiten in Kauf nehmen müssen. Fragen Sie bei einer Fahrschule in Ihrer Nähe nach, wo es eine Möglichkeit gibt, die Fahrprüfung auf Englisch abzulegen.

Zu bedenken

Um einen dänischen Führerschein (auch einen temporären) zu bekommen, müssen Sie Ihren Originalführerschein abgeben. Das wird dann problematisch, wenn Ihr Führerschein in Ihrem Land als Identifikationsdokument genutzt wird (z. B. in den USA). Sie können sich aber jederzeit Ihren Originalführerschein aushändigen lassen und dafür den dänischen abgeben.

15.1.8 Parken

Was kann am Thema „Parken" erklärungsbedürftig sein? Da es in Dänemark hohe Parkstrafen gibt, wird es sich schnell bezahlt machen, dieses Kapitel zu lesen.

An vielen Stellen ist Parken nicht kostenlos. Die Parkgebühren können recht hoch sein, besonders in Kopenhagen, wo in der Innenstadt rund um die Uhr gezahlt werden muss (außer Samstag von 17:00 Uhr bis Montag 8:00 Uhr). Häufig sind Parkscheinautomaten aufgestellt, an denen Sie sich einen Parkschein für die gewünschte Aufenthaltsdauer kaufen und ihn im Auto sichtbar ablegen können. Viele Automaten bieten inzwischen auch die Möglichkeit, mit Dankort zu bezahlen.

Zu beachten

Die Parkscheinautomaten sind dunkelblau und deshalb abends nicht leicht zu erkennen.

Gibt es keinen Parkscheinautomaten, muss meistens eine Parkscheibe benutzt werden. Vielerorts werden Sie ein Parkscheibenzeichen sehen, an dem „1 time" (1 Stunde) oder „2 timer" (2 Stunden) steht, womit die Zeit gemeint ist, die Sie kostenlos parken dürfen. Häufig werden Sie auch blaue P-Schilder mit Uhrzeiten in weißer (mit und ohne Klammern) oder roter Schrift sehen. Die Zeiten ohne Klammern beziehen sich auf Wochentage, die mit Klammern auf Samstage und die Zeiten mit roter Schrift auf Sonntage/Feiertage. Parken ist während der angegebenen Zeiten limitiert und kostenlos für die angegebene Anzahl von Stunden. Falls nichts angegeben ist, gilt 1 Stunde kostenloses Parken. Außerhalb der angegebenen Zeiten ist die Parkzeit nicht eingeschränkt und kostenlos.

Bevor Sie losgehen, müssen Sie die Parkscheibe auf die aktuelle Uhrzeit stellen. Es wird allerdings akzeptiert, die Parkscheibe 15 Minuten vorzustellen, was Ihnen etwas mehr Zeit schenkt.

Sie sollten sich eine dänische Parkscheibe zulegen, da es mit ausländischen Parkscheiben zu Diskussionen kommen kann. Sie können Parkscheiben ggf. kostenlos bei Banken erhalten oder an Tankstellen kaufen.

Für das Parken entlang der Straße sind Bordsteinkanten oft farblich markiert: gelb bedeutet „Parkverbot" , weiß „Parken erlaubt". Beim Parken muss die Entfernung zur Straßenecke 10 Meter betragen – neuerdings wird diese Entfernung mit Hilfe von gemalten gelben Dreiecken auf dem Gehweg angezeigt.

Beim Parken in Garagen von Einkaufszentren sollten Sie unbedingt Acht geben: Obwohl der Einzelhandel möchte, dass Kunden beim Einkauf viel Geld ausgeben, so sollte das in kurzer Zeit geschehen, vorausgesetzt, Sie halten in der Parkgarage des Ladens. Viele dieser Parkgaragen haben nämlich eine beschränkte Parkzeit, gewöhnlich 1–2 Stunden, die anhand eines Parkscheibenzeichens angezeigt ist. Falls darunter ein Name steht, beispielsweise „Europark" o. Ä., so sollten Sie besonders pünktlich sein, denn die Überwachung von Garagen wird gern an private Firmen (z. B. „Europark") ausgelagert – die ihre Arbeit sehr genau nehmen. Sie ahnden *jeden* Verstoß, auch wenn das Fahrzeug ein ausländisches Kennzeichen hat. Mit Parkstrafen ist also nicht zu spaßen. Ich rate dringend: Zahlen Sie oder setzen Sie sich unverzüglich mit der entsprechenden Firma in Verbindung! Denn wenn eine Inkassofirma eingeschaltet wird, wird es erst recht teuer.

Damit Sie nicht vergessen, die Parkuhr einzustellen, gibt es elektronische Parkuhren (elektronisk parkerings-ur), die ins Auto eingebaut werden können. Sie zeigen die Uhrzeit an, bei der Sie den Motor ausgeschaltet haben. Das hilft, nie wieder mit rasendem Puls aus einem Laden zu stürmen, weil Sie nicht an die Parkuhr gedacht haben.

Für die Plätze mit längerer Parkdauer, z. B. zu Hause oder am Arbeitsplatz, sollten Sie sich bei Ihrer Kommune erkundigen, welche Arten von Parkausweisen (P-licens) es gibt. Oft gibt es Anwohnerparkausweise (beboerlicens) oder für Firmen und deren Mitarbeiter einen Monatsausweis (månedslicens).

Des Weiteren können Parkgebühren in vielen Städten Dänemarks über „easyPARK" bezahlt werden. „easyPARK" ist ein System, bei dem die Bezahlung über Handy abgewickelt wird. Um daran teilnehmen zu können, müssen Sie sich bei „easyPARK" unter Angabe Ihres dänischen Autokennzeichens und Ihrer dänischen Mobiltelefonnummer anmelden. Mehr dazu unter *(L233) http://www.easypark.dk* (nur auf Dänisch).

Bei allen Parkzeitüberschreitungen gilt eine „Gebühr" von 510 DKK (68 EUR). Da helfen keine Ausreden. Da es sich amtlich um eine „Gebühr" und nicht um eine „Strafe" handelt, kann dagegen auch nicht gerichtlich vorgegangen werden.

15.2 Fahrradverkehr

Nun kommt mein liebstes Thema, denn ich habe nach meinem Umzug das Fahrradfahren lieben gelernt. Radfahren in Dänemark ist eine Wonne! Hier spricht eine echte Fahrradbekehrte.

Empfehlungen (mehr Details siehe unten):

- Es ist ratsam, sich umgehend ein Fahrrad zuzulegen. In der Stadt ist es die schnellste, billigste und effizienteste Transportmöglichkeit. Sie werden dadurch nicht nur Ihre Stadt gut kennen lernen, sondern gleichzeitig auch Sport treiben.
- Beachten Sie stets die Verkehrsregeln – die Strafen sind gnadenlos.
- Schließen Sie Ihr Fahrrad immer ab.
- Fahrräder können in vielen öffentlichen Verkehrsmitteln mitgenommen werden. Das eröffnet Ihnen Möglichkeiten für interessante Touren.
- Haben Sie immer eine Stadtkarte bei sich, entweder aus Touristinformationsbüros oder Hotels, oder eine Fahrradkarte des Dänischen Fahrradverbandes (Dansk Cyklist Forbund).

Ein Fahrrad ist in Dänemark ein ernstzunehmendes Fortbewegungsmittel. Wenn man die Autopreise bedenkt, wird man gut nachvollziehen können, dass sich einige Familien den Luxus nicht leisten können und auf billigere Transportmittel umsteigen müssen. Sie werden also interessante „Fahrradkreationen" sehen, denn Leute ohne Auto müssen kreativ sein, um Einkäufe, Familienmitglieder, Lasten usw. transportieren zu können.

In vielen Städten sind auf beiden Seiten der Straßen (oft 2 Meter) breite Fahrrad-wege angelegt, auf denen in die gleiche Richtung wie der Autoverkehr gefahren wird. Oft begünstigt die Verkehrsführung Radfahrer. Bei jeglichen Straßenbauar-beiten werden Radfahrer bedacht, und es werden Rampen gebaut, damit sie beim Ab- oder Auffahren auf den Radweg nicht beeinträchtigt werden. Der Belag auf Radwegen ist sehr gut instand, und es werden immer weitere Fahrradwege ge-baut. Ein Fahrradparadies!

Häufig werden Sie Damen und Herren in eleganten Outfits auf Fahrrädern sehen – ein Anblick, den Sie von Ihrem Heimatland wahrscheinlich nicht kennen. Und ich kann nur sagen: Radfahren mit Stöckelschuhen geht prima!

Besonders in größeren Städten fahren viele mit dem Fahrrad zur Arbeit, so dass es morgens und abends zu dichtem Fahrradverkehr, ja fast zu Staus kommen kann.

Es wird Sie vielleicht überraschen, mit welch alten und klapprigen Fahrrä-dern gefahren wird. Wahrscheinlich liegt dies an der ständigen Nutzung, aber si-cher auch, weil Fahrräder oft gestohlen werden und sich neue Fahrräder (oder gute Pflege) nicht unbedingt lohnen. Mehr zum Thema „Fahrraddiebstahl" siehe S. 259 f.

Eine Komponente sollten Sie beim Radfahren jedoch immer bedenken: **Wind!** Da in Dänemark fast immer Wind bläst und Sie laut Murphy immer dann Gegenwind haben, wenn Sie in Eile sind, können sich Anfahrtszeiten auf dem Fahrrad erheb-lich verlängern. Damit sollten Sie in Anbetracht der dänischen Pünktlichkeit nicht spaßen!

Zu beachten

Entgegen einer weit verbreiteten Meinung haben Fahrräder nicht über-all Vorrecht. Andererseits geschehen immer wieder Unfälle, weil Au-tofahrer nicht aufmerksam sind und Fahrräder beim Rechtsabbiegen übersehen. Vor allem bei Lastkraftwagen ist die Gefahr sehr groß. Fah-ren Sie deshalb immer vorsichtig!

Roller mit einer Höchstgeschwindigkeit von 30 km/h fahren auf dem Radweg.

Es ist ganz klar, dass es sehr viel Fahrradgeschäfte gibt, wobei Sie Fahrräder auch in größeren Supermärkten kaufen können. Wenn Sie ein gebrauchtes haben wollen, sollten Sie auf folgenden Webseiten suchen:

- *(L234) http://www.dba.dk*
- *(L235) http://www.guloggratis.dk*
- *(L236) http://www.copenhagen.craigslist.org*

Vielleicht wollen Sie bei Fahrradauktionen mitmachen:

- *(L237) http://www.QXL.dk*
- *(L238) http://www.under-hammeren.dk/auktioner/brugtecykler*

Des Weiteren organisieren manche Polizeistationen Fahrradauktionen; siehe für Kopenhagen: *(L239) http://www.topauktioner.dk/cykler.htm* und für den Rest Dänemarks: *(L240) http://www.politi.dk/da/borgerservice/hittegods/hittegodsauktioner/* (hittegods sind verloren gegangen Sachen).

Oft bieten Ausländer ihre Fahrräder vor der Abreise anderen Ausländern an. Dafür sollten Sie auf der Webseite *(L241) http://www.worktrotter.dk/whiteboard* nachsehen.

Gut zu wissen

An vielen Fahrradgeschäften gibt es kostenlos und durchgehend die Möglichkeit, Ihre Reifen aufzupumpen.

In Kopenhagen gibt es eine tolle Möglichkeit, die Innenstadt kostengünstig zu erkunden: mit sogenannten Stadträdern (bycykler). Es gibt sie von April bis November kostenlos. Sie können wie ein Einkaufswagen an unterschiedlichen Stellen in der Stadt mit einer Münze ausgelöst werden. Mehr Infos: *(L242) http://www.bycyklen.dk.*

Regeln rund ums Fahrrad

Beachten Sie unbedingt die Verkehrsregeln, denn die Strafen sind bitter.

Auch wenn Sie nicht von der Polizei angehalten werden, so werden Sie oft von Passanten zurechtgewiesen, denn im Verkehr, besonders aber auf Radwegen, kennen Dänen keinen Spaß.

Damit Sie nicht in unangenehme Situationen kommen, hier die wichtigsten Regeln (bislang habe ich sie nirgends auf Englisch nachlesen können):

1. Mit Handzeichen gibt der Fahrradfahrer seine Absichten bekannt:
    -   Handzeichen nach links: Linksabbiegen
    -   Handzeichen nach rechts: Rechtsabbiegen
    -   Handzeichen nach oben: Stoppen

2. Beim Linksabbiegen an einer Straßenkreuzung darf ein Fahrrad nicht auf die Linksabbiegespur der Autos fahren, sondern muss über die Kreuzung hinwegfahren, stoppen (dieses vorher mit erhobener Hand signalisieren), dann bei der nächsten Grünphase in die gewünschte Richtung fahren.

3. Fahren entgegen der Fahrtrichtung ist verboten.

4. Hält ein Bus an einer Haltestelle, müssen Fahrradfahrer anhalten, bis die Bustüren wieder geschlossen sind. Ein- und aussteigende Buspassagiere, die den Fahrradweg kreuzen, haben Vorrecht, außer, es gibt eine Businsel.

5. Gehwege sind für Radfahrer tabu. Falls es keinen Radweg gibt, muss auf der Fahrbahn gefahren werden. Entsprechend sind Radwege für Fußgänger tabu, und wenn Sie neben einem Fahrrad hergehen, so muss das auf dem Gehweg geschehen.

6. Auch beim Radfahren gilt, dass bei Rot nicht über die Ampel gefahren wird, und wenn es an der Straßenkreuzung keine Fahrradampel gibt, so gilt für den Fahrradverkehr die Autoampel und nicht die Fußgängerampel.

7. Sie müssen beim Fahren beide Füße auf den Pedalen haben und mindestens eine Hand an der Lenkstange.

8. Fahrradhelme sind weder für Kinder noch Erwachsene Pflicht, jedoch dringend zu empfehlen!

Folgende Elemente an Ihrem Rad müssen in einem funktionstüchtigen Zustand sein:

- Vorderlicht und Rücklicht. Doch sie werden feststellen, dass die meisten Lichter in den seltensten Fällen stark genug zur Beleuchtung sind, sondern eher „Alibi"-Lichter darstellen und vor allem dem *Gesehenwerden* dienen. Gerne werden die Lichter auf Blinken gestellt, damit Radfahrer, vor allem in den dunkeln Monaten, besser wahrgenommen werden.
- An Rädern müssen Reflektoren angebracht sein, oder die Reifen müssen integrierte Reflektorstreifen haben.
- Ein weißer Reflektor muss vorne und ein roter Reflektor hinten am Rad angebracht sein.
- Das Fahrrad muss funktionierende Bremsen an Vorder- *und* Hinterrad haben.
- Und eine Fahrradklingel.

Details sind unter *(L243) http://dcf.dk/composite-905.htm* zu finden (nur auf Dänisch).

Fahrräder in Kopenhagen

Mit freundlicher Unterstützung von
Mikael Colville-Andersen/Copenhagen Cycle Chic

> **Zu beachten**
>
> Um Radfahrer vor sich selbst zu schützen, werden immer wieder Kontrollen gemacht – und saftige Strafen verteilt (siehe Kapitel 15.3).

Doch trotz Regeln und einer kollektiven Beobachtung werden Regeln dennoch missachtet. Um Unfälle zu vermeiden, sollten Sie diesen Beispielen nicht folgen, besonders weil auf den Radwegen sehr schnell gefahren wird. Wichtig ist, dass Sie auf dem Radweg immer so fahren, dass die anderen Ihre Absichten erkennen können!

> **Gut zu wissen**
>
> Sollten Sie abends zu müde sein, um mit dem Fahrrad nach Hause zu fahren, und sich ein Taxi bestellen, können Sie gewöhnlich auch Fahrräder mitnehmen – für einen geringen Aufpreis von etwa 20 DKK (2,66 EUR) pro Fahrrad. Taxis können mit wenigen Handgriffen mit Fahrradständern ausgestattet werden.
>
> Sie können aber außerhalb der Stoßzeiten Fahrräder in einige der öffentlichen Verkehrsmittel mitnehmen (siehe Kapitel 15.4).

Weitere Informationen zum Radfahren: siehe Kapitel 16.3.

Fahrraddiebstahl

Es kommt durchaus vor, dass Fahrräder verschwinden. Manchmal aus Jux oder weil es „geliehen" und irgendwo, für den Besitzer unauffindbar, abgestellt wird, doch werden Fahrräder auch mit Vorsatz gestohlen. Deshalb macht bei einem neueren Fahrrad eine Versicherung Sinn. Entweder Ihre Hausratversicherung deckt Ihr Fahrrad mit ab, oder Sie haben eine extra Fahrradversicherung. Damit dänische Versicherungen einen Schaden auch begleichen, muss unbedingt ein Fahrradschloss angebracht sein, das von den Versicherungen anerkannt ist. Kostenpunkt: um 100 DKK (14 EUR). Ein solches Schloss wird am Hinterrad fest montiert. Sie erhalten ein Zertifikat mit der Nummer des Schlosses und der Gestellnummer des Fahrrades. Die schwerste Kette gilt nicht, wenn das Fahrrad nicht mit einem zertifizierten Schloss (godkendt lås) abgeschlossen war.

Im Falle eines Diebstahls:

–   Diebstahl bei einer Polizeidienststelle melden (geht oft per Internet)
–   Schadensmeldung bei der Versicherung einreichen (geht oft per Internet)

Die Versicherung wird voraussichtlich einen Nachweis über die Fahrradkosten und das Schlosszertifikat haben wollen. Bewahren Sie deshalb diese Informationen auf.

Als mein Fahrrad gestohlen wurde, konnten wir den Schaden über unsere Hausratversicherung melden. Die Kosten des Fahrrads abzüglich unserer Selbstbeteiligung wurden mir reibungslos erstattet.

15.3 Bußgeldübersicht

Bei einem Blick auf die Bußgeldübersicht werden Sie feststellen, dass das Prinzip „Gleichheit für alle" auch hier gilt. Autos, Mopeds und Fahrräder werden zum großen Teil gleich behandelt. Hier scheint 500 DKK (67 EUR) die magische Zahl zu sein. Die meisten Strafen (bøde) sind auf diesen Betrag festgelegt, wobei sich die Strafen summieren können.

Ein paar Beispiele:

–   Fahrräder: Fahren auf dem Gehweg, in entgegengesetzter Richtung oder ohne Licht kostet je 500 DKK
–   alle Verkehrsmittel: mangelnde Signalisierung von Absichten kostet 500 DKK
–   Auto + Roller: Telefonieren während der Fahrt kostet 500 DKK

Falls Sie beim Autofahren ernsthaftere Fehler machen, müssen Sie nicht nur eine Geldstrafe zahlen, sondern das Vergehen wird registriert, und zwar wie es auf Dänisch heißt: Sie bekommen einen „Einschnitt" (klip), der 3 Jahre lang gilt. Falls Sie 3 davon gesammelt haben, müssen Sie eine Fahrprüfung ablegen.
Beispiele von Vergehen, die mit einem klip bestraft werden:

–   Überfahren einer roten Ampel
–   unerlaubtes Überholen

– Geschwindigkeitsüberschreitung von über 30%

Vorsicht: Geschwindigkeitsüberschreitung von mehr als 60% gibt 3 <u>klip</u>!

Die Bußgeldübersicht können Sie über *(L244) http://www.politi.dk/NR/rdonlyres/ 0C9E9B00-61BB-4884-865E-C2477291CE63/0/p669_0106.pdf* (auf Dänisch) einsehen.

15.4 Bus und Bahn

Da das öffentliche Verkehrsnetz, besonders auf Seeland, sehr gut ausgebaut ist, kann das Pendeln in einigen Gegenden sogar ohne Auto geschehen, was umso attraktiver ist, als der Autoverkehr zu Hauptverkehrszeiten überlastet ist. Je weiter Sie aber von großen Städten entfernt sind, umso schwieriger ist es, sich nur mit Hilfe von öffentlichen Verkehrsmitteln fortzubewegen. Doch auch in diesen Gegenden gibt es Busse, und die nehmen in der Regel Fahrräder mit.

In diesem Kapitel finden Sie viele Tipps, die von Char McKay, einer Zuzüglerin aus den USA, zusammengestellt worden sind.

Zunächst ein paar Empfehlungen (Details: siehe S. 262):

– Haben Sie immer ein gültiges Ticket dabei, wenn Sie öffentliche Verkehrsmittel benutzen, um hohen Strafen fürs Schwarzfahren zu entgehen. Keine noch so kluge Ausrede wird Ihnen helfen!

– Um Kosten zu sparen, sollten Sie für öffentliche Verkehrsmittel unbedingt Mehrfahrtenkarten statt Einzelkarten benutzen. Kaufen Sie sich welche für unterschiedliche Zonen, damit Sie flexibel sind und günstiger fahren können. Für Ihre Besucher gibt es bei dem Transportunternehmen Ihrer Umgebung (siehe Links S. 262) eventuell „flex-cards" oder Mehrtageskarten.

– Oft gibt es Kombikarten für Bahnfahrt + Eintritt zu Events. Beispiel: Für das beliebte Louisianamuseum nördlich von Kopenhagen gibt es ein preisgünstiges Kombiticket für Zug und Museum, das in Kiosken gekauft werden kann.

–   Wenn Sie mit der Bahn unterwegs sind, lohnt es sich immer, nach Angeboten Ausschau zu halten und explizit danach zu fragen, da das Schalterpersonal diese nicht immer von sich aus anbietet. Beispiel: Es gibt für 2 Personen ein Familienticket für eine Zugfahrt von Kopenhagen nach Malmö, das viel günstiger ist als 2 Einzeltickets.

–   Es gibt oft interessante Bahnangebote zu verschiedenen Zielen im Ausland, z. B. „DSB Orange Tickets" – die Billigvariante für Zugreisen.

Eine sehr gute Webseite, um seine Wege landesweit mit öffentlichen Verkehrsmitteln (Bus, Bahn, S-Bahn und Metro) zu planen, ist: *(L245) http://www.rejseplanen. dk/.* Diese Seite gibt es auch auf Deutsch und Englisch!

Öffentliche Verkehrsmittel

Sollten Sie öfters mit einem bestimmten Bus fahren, gibt es im Bus Fahrpläne der entsprechenden Linie als Faltplan zum Mitnehmen.

Folgende Webseiten (nur auf Dänisch) geben Auskunft über Zonen, Preise, Abonnementtypen, Verkaufsstellen usw. für die Verkehrsbetriebe in den folgenden Landesteilen:

–   Seeland/Lolland/Falster: *(L246) http://www.moviatrafik.dk*
–   Nordjütland: *(L247) http://www.nordjyllandstrafikselskab.dk*
–   Mitteljütland: *(L248) http://www.midttrafik.dk*
–   Südjütland: *(L249) http://www.sydtrafik.dk*
–   Fünen: *(L250) http://www.fynbus.dk*

Die Bereiche der öffentlichen Verkehrsmittel sind in Zonen eingeteilt. Sie finden über die eben genannten Links heraus, welche Zonen in Ihrer Region gelten. Wenn Sie Ihre Reise mit *(L251) http://www.rejseplanen.dk* planen, werden gleichzeitig die Anzahl der Zonen und der Preis ausgerechnet.

Zu beachten

Erkundigen Sie sich unbedingt, welche Zonenanzahl für die Rückreise einzukalkulieren ist, denn diese könnte von der der Hinfahrt abweichen. Beispielsweise wird in der Kopenhagener Umgebung der Preis wie bei Wasserringen bestimmt (mit dem Mittelpunkt in der Abfahrtszone), und die entfernteste Zone zählt; z. B. wenn Sie in Zone 2 wohnen und nach Zone 4 wollen, dafür aber über Zone 1 fahren müssen, so brauchen Sie bei der Hinfahrt nur ein Ticket für 3 Zonen, auf der Rückfahrt jedoch 4 Zonen (siehe Abbildung).

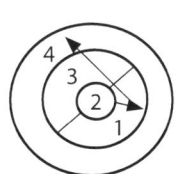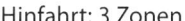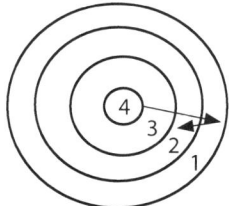

Hinfahrt: 3 Zonen   Rückfahrt: 4 Zonen

Die Abbildung soll diesen komplexen Sachverhalt verbildlichen: Bei der Hinfahrt zählt nur Zone 2–4, denn Zone 1 befindet sich in einem der benutzten Ringe, während bei der Rückfahrt alle 4 Zonen gelten. Da dieses System nicht leicht zu durchschauen ist, sollten Sie immer beide Preise (für Hin- und Rückfahrt) berechnen. Denn solch ein Fehler kann Sie viel Geld kosten (mehr zu Strafen: siehe S. 265).

Obwohl es scheint, dass Autofahren mit allen Mitteln unpopulär und teuer gemacht wird, sind die Preise für öffentliche Verkehrsmittel nicht niedrig. Der Preis ist gleich, egal, ob Sie nur eine Haltestelle oder die ganze Strecke fahren.

Doch können Sie mit einer Zehnerkarte (klippekort) erheblich billiger fahren, als wenn Sie Einzeltickes kaufen, müssen dann nur ausreichend viele Abschnitte auf der Zehnerkarte entwerten. Diese gibt es in Kiosken, z. B. bei „7Eleven", zu kaufen. Wenn Sie regelmäßig mit Bussen oder Bahnen fahren, lohnt es sich, ein Abonnement (periodekort) zu kaufen, das es auch in einigen Kiosken zu kaufen gibt.

Wenn Sie in einen Bus einsteigen, müssen Sie entweder ein Einzelticket kaufen, Ihre Zehnerkarte entwerten oder dem Fahrer ein gültiges Ticket vorzeigen. Die anderen Verkehrsmittel müssen Sie mit einem gültigen Ticket betreten.

Ein gelöstes Ticket ist üblicherweise in Bus, Bahn, S-Bahn sowie Metro gültig. Sie können umsteigen, ohne ein anderes Ticket zu lösen, vorausgesetzt natürlich, dass die Zonen Ihres Tickets ausreichen. Auf der Rückseite der Tickets können Sie lesen, wie lange Sie mit ihnen fahren dürfen.

Für Nachtschwärmer ist sicherlich interessant, dass es in manchen Gegenden Nachtbusse (natbus) gibt, die einen eigenen Fahrplan und eigene Routen haben.

Zu beachten

Die Preise können in Nachtbussen höher (gewöhnlich doppelter Preis) als tagsüber sein. Fragen Sie am besten den Busfahrer.

Gut zu wissen

An verkaufsoffenen Sonntagen, in der Weihnachtszeit und zu anderen besonderen Zeiten, an denen die Benutzung des öffentlichen Verkehrs gefördert werden soll, gibt es oft Sonderkonditionen. Es kann sein, dass Tickets an verkaufsoffenen Sonntagen ganztags gültig sind, um Kauflustige anzuspornen, ihre Einkaufstour ohne Auto zu machen. Schauen Sie nach Informationen des Transportunternehmens Ihrer Umgebung.

In manchen Bussen und Bahnen können Fahrräder mitgenommen werden, wobei entsprechende Zeichen an Bahnwaggons anzeigen, für welche Wagen die Erlaubnis gilt. Bei einigen Verkehrsmitteln gibt es zeitliche Restriktionen für die Mitnahme von Fahrrädern, um den Verkehr in Stoßzeiten nicht zu beeinträchtigen, z. B. in der Metro. Auch für die Mitnahme von Fahrrädern können Sie Fahrradeinzelfahrscheine (cykelbillet) lösen oder an einem Kiosk eine Fahrrad-Zehnerkarte (cykelklippekort) kaufen.

Ein kleiner Tipp für Kopenhagen:

Eine Runde mit Ausflugsbooten ist für viele Touristen in Kopenhagen ein Muss. Man kann jedoch eine sehr schöne Tour wesentlich preiswerter mit Hafenbussen (havnebus) machen, die von einer Seite zur anderen auf dem Hauptkanal kreuzen. Dadurch können Sie schöne Bauwerke und überhaupt Kopenhagen aus einer anderen Perspektive erleben und tolle Bilder machen: Oper, schwarzer Diamant etc. Das Fahrrad kann mitgenommen werden, so dass Sie eine schöne Radtour einer ganz anderen Art durch Kopenhagen machen können.

Das Zugnetz ist in Dänemark gut ausgebaut. Die Zugarten sind:

- <u>Lyntog</u>: Der Name bedeutet „Blitzzug" und tut ihm alle Ehre. Dieses ist die schnellste Zugart in Dänemark.
- <u>IC-tog</u>: Intercity-Zug
- <u>Regional tog</u>: Regionalzug
- <u>S-tog</u>: Dänische S-Bahn, wobei nicht ganz klar ist, woher das „S" kommt. Sie fährt im Kopenhagener Ballungsgebiet.
- <u>Metro</u> (U-Bahn): Sie fährt unbemannt in Kopenhagen.

Strafen

Von allen Verkehrsteilnehmern in öffentlichen Verkehrsmitteln wird erwartet, dass sie ein gültiges Ticket haben. Dazu werden Kontrollen durchgeführt und Zuwiderhandlungen mit saftigen Straf-„Gebühren" (<u>kontrolafgift</u>) belegt. Beispielsweise gibt es in der Kopenhagener Umgebung folgende Strafen:

- S-Bahnen: 750 DKK (100 EUR)
- andere Verkehrsmittel: 600 DKK (80 EUR)
- für Kinder und Hunde gilt die Hälfte (300 DKK = 40 EUR)
- für Fahrräder: 100 DKK (14 EUR)

Diese Strafen gelten, auch wenn Sie nur eine Zone zu wenig gelöst haben!

Bahn

DSB, die dänische Staatsbahn, *(L252) http://www.dsb.dk*, hat eine Kooperation mit Deutschland und Schweden, wodurch Sie direkt mit dem Zug ins Ausland fahren können, was sich durchaus lohnen kann.

Auf der Webseite *(L253) http://dsb.dk/Om-billetter-og-kort/Udland/Billetter* (nur Dänisch) können Sie sich zahlreiche Möglichkeiten, Sonderangebote und „DSB Orange"-Angebote ansehen, sogar Sonderangebote für ganz Europa.

Mit „DSB Orange", dem DSB-Billigticket, können Sie Bahntickets mit einem Rabatt von 25% bzw. 50% bekommen, haben jedoch gewisse Einschränkungen: Die Tickets müssen vorab gebucht werden, Änderungen sowie Rückgabe der Tickets sind nicht möglich etc. Wenn Sie im Internet buchen, sparen Sie 20 DKK (2,70 EUR), doch müssen Sie sich mit einer Buchung auf Dänisch herumschlagen.

Sie sollten sich unbedingt auch die Angebote der Deutschen Bahn anschauen, die ein Servicecenter in Kopenhagen hat: *(L254) http://www.bahn.de/db_dan mark/ view/index.shtml*.

15.5 Flugverkehr

Der Hauptflughafen Dänemarks liegt in Kopenhagen, wobei es noch weitere gibt: Aalborg, Aarhus (Tirstrup), Billund, Karup, Sønderborg und Bornholm (Rønne), doch bedienen bisher nur Kopenhagen und Billund Auslandsflüge.

Gut zu wissen
Wer aus Kopenhagen abreisen will, sollte auch die Abflugmöglichkeit vom schwedischen Flughafen Stürup in Betracht ziehen, der auf der schwedischen Seite der Øresundbrücke liegt.

Die wichtigsten Fluggesellschaften in Dänemark sind:
- SAS: *(L255) http://www.sas.dk* – die skandinavische Fluglinie, die sowohl Skandinavien abdeckt als auch Strecken von und nach Skandinavien
- Cimber: *(L256) http://www.cimber.dk* – dänische Billigfluglinie

Leider ist die andere dänische Billigfluglinie, „Sterling", November 2008 bankrott gegangen, doch werden in diese Lücke andere treten, eventuell: *(L257) http://nor wegian.no*.

Natürlich fliegen noch viele weitere Fluglinien nach Dänemark (vor allem Kopenhagen), wie:
- Lufthansa: *(L258) http://www.lufthansa.com*
- Austrian: *(L259) http://www.aua.com*
- Transavia: *(L260) http://transavia.com*
- Airberlin: *(L261) http://airberlin.com*
- EasyJet: *(L262) http://easyjet.com*
- Ryanair: *(L263) http://www.ryanair.dk*

Außerdem gibt es auch dänische Webseiten, um Reisen im Internet zu kaufen:

- *(L264) http://mrjet.dk*
- *(L265) http://travellink.dk*
- *(L266) http://travelstart.dk* oder
- *(L267) http://www.billig-flybillet.dk.*

Unbedingt zu empfehlen ist Momondo: *(L268) http://www.momondo.com*. Dort werden Angebote von vielen Fluganbietern nach guten Preisen durchsucht. Momondo hat 2008 als beste Suchmaschine für billige Flugtickets einen Preis gewonnen.

15.6 Brücken und Fähren

Brücken

In Dänemark gibt es 2 kostenpflichtige Brücken (die einzigen kostenpflichtigen Fahrtabschnitte – außer Fähren):

- Øresundsbrücke (<u>Øresundsbron</u>): *(L269) http://www.oresundsbron.com*. Kosten (Stand: Januar 2009) für Einzelfahrt mit Personenautos: 275 DKK (37 EUR)
- Große Beltbrücke (Storebæltbro): *(L270) http://www.storebaelt.dk/*. Kosten (Stand: Januar 2009) für Einzelfahrt mit Personenautos: 215 DKK (29 EUR). Falls Sie die Brücke zweimal überqueren, gibt es z. B. Wochenendrabatte. **Zu beachten:** Um ihn zu erhalten, müssen Sie beide Male mit der gleichen (Kredit-)Karte zahlen.

Fähren

Bei all den Inseln sind Fähren unerlässlich und für viele Kinder ein Riesenerlebnis. Obwohl Fähren verlängerte Straßen sind, ist ihre Benutzung kostenpflichtig.

Die wichtigsten Fährgesellschaften sind:

- Scandlines: *(L271) http://scandlines.com* – für die Verbindungen Deutschland–Dänemark, Deutschland–Schweden, Dänemark–Schweden

- DFDS: *(L272) http://dfds.com* – für Verbindungen Kopenhagen–Oslo (Norwegen) und von Esbjerg (Dänemark) nach Harwich (England)

- Nordic Ferry Services: *(L273) http://www.nordic-ferry.com* – deckt zusammen mit Partnerfährlinien Verbindungen zu größeren Inseln ab

- Mols-Linien: *(L274) http://www.mols-linien.dk* – größte innerdänische Fährlinie, die zwischen Jütland und Seeland verkehrt

Die ganze Liste der dänischen Fährrouten mit Links zu einzelnen Webseiten gibt es unter *(L275) http://www.faerge.dk.*

Da viele von Ihnen nach Bornholm fahren werden, sei hier angesprochen, dass Sie mit der Fähre von Køge (südlich von Kopenhagen) dahin reisen können; am schnellsten geht es aber von Schweden mit der Schnellfähre von Üstad nach Rønne.

> **Zu beachten**
> Falls Sie jedoch mit Tieren unterwegs sind, sollten Sie sich darüber im Klaren sein, dass sich die schwedischen Bestimmungen für Tiere zum Teil von den dänischen unterscheiden und besonders hinsichtlich Tollwut strenger sind. Deshalb wäre es für diesen Fall besser, die Køge-Fähre zu nehmen, denn mit ihr befinden Sie sich die ganze Zeit über im dänischen Hoheitsgebiet.

16 Freizeit

Da Sie in Dänemark wahrscheinlich nicht so lange Arbeitstage wie in Ihrem Land haben werden, steht Ihnen viel mehr Freizeit zur Verfügung und Sie können wunderbare Sachen unternehmen. Doch mit wem?

Die ersten Wochen nach Ihrem Umzug werden turbulent sein, so dass Sie soziale Kontakte noch nicht vermissen werden. Doch irgendwann werden Sie merken, dass Sie von Ihren Freunden nicht mehr so viel hören und diese ihr Leben weiterleben wie bisher, während bei Ihrem nichts mehr ist wie früher. Und immer nur per Telefon, E-Mail oder „Skype" zu kommunizieren, ist auf Dauer nicht wirklich ausreichend. Wie schön wäre es, wenn Sie mal mit jemandem ausgehen, ein bisschen nett plaudern und auch mal Themen besprechen könnten, die Sie in Ihrem neuen Zuhause beschäftigen.

Also, es müssen Kontakte her! Wo und wie Sie suchen können – das ist in diesem Kapitel Thema. Des Weiteren gibt es Informationen zu beliebten Sportarten – eine weitere Möglichkeit, in Dänemark Fuß zu fassen. Und nicht zuletzt gibt es eine Übersicht der bekanntesten Festivals.

Die Quintessenz des Kapitels gleich vorneweg: Seien Sie aktiv, suchen Sie Kontakt zu anderen, probieren Sie unterschiedliche Sachen aus, laden Sie Leute ein, gehen Sie mit ihnen aus und seien Sie anfangs nicht wählerisch, denn das wird Ihre Optionen nur unnötig einschränken. Im Laufe der Zeit werden sich die Personen herauskristallisieren, mit denen Sie Spaß haben und die zu Ihnen passen. Vielleicht gibt Ihnen diese Vorgehensweise die Möglichkeit, mal etwas anderes auszuprobieren und ganz neue und interessante Erfahrungen zu sammeln.

16.1 Kennenlernen von Dänen

Wie schon angesprochen, machen die meisten Dänen eine Trennung zwischen Arbeit und Privat. Private Kontakte zu Arbeitskollegen zu unterhalten, ist nicht üblich, weshalb die Chancen, Kontakte mit Dänen bei der Arbeit zu knüpfen, gering sind.

Die meisten Dänen haben einen umfangreichen Freundeskreis – und dieser scheint oft bis weit in ihre Kindheit zurückzureichen, weshalb sie nicht unbedingt aktiv nach neuen Freunden suchen. Es liegt also an Ihnen, die Initiative zu ergreifen.

Gut ist, wenn schnell Gemeinsamkeiten gefunden werden – und das geht am besten bei gemeinsamen Hobbys und Interessen. Hierbei sind die Leute entspannter und aktiv, was den ersten Schritt zum Kontakteknüpfen leichter macht.

Vereine

Die allerbesten Chancen, Leute – vor allem Dänen – kennen zu lernen, bieten Vereine (foreninger). Vereine haben einen großen Stellenwert in Dänemark. Wenn Dänen einem Hobby nachgehen, so sind sie mit großer Wahrscheinlichkeit Mitglied mindestens eines Vereins. Es gibt viele Sportvereine, aber natürlich auch zahlreiche andere für fast jedes Interessengebiet. Da viele Vereine in einem Landesverband (landsforbund) organisiert sind, können Sie dort eine Liste der Links zu einzelnen Vereinen bekommen, ansonsten sollten Sie an Ihrem Wohnort nach einem Verein zu Ihrem Hobby suchen. Am einfachsten geht es per Internet.

Für Vereine gibt es Bestimmungen, die eingehalten werden müssen, damit Mitgliedsbeiträge steuerfrei bleiben können. Es gibt eine Satzung und einen Vorstand. Jedes Jahr wird eine Generalversammlung abgehalten, bei der ein Bericht über die finanzielle Lage des Vereins gegeben wird, der Vorstand entlastet und je nach Notwendigkeit neue Vorstandsmitglieder gewählt werden. Vereine dürfen keinen Profit machen. Ein eingetragener Verein kann Unterstützung von der Kommune bekommen, z. B. können Räume der Kommune kostenlos genutzt werden.

Foreninger sind wirklich die *beste* Plattform, Dänen zu treffen. Es lohnt sich auf alle Fälle vorbeizuschauen, auch wenn Ihre Dänischkenntnisse noch nicht ausgereift sind.

Einen Verein möchte ich hier explizit nennen, weil er etwas Dänemarkspezifisches ist: *Bierenthusiasten* (Ølentusiasten). Ich spreche nicht von einer kleinen Gruppe von „Bierfreaks", sondern mit seinen fast 11.000 Mitgliedern von einem der größten Vereine Dänemarks. Sie werden feststellen, dass viele Ihrer dänischen Arbeitskollegen Mitglieder sind und einige von ihnen selbst Bier brauen. Wenn Sie an Bier interessiert sind, ist Dänemark der Ort, mehr darüber zu erfahren. Bei den Bierenthusiasten geht es nicht um die Biermenge, sondern um den Geschmack, weshalb Bierverkostungen eine genauso hohe Popularität besitzen, wie wir es von Weinverkostungen kennen. Es gibt in vielen Städten Dänemarks lokale Gruppen, die sich regelmäßig zu verschiedenen Bierthemen treffen.

Dänemark ist ein wahres Bierparadies. In jedem Supermarkt werden Sie eine riesige Auswahl von Biersorten aus aller Herren Länder vorfinden – ganz nach Geschmack der Ølenthusiasten, die immer etwas Neues ausprobieren wollen und eine Chance darin sehen, die ausgefallensten Biere kennen zu lernen. Auch in Restaurants ist die Biersortenauswahl ungewöhnlich groß, und die Bedienung wird Ihnen ohne größeres Stocken die ganze Liste nennen können.

Bei den Bierenthusiasten ist die Mitgliedsnummer ganz wichtig. Treffen sich 2 wildfremde Vereinsmitglieder, werden sie sich mit 99%iger Sicherheit über ihre Mitgliedsnummer austauschen, um festzustellen, wer eher im Verein war. Da die meisten Mitglieder Männer sind, kann man dieses kleine Hahnenkampf-Intermezzo gut nachvollziehen. Doch interessant zu wissen: Der Vorstand dieses Vereins ist eine Frau!

Chöre

Bernd Reuß, ein Zuzügler aus Deutschland, hat mich auf eine weitere interessante Möglichkeit aufmerksam gemacht: Es gibt sehr viele Chöre in Dänemark – eine echte Volksbewegung. In diesen werden Sie ähnlich wie in Vereinen gute Gelegenheiten haben, Dänen kennen zu lernen und ihr Dänisch zu üben. Ein gemeinsames Ziel (z. B. eine Aufführung) vereint und macht das Kontakteknüpfen leichter.

Sprache

Da wären wir wieder beim Thema „Sprache". Viele Ausländer haben mir bestätigt, dass Dänisch der Schlüssel zum Kontakt zu Dänen ist. Sobald Sie Dänisch sprechen können, werden Sie eher Einladungen von ihnen erhalten als vorher, auch wenn sie gut Englisch sprechen.

Einladungen

Bis Sie eine Einladung von Dänen erhalten, könnte es länger dauern – teils wegen der dänischen Zurückhaltung, teils aber auch, weil gewöhnlich beide Elternteile Vollzeit arbeiten und ihre Zeit für neue Kontakte bemessen ist. Ihre Nachmittage laufen nach einem genauen Raster ab: Kinder vom Kindergarten oder aus der Schule abholen, Essen bereiten, Hausaufgaben betreuen, einkaufen, ggf. Hobbys nachgehen. Deshalb sollten Sie am besten selbst Dänen einladen. Wie Sie sie kennen gelernt haben, mag völlig unterschiedlich sein: Nachbarn, beim Sport, beim Warten im Waschsalon etc. Vielleicht sollten Sie erst ein einfaches Treffen vorschlagen, z. B. zu einem Kaffee oder Tee, bevor Sie sie zu einem Abendessen zu sich nach Hause einladen.

Manche Dänen werden überrascht reagieren und sich wundern, dass es „schon" zu einem Treffen oder einer Einladung kommt, obwohl sich beide Seiten noch nicht so gut kennen. Die Einladung wird dann jedoch gern angenommen. Es kann aber sein, dass es länger dauert, bis Sie von ihnen eine Gegeneinladung erhalten.

Im Kapitel 5 wird beschrieben, wie dänische Einladungen zum Abendessen üblicherweise ablaufen, Sie sollten sich also bewusst sein, dass Dänen mit einem solchen Ablauf rechnen. Wenn sich Ihr Vorhaben davon unterscheidet, wäre es gut, dies in der Einladung zu erwähnen, um die Gäste nicht unnötig in Verlegenheit zu bringen. Das hilft überhaupt immer, wenn Sie Gäste aus mehreren Ländern einladen. Beispielsweise haben wir bei unseren Einladungen erwähnt, dass es sich bei unserem Fest um eine Stehparty mit Büffet handelt.

Versuchen Sie auch die „Sprachlager" auf eine witzige Art in Verbindung zu bringen, denn prinzipiell tendieren Menschen gewöhnlich zu dem hin, was sie kennen.

Sprachaustausch

Eine weitere Möglichkeit, andere Menschen kennen zu lernen, ist aktiver Sprachaustausch. Es gibt viele Dänen, die andere Sprachen lernen/üben wollen, vielleicht auch Ihre. Warum sich also nicht gegenseitig helfen? Eine gute Webseite, um Interessenten zu finden, ist *(L276) http://www.mylanguageexchange.com*. Dort können Sie sich kostenlos anmelden, Ihre Sprache angeben und diejenige, die Sie lernen möchten. Das System wird entsprechend der angegebenen Kriterien passende registrierte Benutzer finden, mit denen Sie dann direkt in Kontakt treten können. Dadurch werden Sie eventuell Leute ausfindig machen, mit denen es Spaß macht, etwas zusammen zu unternehmen und mal die eine und mal die andere Sprache zu sprechen.

Gastfreundschaftsclubs

Haben Sie schon von Reiseclubs gehört, bei denen es um Austausch von Gastfreundschaft geht? Das ist eine äußerst kostengünstige Möglichkeit, andere Länder zu bereisen und dort Ansässige kennen zu lernen, denn Sie können dort bei Mitgliedern Unterkunft bekommen und je nach Absprache verschiedene Aktivitäten unternehmen. Falls Sie Mitglied eines solchen Clubs sind, ist es ein Leichtes, dänische Mitglieder zu besuchen, nur um einen Abend mit ihnen zu verbringen oder bei einem der geplanten Treffen teilzunehmen. Man muss gar nicht von so weit anreisen, um sich zu treffen, oder?

Beispiele für solche Clubs sind:

- Couchsurfing: *(L277) http://www.couchsurfing.com*
- Hospitality Club: *(L278) http://www.hospitalityclub.org/*
- SERVAS: *(L279) http://www.servas.dk*

Andere Möglichkeiten
Natürlich gibt es noch weitere Möglichkeiten, wobei sie organisiert und kostenpflichtig sind, z. B. solche, bei denen Sie einen Abend mit Abendessen bei einer dänischen Familie verbringen:

- Meet the Danes: *(L280) http://www.meetthedanes.dk/MTD/en*
- Dine with the Danes: *(L281) http://www.dinewiththedanes.dk*

16.2 Kennenlernen von Nichtdänen

Wenn Sie es auf ein internationales Umfeld anlegen oder wenn Ihnen das Kennenlernen von Dänen zu lange dauert, so gibt es in Dänemark viele Möglichkeiten, Ausländer kennen zu lernen. Wichtig ist, sich darüber im Klaren zu sein, dass die Ausländergemeinschaft sehr „flüchtig" ist: Viele befinden sich nur für kurze Zeit an einem Ort, und oft kommt es vor, dass neu gewonnene Freunde wegziehen und Sie ständig Abschied nehmen müssen. Deshalb wäre ein ausgewogener Mix zwischen Sesshaften und „Nomaden" in Ihrem Bekanntenkreis empfehlenswert.

Auch wenn Sie sich vor allem auf dänische Kontakte konzentrieren möchten, ist es nicht verkehrt, Kontakte auch zu Ausländern zu unterhalten, denn diese verfügen über eine Fülle von Informationen, Tipps und Ratschlägen, die Ihnen am Anfang sehr helfen können.

In Dänemark gibt es eine große Zahl von Ausländern aus zahlreichen Ländern. Sie können Leute aus dem eigenen Land, aber auch viele aus anderen Ländern treffen. In der Regel sind Ausländer viel offener, weil sie selbst einen Bekanntenkreis aufbauen wollen, aber auch die Schwierigkeiten von Neulingen kennen und ihnen helfen wollen. Es wird in den Gruppen auch Dänen geben – oft solche, die aus dem Ausland nach Dänemark zurückkehren, ein internationales Umfeld vermissen und nicht mehr so leicht an ihre alten Bekanntschaften anknüpfen können.

Es gibt viele solcher Netzwerke, vielleicht sogar an Ihrem Arbeitsplatz, wobei manche mehr, andere weniger offiziell/organisiert sind.

Im Folgenden werde ich diejenigen Netzwerke vorstellen, von denen ich weiß. Es gibt aber sicher noch viele weitere.

Meetup.com
Ich habe mit „meetup.com" viel Erfolg gehabt. „Meetup.com" ist eine weltweite Internetplattform, die nach Interessen organisiert ist. Wenn Sie nach einer bestimmten Stadt suchen, erhalten Sie als Ergebnis eine Liste der Meetup-Gruppen, die es in der Nähe der Stadt gibt. Von jedem Mitglied existiert ein Profil mit kurzer Vorstellung und Foto. Für geplante Treffen kann ein Kalendereintrag gemacht werden, Mitglieder können automatisch benachrichtigt und erinnert werden, und Interessierte können sich für das Treffen anmelden oder abmelden, so dass es für jeden sichtbar ist, wer dabei sein wird. Mitglieder können sich gegenseitig persönliche Nachrichten schicken oder in einem Forum Fragen und Nachrichten an alle richten.

Folgende Nationengruppen gibt es:

Kopenhagen

- *(L282) http://danish.meetup.com/113* (meine Worktrotter-Danish-Sprachgruppe)
- *(L283) http://expat.meetup.com/118*
- *(L284) http://american.meetup.com/27*
- *(L285) http://brit.meetup.com/250*
- *(L286) http://french.meetup.com/627*
- *(L287) http://polish.meetup.com/126*

Århus
- *(L288) http://american.meetup.com/282*
- *(L289) http://www.meetup.com/arhus*

Kolding
- *(L290) http://danish.meetup.com/128*

Interessengruppen:
- *(L291) http://www.meetup.com/Copenhagen-Adventurers*
- *(L292) http://photo.meetup.com/667*
- *(L293) http://www.meetup.com/ART-copenhagen* usw.

Das Beste an „meetup.com" ist, dass Sie selbst ganz einfach eine neue Gruppe gründen können, falls keine in Ihrer Nähe ist oder falls Ihr Interessengebiet nicht abgedeckt ist. Die Mitgliedschaft ist kostenlos, nur wenn Sie selbst eine Gruppe gründen wollen, kostet es etwa 300 DKK (40 EUR)/Quartal. Einige Gruppen fordern einen Beitrag ein, um ihre Kosten zu decken.

Foreigners in Denmark: *(L294) http://www.foreignersindenmark.dk*
Dieses Netzwerk wurde von Paula Jota Pedersen, einer Zuzüglerin aus Brasilien, gegründet, als Sie 2004 nach Dänemark zog. Es enthält interessante und äußerst hilfreiche Informationen, Links, Erklärungen und ein sehr aktives Forum. Die Gruppe ist in Århus lokalisiert. Dort werden auch Treffen organisiert, doch gibt es das Bestreben, andere Gruppen in anderen Städten aufzubauen, und dafür werden immer motivierte Leute gesucht.

Frauengruppen
Da viele Frauen wegen der Arbeit ihrer Männer durch die Welt reisen, gibt es etliche Gruppen, die von Frauen für Frauen organisiert sind.

– In Kopenhagen gibt es z. B. „LINK" (Ladies International Network København): *(L295) http://linkdenmark.com/*. Es werden eine Menge Aktivitäten angeboten (tagsüber und abends) – viele davon für Frauen mit Kindern, aber auch für verschiedene Interessengruppen. Ist Ihr Interessengebiet nicht dabei, so können Sie selbst eine Untergruppe gründen und leiten.

– Außerdem gibt es den „American Women's Club" (AWC) in Kopenhagen, *(L296) http://www.awcdenmark.org*, der auch nichtamerikanischen Frauen offen steht. Hier werden ebenfalls Aktivitäten angeboten. Der AWC gehört zur „Federation of American Women's Clubs" (FoAWC).

– „American Women's Club" auf Fünen: *(L297) http://www.uswcf.dk/*

– „European Professional Women Network": *(L298) http://www.europeanpwn. net*. Bei diesem Netzwerk (sowohl Expats als auch Däninnen) geht es um die berufliche Entwicklung von Frauen, weshalb regelmäßig Vorträge organisiert werden und es Gelegenheiten gibt, sich kennen zu lernen und sein berufliches Netzwerk auszubauen.

Nationengruppen

Im Abschnitt „meetup.com" habe ich schon eine Reihe von Nationengruppen genannt, es gibt aber noch weitere:

- Australien und Neuseeland: *(L300) http://www.southerncrossclub.dk*
- Kanada: *(L299) http://www.allcanuck.com*
- Kolumbien: *(L301) http://www.colombia.dk*
- Dänisch-International: *(L302) http://www.coconutclub.dk*
- Deutschland: *(L303) http://dk-forum.de, (L304) http://www.stammtisch.dk, (L305) http://www.stammtisch-kph.dk*
- Italien: *(L306) http://www.serate-italiane.dk*
- Mexiko: *(L307) http://www.denmex.dk*
- Südafrika: *(L308) http://www.sasc.dk*
- etc.

Weitere Interessengruppen

- Die Mitglieder von „Denmark cat-sitting exchange", *(L309) http://www.kattevenner.dk*, helfen sich gegenseitig bei der Betreuung von Katzen, wenn deren Besitzer im Urlaub sind. Der Grundgedanke dabei ist, dass die Katzen in ihrer Umgebung bleiben und sich dadurch der Urlaub sowohl für die Katzen als auch für die Besitzer stressfreier gestaltet.

- Schwule und Lesben sind in Dänemark akzeptiert, weshalb es viele hierher zieht. Um die Expats unter ihnen zu unterstützen, gibt es PANGEA: *(L310) http://pangea.lbl.dk.*

- „Capital International Squash Club", *(L311) http://www.squash-cph.dk/index. html?_ret_=return*, ist für Leute, die in einem englischsprachigen Umfeld ihrem Hobby nachgehen wollen.

Die oben genannten Netzwerke sind von ihren Leitern durch Eigeninitiative entstanden, weil sie selbst Ausländer sind und alle Schwierigkeiten eines Umzugs nach Dänemark kennen. Die meisten Netzwerke sind kostenlos, einige erheben kleinere Mitgliedsbeiträge.

Des Weiteren gibt es weltweite Netzwerke, mit Gruppen für Kopenhagen:

- **XING:** Danmark Unlimited: *(L312) https://www.xing.com/net/danmark*
- **LinkedIN:** *(L313) http://www.linkedin.com*
- **Facebook:** *(L314) http://www.facebook.com*
- **Internations:** *(L315) http://www.internations.org*

Im Jahr 2008 wurde erkannt, dass gezielte Maßnahmen notwendig sind, um ausländische Arbeitskräfte in Dänemark zu halten. Damit sie sich besser in Dänemark einleben, wurden 3 Netzwerke gegründet, die von Dänen geleitet werden:

Lifein.DK, *(L316) http://www.lifein.dk*, wurde 2008 in Zusammenarbeit mit Dansk Industri (Verband der Dänischen Industrie) gegründet. Es gibt ein Webforum, in dem jeder Fragen stellen und beantworten kann, und es werden Kurse zu kulturellen Unterschieden und Events veranstaltet, um andere kennen zu lernen. Manche Leistungen sind kostenlos, andere werden von Firmen für ihre Mitarbeiter gesponsert. Der Fokus liegt auf Großkopenhagen (Storkøbenhavn).

Expats in Denmark, *(L317) http://expatindenmark.com*, ist eine Initiative von Dansk Erhverv (Verband des Dänischen Handels). Hier gibt es ebenfalls ein Forum, und es werden gelegentlich Events veranstaltet, damit sich Leute kennen und Dänemark besser verstehen lernen.

International Community, *(L318) http://www.internationalcommunity.dk*, ist eine Initiative der Århus-Kommune in Zusammenarbeit mit der Universität Århus. Sie bieten regelmäßige Treffen und Kurse an.

16.3 Beliebte Sportarten

Wie Sie es auch aus Ihrem Land kennen, eignet sich Sport immer gut zum Kennenlernen von anderen Leuten, deshalb nachfolgend einige Informationen zu den beliebtesten Sportarten in Dänemark. Über *(L319) http://www.infosport.dk* können Sie weitere Informationen zu zahlreichen anderen Sportarten einsehen.

Laufen
Laufen ist sehr beliebt – in Parks, entlang der Küste, entlang von Seen gibt es dafür reichlich Möglichkeiten. Oft werden Wettbewerbe ausgetragen – Marathons oder

Halbmarathons –, gern auch auf besonderen Strecken. 2008 fand beispielsweise ein Lauf über die Große Beltbrücke statt. Sie ist ein solch schönes Bauwerk, dass sogar ich einen Laufmarathon mitmachen würde, wenn er wiederholt würde.

Beliebt sind Staffelläufe als Wettkämpfe, um eine bestimmte Distanz im Team zu absolvieren. Dadurch können auch diejenigen mitmachen, die nur kürzere Entfernungen schaffen. Etliche Firmen und Organisationen nehmen daran teil, denn solche Aktionen eignen sich gut als Teamevent zum Steigern des Teamgeistes auf Arbeit. Der beliebteste Staffellauf ist **DHL Løb**: *(L320) http://www.sparta.dk/spartalob/lobsoversigt/169we.aspx.*

Die Webseite *(L320B) http://www.motionslob.dk/oversigt.php* bietet eine gute Übersicht über geplante Laufwettbewerbe. Hier können Sie nach Austragungsorten suchen, wenn Sie sich auf die Läufe in Ihrer Nähe konzentrieren wollen.

Wer eine Strecke abmessen will, um sich einen Trainingsplan zusammenzustellen, kann sich über die Webseite *(L321) http://www.iform.dk/polopoly .jsp?d= 1756&a=10447* informieren.

Für „Laufmuffel" könnten eventuell die sogenannten **Hash House Harriers** interessant sein: *(L322) http://www.ch3.dk.* Sie nennen sich eine „Trinkergruppe mit einem Laufproblem", denn bei den „HHH" oder „H3" geht es um Folgendes: Ein paar „Hasen" laufen los und legen z. B. mit Mehl eine Fährte (natürlich werden auch falsche gelegt). Der Rest der Gruppe folgt etwas später und muss anhand der Fährten zum Ziel kommen. Zwischendurch und besonders am Ziel belohnen oder „bestrafen" sie sich mit Bier. Es handelt sich also um ein sehr lockeres Laufen, bei dem alle Laufstärken mitmachen können. Die Geschichte der „H3" geht auf britische Beamte in Malaysien in den 1930er Jahren zurück, doch gibt es HHH-Gruppen weltweit.

Eine sehr beliebte Veranstaltung unter laufenden und skatenden Dänen ist der **„Berlin Marathon"** in Deutschland: *(L323) http://www.scc-events.com.* Das dänische Teilnehmerkontingent ist jedes Jahr das zweitgrößte nach dem deutschen. Die Veranstaltung ist super organisiert, die Stimmung in der Stadt ist toll, es stehen Tausende Menschen am Straßenrand und feuern die mutigen Läufer und Inline-Skater an und zudem bekommen sie die Stadt von einer ganz anderen Seite zu sehen.

Fahrradfahren und Skaten

Das Fahrrad als Transportmittel soll uns nicht vergessen lassen, dass es auch zum Spaß verwendet werden kann. Es gibt unzählige gute Radwege, viele entlang der Landstraßen, aber auch entlang der Küste, die mit wunderschönen Aussichten belohnen. So können Sie tolle Radferien oder schöne Radtouren machen. Wer es schwerer mag und die Herausforderung vermisst, weil es keine Berge gibt, sei getröstet: Sie können immer die Strecke mit Gegenwind wählen!

Die schönsten Strecken sind vom dänischen Fahrradverband (Dansk Cyklist Forbund), *(L324) http://www.dcf.dk/composite-932.htm*, beschildert worden und in Karten erfasst. Fahrrad-Guides gibt es für die Regionen Nordjütland, Westjütland, Ostjütland, Südjütland, Fünen, Nordseeland, Südseeland und Bornholm in den Sprachen Dänisch, Deutsch und Englisch. Sie sind über die obige Webseite zu beziehen oder oft auch in Touristinformationsbüros erhältlich. Kosten: 119 DKK (16 EUR) pro Guide.

Ein „soziales" Schwanenpaar
mit ihrem Nest auf einem sehr beliebten Radweg

Obwohl der Belag auf Radwegen in der Regel sehr gut ist, darf darauf nicht geskatet werden. Dennoch gibt es eine ganze Reihe von Inlineskate-Clubs, die Strecken kennen, auf denen es erlaubt ist, z. B.:

- Vesterbro Rulleskøjte Klub: *(L325) http://www.vrk.dk*
- Copenhagen Inline Club: *(L326) http://www.c-i-c.dk*
- Odense Rulleskøjteklub: *(L327) http://www.orkrul.dk*
- Rul Nord: *(L328) http://rulnord.dk/news.php* u.v.m.

Außerdem finden in Kopenhagen sogenannte „Friday Night Skate"- Veranstaltungen, *(L329) http://www.fns-cph.dk*, statt, die sehr beliebt und eine gute Möglichkeit sind, mit anderen Skatern in Kontakt zu kommen, denn viele FNS-Skater sind Mitglieder in Skate-Vereinen – und freuen sich auf neue Mitglieder. Man skatet etwa 20 km auf verschiedenen Routen durch Kopenhagen und lernt die Stadt aus einer anderen Perspektive kennen. Die Skatergruppe skatet auf abgesperrten Straßen, wobei sie von Polizeimotorrädern angeführt und abgeschlossen wird. Das Tempo ist moderat – auch Anfänger kommen gut mit, Hauptsache, sie können bremsen.

Ein sehr zu empfehlendes Geschäft mit exzellenter Beratung und Service für Ihre Skates befindet sich in Kopenhagen: *(L330) http://www.skates4u.dk*. Frederik Jimenez, der Inhaber, nimmt sich stets viel Zeit für seine Kunden, die aus ganz Dänemark zu ihm kommen.

Wassersport
Da Sie nahe am Wasser leben werden, bietet es sich an, Wassersport zu treiben.

Der Landesverband der Ruderer *(L331) http://www.roning.dk* gibt Informationen zu Möglichkeiten für Ruderbegeisterte.

Die Webseite des Landesverbandes für Kanu- und Kajaksport verweist zu einzelnen Vereinen: *(L332) http://www.kano-kajak.dk/index.asp*. Eine Übersicht der Kanu- und Kajakclubs kann über die Webseite *(L333) http://www.kano-kajak.dk/System/klubdb/search/Index.asp* eingesehen werden, dort können Sie über eine Kartensicht, *(L334) http://www.kano-kajak.dk/System/Artikel/VisArtikel.asp?ID=158*, die Vereine in Ihrer Nähe finden.

Wer gerne segeln möchte, wende sich an einen der zahlreichen Segelclubs. Suchen Sie im Internet nach „sejlforening" oder „sejlklub". Auch Firmen haben manchmal einen Segelclub, bei dem man sogar Segelscheine machen kann. Am besten, Sie fragen bei Ihrem Arbeitgeber nach, denn ein solcher Firmenclub ist eine gute Möglichkeit, mit Kollegen in näheren Kontakt zu kommen.

Fitness

Die größten und bekanntesten Fitness-Studio-Namen sind „fitness.dk", *(L335) http://www.fitness.dk*, und „SATS", *(L336) http://www.sats.dk*, die landesweit über viele Studios verfügen. Außer diesen gibt es natürlich noch andere – sicher eins auch in Ihrer Nähe. Einige Fitness-Studios haben mit größeren Firmen der Umgebung Vereinbarungen getroffen. Es lohnt sich also zu fragen, ob Sie als Angestellter der Firma X einen Preisnachlass bekommen können.

Auch Volkshochschulen (siehe Kapitel 12.3) bieten Fitness- und Aerobic-Kurse an.

16.4 Open-Air

Alle Open-Air-Aktivitäten sind beliebte Ereignisse. Meist treffen sich Familien und Freunde vorab zum Picknick – eine gute Gelegenheit, in schöner Gesellschaft Kultur in allen Facetten zu genießen.

Im Sommer finden zahlreiche Open-Air-Festivals statt – mit allen Überraschungen, die das Wetter so bietet. Die bekanntesten sind:

– Roskilde-Festival (Rock): *(L337) http://www.roskilde-festival.dk*
– Kopenhagener Jazz-Festival: *(L338) http://www.jazzfestival.dk*
– Langelands-Festival, für Familien und Kinder: *(L339) http://www.langelands festival.dk*
– Skagen-Festival (Folk): *(L340) http://www.skagenfestival.dk*
– Skanderborg-Festival (bezeichnet sich als größte und schönste Gartenparty): *(L341) http://www.smukfest.dk*
– Tønder-Festival (Folk): *(L342) http://www.tf.dk*
– Und weitere kleinere Festivals in Ihrer Umgebung (fragen Sie im Touristinformationsbüro nach)

Es gibt in vielen Städten Open-Air-Sommerkinos. Suchen Sie im Internet nach „open air biograf".

Es werden auch Open-Air-Theateraufführungen angeboten (in Kronborg Schloss bei Helsingør, im Grønnegårdsteatret, *(L344) http://www.groennegaard.dk,* und an vielen anderen Orten).

Sogar die Kopenhagener Ballett Compagnie tritt unter freiem Himmel auf, und zwar wird immer im Mai in Kopenhagen eine Open-Air-Aufführung angeboten – 2008 ist sie auch in Aabenraa in Süd-Dänemark mit dem Programm aufgetreten. Bleibt zu hoffen, dass sie solche Open-Air-Veranstaltungen auch in anderen Städten anbieten.

Bekannte Künstler geben oft große Konzerte in Fußballstadien. Sie werden überrascht sein, wie viele vor allem in Kopenhagen, Horsens und Århus Halt machen.

17 Einkaufen, Ausgehen und Spartipps

Beim Umzug in ein anderes Land werden Sie Ihre Gewohnheiten ändern müssen: Was gibt es wo zu kaufen, oder welche Geschäfte und Produkte sagen Ihnen am besten zu usw. Aus Erfahrungen anderer zu lernen, ist immer eine gute Möglichkeit, weshalb in diesem Kapitel etliche Tipps enthalten sind, die von Char McKay, Expat aus den USA, und ihren Freundinnen gesammelt wurden. Zum Teil sind die Tipps auf Kopenhagen und Umgebung fokussiert, doch sind sie nicht nur für Expats interessant, die in Kopenhagen wohnen, sondern auch für Besucher dieser Stadt.

Meine erste Empfehlung: Benutzen Sie so selten wie möglich eine ausländische Kreditkarte in Dänemark! Es werden hohe Gebühren berechnet. Die Dankort, die dänische Bankkarte, gilt fast überall, so dass Sie eine teure Einkaufstour auch ohne Bodyguards machen können.

17.1 Einkaufen

Sie werden vielleicht feststellen, dass Produkte in Dänemark besonders in Werbeprospekten angepriesen werden, die jede Woche in die Briefkästen flattern. In Dänemark war Werbung im Radio und Fernsehen noch bis 1983 verboten. Sogar Fußballspiele wurden nicht übertragen, wenn Werbung an den Balustraden angebracht war. Einige Firmen wollten ihre Werbeprospekte zwar abschaffen, mussten jedoch den Plan aufgrund sinkender Absatzzahlen schnell revidieren, denn Dänen lieben ihre Prospekte. Sie werden auch für Sie eine Fülle an guten Angeboten enthalten. Arbeiten Sie sich mit Hilfe eines Wörterbuches durch die wöchentlichen Sparangebote – so üben Sie gleichzeitig auch die Sprache. Sollten Sie nicht lange in Dänemark bleiben und deshalb nicht vorhaben, Dänisch zu lernen, so lohnt es sich, Ihre Sprachkenntnisse zumindest so weit zu entwickeln, dass Sie lesen können, denn die Angebote in den Werbeprospekten sind meist sehr gut – und Sie können viel Geld sparen.

Zusätzlich können Sie sparen, wenn Sie Mitglied eines sogenannten Einkaufsvereins (indkøbsforening) sind. Einkaufsvereine haben Vereinbarungen mit Firmen getroffen, um ihren Mitgliedern bessere Konditionen zu bieten – wodurch beide Seiten profitieren. Über das Verbraucherportal *(L345) http://www.forbrugerporta len.dk/indkoebsforeninger/* können Sie eine Liste von Einkaufsvereinen einsehen. Wahrscheinlich kommt für die meisten von Ihnen der Einkaufsverein „FDB" infrage: So können Sie billiger z. B. in Coop-Lebensmittelgeschäften (Kvickly, Super-Brugsen, Dagli'Brugsen, LokalBrugsen) einkaufen, allerdings nicht alle Produkte, sondern nur die, für die wöchentlich Mitgliedsangebote (medlemstilbud) ausgezeichnet sind.

Fast überall gibt es zu Saisonende Schlussverkäufe (udsalg) – eine günstige Gelegenheit, *richtig* gute Schnäppchen zu machen, besonders nach Weihnachten!

In der Regel fallen die Öffnungszeiten der Geschäfte mit den Büroarbeitszeiten zusammen – ein großer Nachteil für die arbeitende Bevölkerung. Übliche Öffnungszeiten sind 10:00–17:30 Uhr, in kleineren Orten eventuell kürzer, in größeren Einkaufshäusern und Orten jedoch länger, einige haben bis 20:00 Uhr geöffnet (bezüglich Supermarktöffnungszeiten siehe S. 285). Geschäfte haben auch samstags geöffnet, unterschiedlich lange, doch sind spätestens 17:00 Uhr alle Läden zu.

An jedem ersten Sonntag im Monat und an allen Dezembersonntagen dürfen alle Geschäfte geöffnet sein. In vielen Städten zieht der öffentliche Verkehr mit, indem Tickets den ganzen Tag gelten. Erkundigen Sie sich, ob es auch in Ihrer Gegend so ist.

Gut zu wissen

Bewahren Sie Ihre Kaufquittungen auf, denn in vielen Fällen ist ein Umtausch möglich. In manchen Fällen bekommen Sie auch Ihr Geld zurück oder eine Gutschrift.

Im Normalfall sind Firmen beim Umtausch von Produkten sehr kulant, doch entgegen der weit verbreiteten Meinung auch von Dänen sind sie nicht verpflichtet, gekaufte Ware umzutauschen. Klären Sie die Umtauschmöglichkeiten am besten gleich beim Kauf ab. Gerade bei Geschenken ist eine Umtauschmöglichkeit sehr hilfreich, damit Geld nicht für Unerwünschtes verschwendet wird (mehr dazu siehe Kapitel 5.2.8).

Lebensmittel

Wie die Zeitung „Jyllandsposten" vom 16.02.2009 berichtet, liegen die Lebensmittelpreise in Dänemark etwa 40% über dem EU-Durchscnitt.

Je nach Größe eines Lebensmittelgeschäftes variieren die Öffnungszeiten: gewöhnlich wochentags von 10:00 bis 20:00 Uhr und samstags von 10:00 bis 17:00 Uhr, wobei einige Läden wochentags verlängert geöffnet haben: bis 21:00 oder 22:00 Uhr. Lebensmittelläden, die in unmittelbarer Nähe zu Häfen und Verkehrsknotenpunkten liegen, dürfen auch sonntags öffnen. Das Gleiche gilt für Läden, die einen bestimmten Jahresumsatz nicht überschreiten, z. B. „Irma City", „Døgn Netto" und andere kleinere Lebensmittelgeschäfte.

In vielen Geschäften haben Früchte und Gemüse Stückpreise, so dass der dickste Apfel gleich viel kostet wie der kleinste (wir sind im Land der Gleichstellung). Es gibt meist sehr günstige Angebote für größere Stückzahlen, wobei oft verschiedene Früchte mit dem gleichen Preis kombiniert werden können. Lesen Sie die Preise aufmerksam, denn oft bekommen Sie den vergünstigten Preis nur, wenn Sie mehrere von dem Produkt kaufen, z. B. heißt „Ta' 4", dass Sie 4 Stück des Produktes kaufen müssen, um vom Sonderpreis zu profitieren. Solche Mengenangebote wirken sich einerseits positiv auf den Geldbeutel aus, verleiten andererseits aber auch zum Bunkern – für Familien bieten sie jedenfalls eine Möglichkeit, Geld zu sparen.

Einige Expats haben die Preise der 10–20 Produkte, die sie am häufigsten brauchen, in verschiedenen Geschäften verglichen und richten Ihre Einkäufe danach.

Vergessen Sie nicht, dass Sie beim Einkaufen mit Ihrer Dankort (dänische Bankkarte) günstig Geld „abheben" können (siehe Kapitel 10.3).

Sie können benutzte Einkaufstüten wieder zum Einkaufen mitnehmen und sparen pro Tüte 1 DKK (0,14 EUR). Auf Dosen und einige Flaschen wird normalerweise 1 DKK (0,14 EUR) Pfand berechnet.

Nachfolgend werden gängige Geschäfte aufgelistet, damit Ihnen die ersten Einkäufe leichter fallen:

Lebensmittelläden

– Gehobene Preisklasse: „Irma", „SuperBest". Diese Märkte sind sehr gut organisiert und verfügen über Beratungspersonal. Sie führen Sonderprodukte, die Sie sonst nicht unbedingt in anderen Läden kaufen können.

- Mittlere Preisklasse: „Føtex", „Bilka", „SuperBrugsen", „Kvickly", wobei „Bilka", „Føtex" und „Kvickly" große Non-food-Abteilungen haben. In diesen Geschäften gibt es oft preiswerte Angebote, z. B. von Fleisch, wenn Sie mehrere Packungen kaufen. Falls die Mengen Ihren Bedarf übersteigen, können Sie sie einfrieren.

- Niedrige Preisklasse (Discount): „Lidl", „Aldi", „Netto", „Fakta". Ihr Markenzeichen ist ein sehr guter Preis auf alltägliche Produkte, doch ist die Auswahl eingeschränkt. Manchmal sind die Märkte etwas chaotisch geführt, und das Personal versteht oft kein Englisch.

Gemüsehändler

Sie werden in vielen Gegenden kleine Gemüsehändler antreffen, die ihre Geschäfte bis spät abends geöffnet haben. Hintergrund ist, dass viele der Ladenbesitzer das Geschäft als erweitertes Wohnzimmer nutzen, wo sich Freunde und Bekannte zu einem Plausch treffen und das Geschäft nebenherläuft. In solchen Läden finden Sie Gewürze und Gemüse, die Sie sonst nirgends kaufen können, doch sind die alltäglichen Produkte gewöhnlich nicht preiswerter als in Discountern.

Kioske haben bis etwa 22:00 Uhr geöffnet, die „7Eleven"-Kioske rund um die Uhr.

Drogerieartikel: „Matas"

Farben: „Flügger Farver", „Sadolin" u. a.

Baumärkte: „Silvan", „Jem & Fix", „XL Byg", „Bauhaus" u. a.
Manchmal gibt es sogenannte Abendverkäufe, bei denen man unheimlich gute Schnäppchen machen kann. Natürlich kündigt ein Werbeprospekt im Briefkasten die Sonderaktion an, so dass man sich in Ruhe auf den „Sturm auf den Baumarkt" vorbereiten kann.

Möbel: „IDEmøbler", „Dan Bo", „Bo Concept", natürlich „IKEA" u. a.

Elektrowaren: „Punkt1", „Skousen", „EL-Giganten" u. a.

Haushaltswaren: „Kop og Kande", „Inspiration" u. a.

Schreibwaren: „Bog og Ide" u. a.

Sparshops
Für Sparwillige sind die „Spar"-Shops interessant, in denen die meisten Produkte etwa 10–20 DKK (unter 3 EUR) kosten (z. B. Tiger, Søstrene Grene). Das Sortiment wechselt oft und eignet sich auch, um kleine, kostengünstige Geschenke zu kaufen.

Secondhand
Es gibt zahlreiche Secondhand-Läden, in denen es viele Schnäppchen gibt. Halten Sie nach Läden mit dem Namen „genbrug" (Wiederverwendung) Ausschau.

Flohmärkte
Dänen sind große Fans von Flohmärkten. Immer wieder sieht man Schilder am Straßenrand, die auf einen Flohmarkt (loppemarked) hinweisen. Auf Flohmärkten werden Haushaltsartikel, Kleidung, Fernsehgeräte und Radios, Bücher usw. zu günstigen Preisen angeboten.

Im Internet
Nach gebrauchten Artikeln können Sie auch in Anzeigen-Webseiten suchen:
- Den Blå Avis, *(L346) http://www.dba.dk*,
- Gul&Gratis, *(L347) http://www.guloggratis.dk*
- Worktrotter, *(L348) http://www.worktrotter.dk/whiteboard*, wo Sie Artikel finden können, die von Ausländern verkauft oder verschenkt werden.

Des Weiteren organisieren manche Polizeistationen Auktionen:
- siehe für Kopenhagen: *(L349) http://www.topauktioner.dk/cykler.htm*
- und für den Rest Dänemarks: *(L350) http://www.politi.dk/da/borgerservice/hittegods/hittegodsauktioner* (hittegods sind verloren gegangene Sachen)

Zu bedenken

Wenn Sie Geschenke verschicken wollen, kann es passieren, dass das Porto teurer ist als das Geschenk selbst. Suchen Sie deshalb nach leichten Geschenken, die Sie in üblichen Briefformaten verschicken können, oder bestellen Sie per Internet und senden die Geschenke direkt an die Adresse der Empfänger.

Gut zu wissen

Verbraucher werden vom Verbraucherrat (forbrugerrådet) unterstützt: *(L351) http://www.forbrugerraadet.dk/*. Auf der Webseite können Sie Informationen zu allen möglichen Bereichen (Versicherungen, Internet, Lebensmittel, Gesundheit etc.), Gerichtsurteile und Empfehlungen finden. Interessant ist natürlich auch deren Magazin „TÆNK" (= Denk), *(L352) http://www.taenk.dk* (nur auf Dänisch), in dem Testergebnisse und Empfehlungen für Produkte veröffentlicht werden, so dass Sie gut informiert eine günstige Wahl treffen können.

Wer zu günstigen Preisen einkaufen will, sollte sich die Webseite *(L353) http://www.tilbudonline.dk* anschauen. Sie können dort online die aktuellen Prospekte von großen Firmen finden, nach bestimmten Produkten suchen und so das beste Angebot heraussuchen. Die Seite ist nur auf Dänisch, aber mit einem Wörterbuch sicher zu schaffen.

17.2 Unternehmungen

Wenn Sie aktiv sind und Verschiedenes erleben wollen – es gibt für jeden Geschmack reichliche Auswahl: Restaurant, Theater, Ballett, Oper oder Konzert oder Spannendes mit Kindern erleben.

Oft „erfordern" diese Aktivitäten einen Friseurbesuch, der in den seltensten Fällen zu einem günstigen Preis zu haben ist.

> **Gut zu wissen**
>
> Friseurkosten können Sie etwas reduzieren, wenn Sie zu Friseurschu-
> len (frisørskole) gehen. Eine Übersicht dieser Schulen können Sie
> über die Webseite *(L354) http://www.onlinerabat.dk/portal/index.php?*
> *option=com_content&task=view&id=63&Itemid=1* finden.

Geht es Ihnen auch so, dass Sie in der Stadt, in der Sie wohnen, die Touristinformationsbüros viel zu selten nutzen? Dabei gibt es dort auch für Ansässige interessante und kostenlose Informationen. Außerdem sollten Sie immer eine Stadtkarte
bei sich haben. Ich fand es immer toll, wenn meine Freundin Barbara Baynes, eine
Expat aus Großbritannien, einfach ihre Stadtkarte aus der Tasche holte, und sich
überall schnell zurechtfand. Kostenlose Stadtkarten gibt es im Touristinformationsbüro oder in Hotels.

Um eine Übersicht aller Orte zu bekommen, wo Musik, Theater, Kino etc. angeboten wird, hilft das Internet gut weiter. Gerade für die Kopenhagener Umgebung ist
„AOK" (Alt Om København – alles rund um Kopenhagen), *(L355) http://www.aok.*
dk, unbezahlbar. Vielleicht gibt es für Ihre Gegend etwas Vergleichbares.

Restaurants
Es gibt eine Reihe von Restaurants mit ausländischer Küche, doch haben einige
Ausländer angedeutet, dass die Bandbreite nicht übermäßig groß ist. Einige davon
sind jedoch sehr gute, sogar Sterne-Restaurants, und es ist unbedingt empfehlenswert, diese auszuprobieren, auch wenn sie zur oberen Preisklasse gehören.

Wenn Sie ausgehen und nicht viel Geld ausgeben wollen, sollten Sie sich besser vorher über die Preise informieren, denn nicht selten kommt es vor, dass ein
Tee oder Kaffee 35 DKK (4,60 EUR) oder ein Bier 60 DKK (8 EUR) kosten. Restaurants sind im Allgemeinen etwas teurer, als Sie es wohl gewöhnt sind, doch Cafés
mit einer kleineren Karte können durchaus erschwinglich sein.

Es ist in Dänemark nicht üblich, Trinkgeld zu geben. Sie werden feststellen,
dass sich das zum Teil leider auf den Kundenservice niederschlägt.

> **Zu beachten**
> Viele Restaurants (sogar „take-aways") öffnen wochentags erst ab 17:00 Uhr, weil vorher kaum Gäste kämen, denn mittags wird in Dänemark kalt gegessen.

Ballett/Oper

Liebhaber von Ballett und Oper werden in Kopenhagen auf ihre Kosten kommen und sicher zu regelmäßigen Besuchern des Königlichen Theaters (Kongelige Teater), *(L356) http://www.kglteater.dk*, werden, denn es gibt hervorragende Vorstellungen.

> **Gut zu wissen**
> Für alle Vorstellungen, die im alten Theater am Kongens Nytorv (Gamle Scene) und in der Oper (Operaen) stattfinden, werden 25 Tickets reserviert, die erst am Tag der Vorstellung freigegeben werden. Mit etwas Glück können Sie auf diese Weise ausverkaufte Vorstellungen doch noch sehen. Außerdem werden verfügbare Tickets für die Abendvorstellung nach 16:00 Uhr zum halben Preis verkauft. Des Weiteren gibt es unter Umständen für Leute unter 30 bzw. über 65 Jahren Rabatte. In all diesen Fällen müssen Sie jedoch persönlich zum Kartenschalter am Kongens Nytorv gehen.

Theater

Die jährliche englische Show „Crazy Christmas Cabaret" des „London Toast Theatres", *(L357) http://www.londontoast.dk*, ist eine Institution in Kopenhagen und darf auf keinen Fall verpasst werden, denn sie bietet gute Unterhaltung und steckt voller leiser Ironie – eine gute Gelegenheit, dänische Eigenheiten kennen zu lernen.

Theater auf Englisch gibt es in Kopenhagen vom „Why Not Theater", *(L358) http://www.whynottheatre.dk*, „That Theatre", *(L359) http://www.that-theatre.com*, und bei der Amateurtheatergruppe „Copenhagen Theatre Circle" *(L360) http://www.ctcircle.org*; bei Letzterer können Sie nicht nur Theaterstücke sehen, sondern auch selbst mitmachen – und das nicht nur als Schauspieler.

Konzerte

Viele bekannte Künstler gehen in Dänemark auf Tournee. Sie können sich über BilletNet, *(L361) http://www.billetnet.dk,* bzw. Billetlugen, *(L362) http://www.billet lugen.dk*, erkundigen, welche Events geplant sind, und zugleich dort Tickets bestellen. Außer dieser Online-Bestellmöglichkeit können Sie BilletNet-Tickets auch in Postfilialen kaufen, oder wer die Tickets online bestellt hat, dort abholen und so die Zustellgebühr sparen.

Museen

Die Webseite von Museen in der Kopenhagener Umgebung, *(L363) http://www. mik.dk*, gibt eine Übersicht vorhandener Museen, die es Ihnen erleichtert, das richtige Museum für eine bestimmte Stimmung auszuwählen.

Zahlreiche Museen haben freien Eintritt oder sind an einem Tag der Woche kostenlos. Die nachfolgende Liste bietet Ihnen eine kleine Auswahl:

– Nationalmuseum, *(L364) http://www.nationalmuseet.dk*, und dessen Außenstellen, wie z. B. Frilandsmuseet. Dort können Sie immer wieder hingehen, denn sie sind sehr umfangreich. Fragen Sie nach kostenlosen englischen Führungen. Eintritt frei.
– Stadtmuseum: *(L365) http://www.bymuseum.dk* – freitags kostenlos.
– Ny Carlsberg Glyptotek: *(L366) http://www.glyptoteket.dk* – ein wahrer Schatz. Sonntags kostenlos.
– Danish Design Center: *(L367) http://www.ddc.dk* – mittwochs nach 17:00 Uhr freier Eintritt.
– Dänisches Freiheitsmuseum: *(L368) http://www.natmus.dk/sw4604.asp* – freier Eintritt.
– Thorvaldsen Museum: *(L369) http://www.thorvaldsensmuseum.dk* – mit kostenlosem „Audio guide" und mittwochs kostenlosem Eintritt.
– Staatliches Museum für Kunst: *(L370) http://www.smk.dk* – freier Eintritt in eine riesige ständige Ausstellung, während Sonderausstellungen kostenpflichtig sind.
– Botanischer Garten: *(L371) http://botanik.snm.ku.dk* – freier Eintritt.
– Frederiksberg Have und Søndermarken Park – 2 wunderschöne Parks in Frederikgsberg mit Schloss und Kunstausstellung, freier Eintritt.

- Dänisches Parlament: *(L372) http://www.folketinget.dk*. Fragen Sie nach kostenlosen englischen Führungen. Eintritt frei.
- Jægersborg Dyrehave – ein riesiger Park mit hunderten von Rehen vor den Toren Kopenhagens. Eintritt frei.
- Vestamager – ein großes Naturschutzgebiet in Kopenhagen, das einfach mit der Metro zu erreichen ist und gute Möglichkeiten für Spaziergänger, Jogger, Skater und Radfahrer bietet, sich im Freien zu bewegen. Eintritt frei.

Kulturnacht
An einem Freitag im Herbst (gewöhnlich im Oktober) wird in vielen Städten Dänemarks eine Kulturnacht (kulturnat) organisiert. Viele Einrichtungen öffnen ihre Tore, so dass Sie Behörden, Museen und Theater von einer anderen Seite erleben können. *Auf keinen Fall verpassen!* In Kopenhagen: *(L373A) http://www.kulturnat ten.dk*, in Århus: *(L373B) http://www.kulturnataarhus.dk*, in Aalborg: *(L373C) http:// www.kulturnatten.com/* etc. Mehr Informationen erhalten Sie in den Touristinformationsbüros Ihrer Umgebung oder im Internet.

Für Kinder
Die Webseite für Museen in der Kopenhagener Umgebung, *(L375) http://www. mik.dk*, hat einen eigenen Link für Museen und Naturmuseen für Kinder: *(L376) http://www.mik.dk/For_Born.aspx*. Viele Museen haben Kinderabteilungen, z. B. das Kindermuseum im Nationalmuseum, *(L377) http://www.natmus.dk/sw63017. asp,* in Kopenhagen ist kostenlos und toll ausgestattet. Kinder können sich dort historische Kleidung anziehen und während ihres Besuches unzählige Male verwandeln.

Auch wenn es nicht so oft Schnee in Dänemark gibt, so werden etwa von November bis Februar kostenlose Eislaufplätze angeboten (in Kopenhagen etwa 6, der zentralste am Kongens Nytorv). Dort kann sich Ihr Kind austollen, nachdem Sie z. B. die Verhandlungen mit dem Weihnachtsmann abgeschlossen haben und eine Pause vom Shopping brauchen.

Für den Vergnügungspark „Tivoli", *(L378) http://www.tivoli.dk*, können Sie eine Jahreskarte für Erwachsene für 240 DKK (32 EUR) bzw. für Kinder für 125 DKK (17 EUR) kaufen (Stand: Januar 2009) und damit jederzeit hingehen. Es gibt etliche kostenlose Vorstellungen für Kinder und Erwachsene, für Achterbahnen und andere Attraktionen muss jedoch gezahlt werden, doch gibt es manchmal Aktionen, z. B. von Mitte August bis Mitte September, sonntags bis donnerstags sowie Angebote für Essen und Trinken.

Für den Kopenhagener Zoo, *(L379) http://www.zoo.dk*, gibt es ebenfalls ein Jahresticket – für Erwachsene für 400 DKK (54 EUR) und für Kinder für 250 DKK (34 EUR) (Stand: Januar 2009). Kinder unter 3 Jahren haben freien Eintritt. Es gibt diverse Aktionen, die sich besonders an Kinder richten, z. B. als Tier geschminkt zu werden, ein Häschenspielplatz oder ein Besuch bei Ziegen. Einige Gehege sind auch von außerhalb des Zoos einsehbar, z. B. das Elephantenhaus.

Das Experimentarium, *(L544) http://experimentarium.dk*, dürfen Sie auf keinen Fall verpassen! Hier lernen Kinder die Naturgesetze spielend verstehen.

In der Kopenhagener „Cinematek" werden kostenlose Filme für Kinder gezeigt: *(L380) http://www.cinemateket.dk*.

In der Oper und dem Königlichen Theater gibt es besondere Vorstellungen und Aktionen

– für Kinder: *(L381) http://www.kglteater.dk/OplevTeateret/BoernOgFamilier.aspx*,
– und Jugendliche: *(L382) http://www.kglteater.dk/OplevTeateret/Unge.aspx*,

denn es herrscht großes Interesse, diese Gruppen für Oper und Ballett zu begeistern.

Bücher, Filme, DVDs

Wenn Sie Bücher aus dem Ausland jenseits der EU bestellen, kann darauf hoher Zoll berechnet werden. Es empfiehlt sich deshalb, Bücher über *(L383) http://www.amazon.de* oder *(L384) http://www.amazon.co.uk* zu bestellen. Empfehlenswert ist auch *(L385) http://www.bookdepository.co.uk* – sie liefern weltweit kostenlos.

Benutzen Sie unbedingt das exzellente dänische Bibliothekssystem: *(L386) http://www.bibliothek.dk*. Sie können online Bücher und Filme dänemarkweit kostenlos in Ihre lokale Bibliothek bestellen. Vergessen Sie jedoch nicht, alles rechtzeitig zurückzubringen, denn die Mahngebühren sind hoch.

Gut zu wissen

Sie bekommen einen Bibliotheksausweis, auch wenn Sie (noch) keine CPR-Nummer haben.

Besuchen Sie auch das dänische Filminstitut: *(L387) http://www.dfi.dk*. Dort können Sie kostenlos DVDs und Videos ansehen. Im Kino können Sie Geld sparen, wenn Sie zu Frühvorstellungen gehen, denn sie sind preiswerter.

Sonstiges

In „Copenhagen This Week", *(L388) http://www.ctw.dk*, und „Copenhagen Post", *(L389) http://www.cphpost.dk*, gibt es Empfehlungen zu kostenlosen Unternehmungen, z. B. Konzerte (Chor, Orgel etc.), Vorträge an der Universität Kopenhagen, freien Salsa-Tanz, Swing-Dance, Tango-Unterricht u.v.m. – so können Sie Interessantes unternehmen und gleichzeitig Ihren Geldbeutel schonen.

18 Sicherheitstipps

Sie werden sich vielleicht wundern, ob dieses Kapitel notwendig ist, wo doch immer wieder erwähnt wird, wie sicher Dänemark ist. Es wird hier nichts Gegenteiliges behauptet. Doch kann es überall Diebe geben, und Sie könnten in einem als sicher bekannten Land etwas weniger vorsichtig sein. Nicht zuletzt sind die folgenden Tipps allgemein gültig.

Den Großteil dieser Tipps hat Fiona Thomas, Expat aus Großbritannien, gesammelt.

– Natürlich sind Menschenmassen für Taschendiebe sehr vorteilhaft, von denen es z. B. viele am Kopenhagener Hauptbahnhof gibt. Durch Schubsen werden Sie abgelenkt, und falls Ihr Portemonnaie leicht zugänglich ist, ist die Gefahr groß, sein Verschwinden erst gar nicht zu bemerken. Einige Damen tragen gerne ihre Taschen in einem Einkaufskorb, was es Dieben leicht macht, sie „herauszufischen". Auch werden Träger von Hängetaschen gern durchtrennt. Mit einem kleinen Ruck sind Sie Ihre Tasche los.

– Rucksackträger sollten ihre Portemonnaies nicht in Außentaschen verstauen, denn es ist ein Leichtes, sie zu öffnen oder mit einem scharfen Messer aufzuschneiden, so dass der Inhalt herausfällt und die Diebe ihn einfach „ernten" können.

– Es kann sein, dass Sie an Parkautomaten oder an Sammelstellen für Münz-Einkaufswagen beobachtet werden, wo Sie Ihr Portemonnaie aufbewahren. Das macht es Dieben später leichter, sofort an die richtige Stelle zu greifen.

– In Restaurants stellen Damen gerne ihre Taschen unter den Tisch oder auf einen freien Stuhl. Es kommt vor, dass Diebe sie von dort zu sich heranziehen. Deshalb haben einige Cafés und Restaurants inzwischen Haken unter den Tischen befestigt, damit Sie Ihre Tasche dort anhängen können.

- Da Sie in Dänemark fast überall beim Einkaufen Ihre Dankort (dänische Bankkarte) verwenden können, besteht auch immer wieder die Gefahr, dass Ihnen jemand beim Eintippen der Geheimzahl zusieht. Wenn Ihr Portemonnaie mit den Karten danach gestohlen wird, so kann damit sofort Geld abgehoben werden.

- In Zügen sollten Sie kein Gepäck mit Wertsachen in die Aufbewahrungsnetze legen, denn Taschen von dort zu entfernen, ist nicht schwer. Auch wenn „nur" Ihre Schlüssel in der gestohlenen Tasche waren, so kostet es einiges, wenn Sie Schlüssel für Sicherheitsschlösser nachmachen lassen müssen. Falls Sie Ihre Adresse in der Tasche hatten, werden Sie alle Schlösser austauschen wollen. Das wird nicht billig.

- Wird eine Tasche gestohlen, findet der Dieb meistens auch ein Telefon. Falls er mit Ihrem Mobiltelefon ins Ausland telefoniert, können hohe Kosten auf Sie zukommen.

- Auch wenn Ihre Karten nicht betrügerisch verwendet werden oder wenig Bargeld im gestohlenen Portemonnaie sein sollte – immer sind damit Ärger, Herumlauferei und Kosten verbunden.

- Sie sollten nie Telefone oder Navigationsgeräte, Taschen und andere Wertgegenstände sichtbar in einem Auto liegen lassen. Es ist ein Leichtes, die Scheibe einzuschlagen und diese zu entwenden – solch ein Eingriff dauert nur Sekunden.

- Fahrräder sollten Sie immer abschließen. Falls Sie eine Hausrats-/Fahrradversicherung haben, stellen Sie sicher, dass Sie ein von Versicherungen anerkanntes Schloss installieren und das Schlosszertifikat aufbewahren (siehe dazu Kapitel 15.2).

Was tun, wenn es doch passiert?

Bankkarten

Sperren Sie Ihre Bank-/Kreditkarten sofort, wenn Sie den Verlust feststellen. Das können Sie entweder direkt bei Ihrer Bank tun oder bei PBS über die folgenden Telefonnummern:

Dankort, Visa/Dankort	44 89 29 29
MasterCard, Maestro, American Express	44 89 27 50

Die aktuellsten Telefonnummern finden Sie über die PBS-Webseite:

(L390) http://pbs.dk/dk/bottommenu/spaerditkort/.

Diebstahl / Verlust

Einen Diebstahl sollten Sie der Polizei melden, was auch per Internet möglich ist: *(L391) http://politi.dk* (nur auf Dänisch), dort auf „<u>Borgerservice</u>" klicken, dann auf „<u>Anmeldelser</u>". Dort können Sie auswählen, um welche Art von Diebstahl es sich handelt. Danach öffnet sich eine Webseite mit einem Formular, das Sie ausfüllen müssen.

Verlorene Dinge können Sie entweder bei den Unternehmen nachfragen, wo Ihnen diese abhanden gekommen sind (z. B. Busunternehmen, Bahn etc.), oder Sie fragen bei den Polizeistationen in der Nähe, wo Sie sich befunden haben, nach.

In Polizeistationen werden Fundsachen (<u>hittegods</u>) nur eine gewisse Zeit aufbewahrt (Fahrräder: 1 Monat, anderes: 3 Monate). Danach werden sie versteigert. Für Leute, die Geld sparen wollen, können solche Auktionen günstige Gelegenheiten sein, um gute Sachen für wenig Geld zu bekommen (siehe Kapitel 17.1).

Diebstahl der Versicherung melden

Falls Sie eine Hausratversicherung haben, sollten Sie auch Ihre Versicherung benachrichtigen. In der Regel müssen Sie dabei die Nummer des Polizeiberichtes über den Diebstahl angeben. Je nach Versicherung kann die Schadensanzeige auch per Internet geschehen.

Diebstahl eines Telefones

Wenn Ihnen ein Vertragstelefon gestohlen wird, sollten Sie den Diebstahl umgehend Ihrer Telefongesellschaft melden, damit die SIM-Karte gesperrt wird und keiner auf Ihre Kosten telefonieren kann. Die Kosten des Telefones selbst können Sie eventuell über ihre Hausratsversicherung (siehe S. 297) erstattet bekommen.

19 Letzte Schritte – Dänemark adieu

Sind die Schritte am Anfang etwas kompliziert, so sind sie am Ende umso einfacher.

Wohnung

Klären Sie mit Ihrem Vermieter vorher ab, wie lange Ihre Kündigungsfrist ist. Stellen Sie sicher, dass Sie rechtzeitig Ihre Wohnung kündigen. In der Regel beträgt die Kündigungsfrist 3 Monate. Falls Sie eine Kaution (indskud) gezahlt haben, klären Sie mit Ihrem Vermieter, wie Sie Ihr Geld zurückbekommen werden. Wenden Sie sich bei Fragen an die Landesorganisation der Mieter. Siehe Kapitel 11.6.

Falls Sie eine Wohnung in Dänemark besitzen, werden Sie sich auf eine lange Verkaufsphase gefasst machen oder gleich mit dem Preis runtergehen müssen, denn der Wohnungsmarkt steht zurzeit fast still.

Versicherungen

Klären Sie mit Ihren dänischen Versicherungen ab, welche Kündigungsfrist Sie haben, und kündigen Sie rechtzeitig.

Vereinsmitgliedschaften

Klären Sie, welche Kündigungsfrist Sie haben, und melden Sie sich rechtzeitig bei den Vereinen ab.

A-kasse und Gewerkschaft

Melden Sie sich bei diesen beiden Organisationen ab. Falls Sie in Dänemark gegen Arbeitslosigkeit versichert waren, sollten Sie sich von Ihrer A-kasse bzw. vom Arbejdsdirektorat eine Bescheinigung darüber geben lassen (Formular E301). Das könnte Ihnen eventuell in dem Land helfen, in das Sie umziehen, Kontinuität in der Arbeitslosenversicherung nachzuweisen.

Schule

Klären Sie bei der Schule Ihrer Kinder, welche administrativen Schritte bei einem Wegzug durchgeführt werden müssen.

SKAT

Stellen Sie unbedingt sicher, dass Ihre neue Adresse der dänischen Steuerbehörde SKAT bekannt ist. Falls Sie für Ihre Zeit in Dänemark Steuern nachzahlen müssen, möchten Sie sicher nicht, dass SKAT weltweit nach Ihnen fahndet.

Abmeldung

Melden Sie sich beim dänischen Einwohnermeldeamt (<u>folkeregister</u>) Ihrer Kommune ab: Sie können dafür zu dem Bürgerservice (<u>borgerservice</u>) gehen. Dafür füllen Sie ein Ausreiseformular (<u>udrejseblankett</u>) aus, das sie dort bekommen. Auf diesem werden alle Mitglieder Ihrer Familie angegeben, die mit Ihnen ausreisen. Sie müssen gleichzeitig auch die Krankenversicherungskarte (<u>sygsikringsbevis)</u> abgeben.

Sollten Sie Ihre Abmeldung wegen des Umzugstrubels nicht auf den letzten Tag hinausschieben wollen, so können Sie sich auch vorher abmelden. Obwohl Sie gleichzeitig auch die Krankenversicherungskarte abgeben müssen, sind Sie bis zu Ihrer Abreise noch krankenversichert. Stellen Sie deshalb sicher, dass Sie bei der Abmeldung einen temporären Krankenversicherungsnachweis bekommen, der bis zu Ihrer Abreise gültig ist. Klären Sie schon vorher, wie Sie in dem nächsten Land krankenversichert sein werden, damit sich keine Lücken auftun.

Nach der Abmeldung sollten alle dänischen Behörden automatisch von Ihrer Abreise informiert werden.

Bank

Klären Sie bei Ihrer Bank ab, welche Möglichkeiten es gibt, Ihr Konto auch nach der Abreise noch zu behalten und zu einem späteren Datum zu kündigen. Behalten Sie besser das Konto noch eine Weile für den Fall, dass Sie noch Rechnungen bezahlen müssen, vor allem aber, falls Sie von SKAT Geld zurückbekommen. Für diesen Fall sollten Sie unbedingt ein NemKonto haben (siehe Kapitel 7.5).

Auto

Wie Sie Ihr Auto in Dänemark verkaufen können, wird im Kapitel 15.1.3 erklärt. Sie können es natürlich auch anderen Ausländern anbieten, unter anderem über *(L392) http://www.worktrotter.dk/whiteboard*.

Sollten Sie Ihr Auto aus Dänemark ausführen wollen, so kann es sein, dass Sie einen Teil der Zulassungskosten zurückerstattet bekommen: Bei SKAT wird berechnet, was für die Zulassung eines gleichwertigen Autos gezahlt werden müsste. Sie erhalten dann diesen Betrag abzüglich 15% Administrationsgebühr von der Steuerbehörde SKAT.

Zu beachten

Der erstattbare Betrag muss jedoch über 7.500 DKK (1.000 EUR) liegen, sonst gehen Sie leer aus. Voraussetzung ist, dass das Auto fahrtauglich ist, was durch einen „Fahrzeugtauglichkeitsbericht" (bilsynsrapport) belegt werden muss (siehe dazu Kapitel 15.1.1).

Verkaufen, Verschenken

Sollten Sie gewisse Sachen (Kleidung, Elektronik, Möbel etc.) bei Ihrem Umzug nicht mitnehmen und entweder verschenken oder verkaufen wollen, so können Sie dieses auch über das schwarze Brett der Worktrotter-Webseite der Ausländergemeinschaft, *(L393) http://www.worktrotter.dk/whiteboard*, bekannt machen und damit anderen Ausländern helfen.

20 Pläne bei Worktrotter

Ich hoffe, der Inhalt des Buches hat Ihnen den Einstieg in das Leben in Dänemark erleichtert und Sie mit Lust und Freude das Schöne an dem Land entdecken lassen.

Falls Sie Ihrerseits interessante und hilfreiche Informationen haben, senden Sie sie bitte an: *feedback@worktrotter.dk*.

Vielleicht interessieren Sie sich dafür, was bei „Worktrotter" für die Zukunft vorgesehen ist.

„Worktrotter" verfolgt den gleichen Ansatz wie dieser Ratgeber: umfangreiche, praktische Hilfestellung für Ausländer in allen Lebensbereichen zu geben.

Dazu wird die Worktrotter-Webseite laufend mit relevanten Informationen erweitert. Eine Liste der Links, die in diesem Ratgeber angegeben sind, wird auf der Worktrotter-Webseite zur Verfügung gestellt und regelmäßig aktualisiert. Siehe *(L394) http://www.worktrotter.dk/guide*.

Außerdem gibt es eine interaktive Dänemark-Karte (Google maps) mit Empfehlungen von anderen Expats für Ärzte, Tierärzte, Zahnärzte, Steuerberater etc. Siehe *(L395) http//www.worktrotter.dk/resources*.

Auf der Worktrotter-Webseite wird ein schwarzes Brett eingerichtet, auf dem Kleinanzeigen gepostet werden können. Ob Sie Ihre Möbel verkaufen wollen oder eine Unterstützung im Haushalt suchen – auf dem schwarzen Brett können Sie es anderen mitteilen. Siehe *(L396) http//www.worktrotter.dk/whiteboard*.

„Worktrotter" wird selbstständige Expats unterstützen, ihre Dienste und Firmen bekannt zu machen. Dafür wird es auf der Worktrotter-Webseite einen Anzeigenservice geben. Siehe *(L397) http//www.worktrotter.dk/yellow*.

Die Treffen, die von „Worktrotter" organisiert werden, finden Sie auf dem Kalender. Siehe *(L398) http//www.worktrotter.dk/events*.

Welche Treffen sind geplant?

– Die **„Spark up your Stay"** (Gib deinem Aufenthalt Funken)-Meetings für Zuzügler werden auf Englisch abgehalten und liefern zahlreiche praktische Informationen zu den Bereichen:

- Leben (Wohnen, Gesundheit, Schule, Freizeit etc.) und
- Arbeiten (als Arbeitnehmer und als Selbstständiger: Steuern, Arbeitsuche und Bewerbung, Gründung einer Firma, Gewerkschaften, A-kassen etc.).

Diese Meetings finden in Kopenhagen statt, wir versuchen sie jedoch auch in anderen Städten anzubieten.

- Die beliebten **„Vi taler dansk"** (Wir sprechen Dänisch)-Meetings werden weiterhin monatlich in Kopenhagen stattfinden, bei denen alle Teilnehmer ihr Dänisch anwenden und üben können.

- Des Weiteren sind Treffen geplant, um in entspannter Atmosphäre andere kennen zu lernen und so Ihren Freundeskreis zu erweitern.

Im Laufe der Zeit werden viele weitere Hilfen für Ausländer hinzukommen, die auch für Sie interessant sein können – und wer weiß, vielleicht kreuzen sich bei Worktrotter-Aktivitäten einmal unsere Wege.

Bis dahin wünsche ich Ihnen alles Gute!

Ihre Dagmar Fink

21 Pendler

Es gibt eine Reihe Menschen, die in Dänemark arbeiten, jedoch weiterhin ihren Hauptwohnsitz im Heimatland haben. Diese werden „Grenzgänger" oder „Pendler" genannt und kommen aus umliegenden Ländern (gewöhnlich Deutschland, Polen, Schweden) – also aus der EU.

Obwohl sich dieses Buch an jene richtet, die sowohl in Dänemark arbeiten als auch wohnen, sollen die wichtigsten Aspekte für Pendler hier angesprochen werden.

Wer gilt als Pendler?

Auf alle Fälle brauchen sie einen Arbeitsplatz in Dänemark. Um als Pendler angesehen zu werden, müssen sie täglich oder wöchentlich nach Hause fahren, dürfen sich jedoch nicht länger als 183 Tage in Dänemark aufhalten, da sie sonst dort voll steuerpflichtig werden.

Eine sehr gute Anlaufstelle für alle, die auf diese Art und Weise in Dänemark arbeiten wollen, ist: *(L400) http://www.pendlerinfo.org*. Sie können auch Termine ausmachen, um in einem Gespräch ihre genaue Situation zu klären.

Aufenthalt

Da Pendler EU-Bürger sind und ihren Hauptwohnsitz nicht in Dänemark haben, brauchen sie keinen Aufenthaltsnachweis bzw. keine Aufenthaltsgenehmigung und müssen deshalb weder zur Staatsverwaltung noch zum Ausländeramt.

Steuerpersonennummer (entspricht CPR-Nummer)

Alles dreht sich in Dänemark um die sogenannte CPR-Nummer. Deshalb hat der dänische Staat für Pendler eine Steuerpersonennummer (skattepersonnummer, auch kildenummer genannt) eingeführt, die im Prinzip einer CPR-Nummer entspricht.

Als Pendler müssen Sie *nicht* zum Einwohnermeldeamt (folkeregister) gehen, um eine CPR-Nummer zu bekommen, denn dieser Schritt bezieht sich nur auf Personen, die fest in Dänemark wohnen und sich anmelden müssen. Stattdessen wenden Sie sich an die Steuerbehörde SKAT und bekommen von dort eine Steuerpersonennummer, die das gleiche Format wie eine CPR-Nummer hat.

Für den Erhalt der Steuerpersonennummer brauchen Sie einen Arbeitsvertrag, Ausweispapiere und einen Nachweis von dem Einwohnermeldeamt, wo Sie

Ihren festen Wohnsitz haben. Sie müssen nicht persönlich zur Steuerbehörde gehen, sondern können die Unterlagen auch nur zu SKAT schicken.

Sollten Sie sich zu einem späteren Zeitpunkt entscheiden, ihren Hauptwohnsitz nach Dänemark zu verlegen, müssen Sie die in den Kapiteln 7.1. und 7.2 beschriebenen Schritte durchführen – die Steuerpersonennummer wird dann in eine CPR-Nummer umgewandelt, wobei sich die Nummer selbst nicht ändern wird, sondern nur ihr Status in den Systemen.

Krankenversicherung

Wenn Sie in Dänemark arbeiten, zahlen Sie auch dänische Steuern, so dass Sie als Pendler in Dänemark krankenversichert sind, denn die dänische Krankenversicherung wird über Steuern finanziert.

Pendler erhalten auch eine gelbe Krankenversicherungskarte, doch sieht sie etwas anders aus. Sie ist jedoch gleichwertig, und Sie können damit zu Ärzten in Dänemark gehen. Die Krankenversicherungskarte bekommen Sie beim Bürgerservice (borgerservice) Ihrer Kommune.

Lassen Sie sich dort auch das Formular E106 ausfüllen und wenden Sie sich damit an die Krankenversicherung in Ihrem Land. Dort bekommen Sie einen Krankenversicherungsnachweis für Ihr Land und können damit zu den lokalen Ärzten gehen.

Die lokale Versicherung wird Ihre Kosten im Krankheitsfall an die dänische Versicherung weiterleiten.

Arbeitslosigkeit

Wenn Sie Mitglied in einer dänischen A-kasse sind, sind Sie für den Fall der Arbeitslosigkeit abgesichert, wobei die dänischen Regeln für Sie gelten. Mehr zum Thema „A-kasse" finden Sie in den Kapiteln 7.10 und 8.9. Einen Nachweis über Ihre dänische Arbeitslosenversicherung können Sie vom Arbejdsdirektoratet, *(L401) http://www.adir.dk*, über das Formular E301 anfordern.

Wenn Sie kein Mitglied einer A-kasse waren, müssen Sie das Formular E301 von der oben angegebenen Webseite des Arbejdsdirektoratet herunterladen und die Nachweise von Ihren dänischen Arbeitgebern sammeln, damit Sie die Übersicht ihrer Arbeitsstellen in Dänemark beim Arbeitsamt in Ihrem Land vorlegen können.

Steuern

Wenn Sie Ihre Steuerpersonennummer bei SKAT beantragen, sollten Sie gleichzeitig auch Ihre Steuerkarte beantragen. Mehr dazu im Kapitel 7.3.

Als Pendler zahlen Sie in Dänemark Steuern auf Ihr dänisches Einkommen und an Ihrem Hauptwohnsitz Steuern für das dort anfallende Einkommen.

Es gibt von der Steuerbehörde Informationen in verschiedenen Sprachen für Pendler: siehe *(L402) http://www.skat.dk/SKAT.aspx?oID=70153*. Allgemeine Informationen zum Thema „Steuern" finden Sie im Kapitel 13.

Zu beachten

Hinterlassen Sie beim Beenden Ihres Arbeitsverhältnisses in Dänemark unbedingt bei der dänischen Steuerbehörde Ihre Heimatadresse, damit diese Sie erreichen kann, falls Sie dänische Steuern nachzahlen müssen.

Freibeträge

Es gelten die gleichen Freibeträge wie im Kapitel 13.3 beschrieben, wobei es für Pendler noch folgende Punkte zu klären gilt.

– Personenfreibetrag
  Unter Umständen kann der Personenfreibetrag für Ihren nichtarbeitenden Partner in Ihre Steuerkarte eingetragen werden, auch wenn sich dieser im Heimatland befindet. Fragen Sie bei SKAT nach.

– Transportfreibetrag
  Im Allgemeinen gilt der Transportfreibetrag zwischen Wohnort und Arbeitsstelle. Als Pendler können Sie sich auch die Transportkosten für Ihre regelmäßigen Heimreisen anrechnen lassen. Für Personen, die weit entfernt wohnen, können das recht hohe Summen sein. Lassen Sie deshalb diese Kosten als Freibetrag eintragen. Es gelten die gleichen Pauschalen wie im Kapitel 13.3 („Fahrtkosten") beschrieben.

– Kost und Logis
  Wenn Sie als Pendler bei Ihrer Arbeitsstelle einen wechselnden Einsatzort haben, können Sie unter Umständen die Kosten für Kost und Logis steuerlich

absetzen. Wichtig ist, dass Sie einen befristeten Arbeitsvertrag haben und die Einsatzstelle mindestens einmal im Jahr gewechselt wird. Sie sollten auf alle Fälle bei SKAT nachfragen.

Pauschalen für 2009:

Übernachtung	195 DKK (26 EUR) pro Übernachtung
Verpflegung	455 DKK (61 EUR) pro Tag

Die aktuellen Sätze können Sie unter *(L403) http://www.skm.dk/tal_statistik/satser_ og_beloeb/ligningslov.html*, dann „Rejsegodtgørelsessats", einsehen.

Zahlt der Arbeitgeber Kost und Logis, sind die obigen Pauschalbeträge für Sie steuerfrei. Kommen Sie selbst für Kost und Logis auf, so können die gleichen Pauschalen angesetzt werden, und Sie können die Kosten über 5.400 DKK (720 EUR) als Freibetrag eintragen lassen.

Bei festen Arbeitsverträgen gelten diese Pauschalen nicht.

Kindergeld
Wenn Sie in Dänemark als Pendler arbeiten, so bekommen Sie unter Umständen dänisches Kindergeld (siehe dazu Kapitel 12.2) auch für Ihre Kinder, die sich im Heimatland befinden, solange Ihr fester Partner im Heimatland nicht arbeitet. Arbeitet Ihr Partner im Heimatland, gelten die dortigen Regeln.

Sprachkurse
Dänisch-Sprachkurse der Kommunen wurden bisher nur für Personen subventioniert, die ihren Aufenthalt in Dänemark haben. Laut der Zeitung „Jyllandsposten" vom 11.03.2009 sollen diese Kurse wegen der freien Beweglichkeit der EU-Bürger nun auch von Pendlern genutzt werden können.

Bank
Als Pendler haben Sie zwar keine CPR-Nummer, dafür aber eine gleichwertige Steuerpersonennummer (kildenummer), und können deshalb problemlos ein Konto eröffnen. Denken Sie auch daran, gleichzeitig ein NemKonto zu eröffnen (siehe dazu Kapitel 7.5). Alles rund ums Geld: siehe Kapitel 10.

Auto

Da Sie als Pendler Ihren festen Wohnsitz nicht in Dänemark haben, müssen Sie Ihr Auto nicht in Dänemark anmelden. Sie dürfen weiterhin mit ausländischen Nummernschildern fahren.

Am besten sollten Sie bei SKAT folgendes Formular einreichen, um eine Bescheinigung vorweisen zu können, falls Sie von der Polizei angehalten werden:

– *(L404) http://www.skat.dk/SKAT.aspx?old=1716067&vId=0* (auf Dänisch) oder
– *(L405) http://www.skat.dk/SKAT.aspx?old=1716174&vId=0* (auf Englisch)

Unter Umständen kann es notwendig sein, Belege vorzuweisen, die Ihre regelmäßigen Reisen nach Hause belegen, denn weil die Autozulassung in Dänemark so teuer ist, wird sehr darauf geachtet, dass sich keiner Vorteile erschleicht.

Mitfahrgelegenheiten

Da Pendler regelmäßig weitere Strecken zurücklegen müssen, ist es ideal, wenn Fahrgemeinschaften gebildet werden können. Diesbezüglich kann Ihnen das Mobilitätsportal *(L406) http://www.pendlerplus.com/* helfen. Dort finden Sie auch Informationen für Pendlerbusse.

✳ ✳ ✳

Sollten Sie zu einem späteren Zeitpunkt Ihren festen Wohnsitz nach Dänemark verlegen, so sind die Schritte zu befolgen, die im Kapitel 7 erklärt werden.

22 In Notfällen

22.1 Notruf

Die dänische Notrufnummer lautet: 112.

22.2 Ärztlicher Bereitschaftsdienst

Der ärztliche Bereitschaftsdienst (lægevagten) ist von 16:00 bis 8:00 Uhr sowie Tag und Nacht an Samstagen, Sonntagen und Feiertagen für Sie da. Bei einem Anruf ist es wichtig, die Krankenversicherungskarte (sygsikringskort) bereitzuhalten. Die Zentrale verbindet Sie mit einem Arzt, der entsprechend Ihrer beschriebenen Symptome:

- Ihr Problem schon telefonisch löst,
- entscheidet, ob ein Besuch im Krankenhaus oder gar ein Hausbesuch eines Arztes notwendig ist,
- oder auch, ob Ihr Problem bis zu einem Besuch bei Ihrem Hausarzt warten kann.

Ist eine Untersuchung notwendig, wird Ihnen mitgeteilt, wo diese vorgenommen werden kann.

Zu beachten

Ohne vorher beim Bereitschaftsdienst angerufen und eine Untersuchung vereinbart zu haben, erfolgt keine Untersuchung bei einem Bereitschaftsdienst vor Ort. Fahren Sie im Notfall auf **keinen** Fall auf gut Glück zu einem Krankenhaus, denn es könnte sein, dass es dort keine Notfallaufnahme gibt.

Mehr Informationen zum ärztlichen Bereitschaftsdienst können Sie auf folgender Webseite finden: *(L407) http://www.laegevagten.dk/frame.cfm/cms/sprog=1/grp=4/menu=1/.*

Ärztliche Bereitschaftsdienstnummern:

Kopenhagen, Frederiksberg, Tårnby, Dragør
    Telefon: +45 - 70 13 00 41

Nördlicher Teil der Region Hovedstaden (ehem. Frederiksborg Amt):
    Telefon: +45 - 48 25 00 41

Übrige Teile von Region Hovedstaden
    Telefon: +45 - 44 53 44 00

Bornholm
    Telefon: +45 - 56 95 22 33

Südseeland
    Telefon: +45 - 70 15 07 00

Nordjütland
    Telefon: +45 - 70 15 03 00

Mitteljütland
    Telefon: +45 - 70 11 31 31

Süddänemark
    Telefon: +45 - 70 11 07 07

Fanø
    Telefon: +45 - 75 16 32 22

Ærø
    Telefon: +45 - 63 52 30 90

22.3 Zahnärztliche Notfälle

Es gibt keine dänemarkweite Regelungen zu zahnärztlichen Notdiensten. Details sind über folgenden Link einzusehen: *(L408) http://www.tandlaegeforeningen.dk/ Patienter/Vejvisere/Tandlaegevagt.aspx.*

Über die im Folgenden angegebenen Telefonnummern können Sie die diensthabenden Zahnärzte erfahren und während der angegebenen Uhrzeiten eventuell einen Zahnarzttermin ausmachen.

Zu beachten

Unbedingt die gelbe Krankenversicherungskarte mitnehmen, doch müssen Sie für die Behandlung nicht nur Ihre Selbstbeteiligung bezahlen, sondern wegen der Behandlung am Wochenende voraussichtlich auch mit einem Kostenzuschlag rechnen.

Region Hovestaden

Tandlægevagten, Oslo Plads 14, 2100 København Ø,

(L408B) http://www.tandvagt.dk

Wochentags	20:00–21:30 Uhr
Samstag, Sonntag, Feiertag	10:00–12:00 Uhr und 20:00–21:30 Uhr

Seeland — Telefon: +45 - 29 60 01 11

Nur Samstag, Sonntag, Feiertag — 09.30–11.30 Uhr

Bornholm — Telefon: +45 - 56 95 67 00

Nur Samstag, Sonntag, Feiertag — 10:00–10:30 Uhr

Süddänemark — Telefon: +45 - 65 41 45 51

Nur Samstag, Sonntag, Feiertag — 9.00–12.00 Uhr

Mitteljütland — Telefon: +45 - 40 51 51 62

Freitags — 18:00–19:00 Uhr

Samstag, Sonntag, Feiertag — 10:00–11:00 Uhr, 12:00–13:00 Uhr

Nordjütland — Telefon: +45 - 70 20 02 55

Nur Samstag, Sonntag, Feiertag — 9:00–10:00 Uhr

313

22.4 Probleme mit Heizung und Sanitär

Im Falle von Problemen mit Wasser, Heizung, Sanitär wenden Sie sich an VVS-Firmen. VVS steht für <u>ventilation</u> (Ventilation), <u>varme</u> (Heizung) und <u>sanitær</u> (Sanitär). Sie können sie über die Gelben Seiten oder im Internet finden.

22.5 Autoprobleme

Wenn Sie mit dem Auto unterwegs in Schwierigkeiten geraten, wenden Sie sich an:

- Falck *(L409): http://www.falck.dk* oder an
- Dansk Autohjælp: *(L410) http://www.dah.dk*

314

23 Adressen und Öffnungszeiten

23.1 Staatsverwaltung (__statsforvaltning__)

Zur Staatsverwaltung müssen diejenigen gehen, die ihren Aufenthaltsnachweis entsprechend EU-Recht beantragen (siehe Kapitel 7.1).

Eine Übersicht der Staatsverwaltungen kann über folgende Webseite eingesehen werden: *(L411) http://www.statsforvaltning.dk/site.aspx?p=3301.* Auf der linken Seite der Webseite gibt es eine interaktive Landkarte Dänemarks, auf der die 5 Regionen des Landes farblich abgesetzt sind. Wenn Sie auf eine Region klicken, werden die Informationen zu der entsprechenden Staatsverwaltung (Adresse, Parkmöglichkeiten, Öffnungszeiten, Telefonzeiten etc.) angezeigt.

23.2 Ausländeramt (__udlændingeservice__)

Zum Ausländeramt müssen diejenigen gehen, für die EU-Recht nicht gilt und die eine Aufenthaltsgenehmigung benötigen (siehe Kapitel 7.1).

Udlændingeservice
Ryesgade 53, 2100 Kopenhagen Ø
Telefon:

+45 - 35 36 66 00, Fax: +45 - 35 36 19 16

Montag bis Freitag	8:30–12:00 Uhr
Donnerstag zusätzlich	15:30–17:30 Uhr
Telefonzeiten: Montag bis Freitag	9:00–15:00 Uhr

Genauere Informationen zum Ausländeramt können Sie über folgenden Link einsehen: *(L412) http://www.nyidanmark.dk/en-us/contact/contact_to_the_danish_immigration_service/contact_the_danish_immigration_service.htm.*

23.3 Kommunen

(L551) http://www.borger.dk: wählen Sie oben Ihre Kommune.

Landesweite Telefonnummer für den Bürgerservice (<u>borgerservice</u>):

Telefon: 18 81 oder aus dem Ausland +45 70 10 1881

Über diese landesweite Telefonnummer bekommen Sie allgemeine Fragen zu den Kommunen und deren Aufgabengebieten beantwortet.

Da es 98 Kommunen und deren Behörden gibt, ist es unmöglich, alle Adressen hier anzugeben. Vielmehr können Sie sie selbst finden, wenn Sie wie folgt vorgehen: Wählen Sie oben auf der Webseite *(L413) https://www.borger.dk/OmBorgerdk/Sider/Kontaktos.aspx* Ihre Kommune. In der Mitte werden dann hilfreiche Informationen, z. B. Adresse, Öffnungszeiten, einen Link auf die Webseite dieser Kommune etc. angegeben.

Nachfolgend eine kurze Übersicht der 5 Regionen mit den dazugehörigen Kommunen:

Region Hovedstaden

Albertslund, Allerød, Ballerup, Bornholms Regionskommune, Brøndby, Dragør, Egedal, Fredensborg, Frederiksberg, Frederikssund, Furesø, Gentofte, Gladsaxe, Glostrup, Gribskov, Halsnæs, Helsingør, Herlev, Hillerød, Hvidovre, Høje-Taastrup, Hørsholm, Ishøj, København, Lyngby-Taarbæk, Rudersdal, Rødovre, Tårnby, Vallensbæk

Region Sjælland

Faxe, Greve, Guldborgsund, Holbæk, Kalundborg, Køge, Lejre, Lolland, Næstved, Odsherred, Ringsted, Roskilde, Slagelse, Solrød, Sorø, Stevns, Vordingborg

Region Nordjylland

Aalborg, Brønderslev, Frederikshavn, Hjørring, Jammerbugt, Læsø, Mariagerfjord, Morsø, Rebild, Thisted, Vesthimmerlands

Region Midtjylland

Favrskov, Hedensted, Herning, Holstebro, Horsens, Ikast-Brande, Lemvig, Norddjurs, Odder, Randers, Ringkøbing-Skjern, Samsø, Silkeborg, Skanderborg, Skive, Struer, Syddjurs, Viborg, Århus

Region Syddanmark

Aabenraa, Assens, Billund, Esbjerg, Faaborg-Midtfyn, Fanø, Fredericia, Haderslev, Kerteminde, Kolding, Langeland, Middelfart, Nordfyns, Nyborg, Odense, Svendborg, Sønderborg, Tønder, Varde, Vejen, Vejle, Ærø

23.4 Steuerbehörde (SKAT)

(L414) http://www.skat.dk

Allgemeine landesweite SKAT-Telefonnummer:

+45 - 72 22 18 18

Öffnungszeiten:

Montag bis Mittwoch	10:00–14:00 Uhr
Donnerstag	10:00–17:00 Uhr
Freitag	10:00–14:00 Uhr

Für Themen rund ums Auto:

Öffnungszeiten: täglich ab 8:30 Uhr

SKAT-Geschäftsstellen, nach der Postleitzahl geordnet:

- Kopenhagen: Sluseholmen 8B, 2450 København SV
- Høje-Tåstrup: Helgeshøj Allé 9, 2630 Taastrup
- Ballerup: Lautrupvang 1A, 2750 Ballerup
- Nærum: Rundforbivej 186-188, 2850 Nærum
- Fredensborg: Kratbjerg 236, 3480 Fredensborg

- Frederikssund: SKAT: Færgeparken 21, 3600 Frederikssund
  Autos: Løgismose 2, 3600 Frederikssund

- Bornholm: Munch Petersens Vej 8, 3700 Rønne

- Roskilde: Universitetsvej 2, 4000 Roskilde

- Korsør: Storebælts Erhvervspark 3, 4220 Korsør

- Holbæk: Jernbanevej 6, 4300 Holbæk

- Køge: Gymnasievej 21, 4600 Køge

- Næstved: Toldbuen 2, 4700 Næstved

- Maribo: Brovejen 15 A, 4930 Maribo

- Odense: SKAT: Lerchesgade 35, 5000 Odense C
  Autos: Østerbro 7, 5000 Odense C

- Middelfart: Teglgårdsparken 19, 5500 Middelfart

- Svendborg: SKAT: Bryghusvej 30, 5700 Svendborg
  Autos: Ryttermarken 8, 5700 Svendborg

- Haderslev: SKAT: Nørregade 13, 6100 Haderslev
  Autos: Norgesvej 49B, 6100 Haderslev

- Tønder: Pionér Alle 1, 6270 Tønder

- Esbjerg: Adgangsvejen 3, 6700 Esbjerg

- Billund: Kløvermarken 16, 7190 Billund

- Herning: Brændgårdvej 10, 7400 Herning

- Struer: Fabriksvej 13, 7600 Struer

- Thisted: Thisted Kystvej 4, 7700 Thisted

- Skive: SKAT: Sdr. Boulevard 14, 7800 Skive
  Autos: Vestervangsvej 4, 8800 Viborg

- Århus: Lyseng Alle 1, 8270 Højbjerg

- Grenå: Bredstrupvej 40, 8500 Grenå

- Horsens: Løvenørnsgade 25, 8700 Horsens

- Randers: Toldbodgade 3, 8900 Randers

- Aalborg: SKAT: Skibsbyggerivej 5, 9000 Aalborg
              Autos: Lyngvej 2, 9000 Aalborg

- Hjørring: Parallelvej 11, 9800 Hjørring

23.5 Fahrtauglichkeitsprüfung (bilsyn)

Es gibt insgesamt etwa 350 autorisierte Stellen, an denen eine Fahrtauglichkeitsprüfung (bilsyn) vorgenommen werden kann. Über den Link *(L415) http://www.
fstyr.dk/sw25005.asp* (dann Klick auf „Synssteder for lette og tunge køretøjer")
kann die komplette Liste eingesehen werden.

Außer den autorisierten Stellen „FDM" und „Pava" gibt es in vielen Orten (oft
auch mehrmals) „Applus+ Bilsyn". Für Personen ohne Internetzugang seien hier
die FDM- und Pava-Bilsyn-Stellen geordnet nach Postleitzahlen aufgelistet:

Pava: Ryesgade 62, 2100 København Ø, Telefon: +45 - 31 69 39 32

FDM: Banevingen 12, 2200 København N, Telefon: +45 - 70 80 85 10

Pava: Malervej 8, 2630 Tåstrup, Telefon: +45 - 24 91 35 86

FDM: Brydehusvej 18, 2750 Ballerup, Telefon: +45 - 70 80 85 10

Pava: Energivej 23, 2750 Ballerup, Telefon: +45 - 43 99 34 34

FDM: Løjtegårdsvej 153, 2770 Kastrup, Telefon: +45 - 70 80 85 10

FDM: Firskovvej 22, 2800 Kgs. Lyngby, Telefon: +45 - 70 80 85 10

Pava: Bakkegårdsvej 209, 3050 Humlebæk, Telefon: +45 - 49 16 10 60

Pava: Industriskellet 6, 3300 Frederiksværk, Telefon: +45 - 47 72 30 00

FDM: Industrivænget 3, 3400 Hillerød, Telefon: +45 - 70 80 85 10

Pava: Rugmarken 33, 3520 Farum, Telefon: +45 - 44 95 36 44

Pava: Åkirkebyvej 51, 3700 Rønne, Telefon: +45 - 21 67 13 60

Pava: Falckvej 1, 3730 Nexø, Telefon: +45 - 21 67 13 60

FDM: Darupvang 19, 4000 Roskilde, Telefon: +45 - 70 80 85 10

Pava: Håndværkervej 60 C, 4000 Roskilde, Telefon: +45 - 46 75 30 63

FDM: Bragesvej 1, 4100 Ringsted , Telefon: +45 - 70 80 85 10

Pava: Finlandsvej 8, 4180 Sorø, Telefon: +45 - 57 83 57 88

FDM: Bornholmsvej 7, 4200 Slagelse, Telefon: +45 - 70 80 85 10

Pava: Elmedalsvej 3, 4200 Slagelse, Telefon: +45 - 58 52 38 91

FDM: Profilbuen 1, 4700 Næstved, Telefon: +45 - 70 80 85 10

Pava: Anker Jørgensensvej 1, 4930 Maribo, Telefon: +45 - 54 75 84 84

FDM: Egegårdsvej 3, 5260 Odense S, Telefon: +45 - 70 80 85 10

FDM: Grønnemosevej 20, 5700 Svendborg, Telefon: +45 - 70 80 85 10

FDM: Agtoftsvej 1 D, 6400 Sønderborg, Telefon: +45 - 70 80 85 10

FDM: Hedelundvej 19, 6705 Esbjerg Ø, Telefon: +45 - 70 80 85 10

FDM: Vesterballevej 7D, 7000 Fredericia, Telefon: +45 - 70 80 85 10

FDM: Vestre Engvej 52, 7100 Vejle, Telefon: +45 - 70 80 85 10

FDM: Tjelevej 22, 7400 Herning, Telefon: +45 - 70 80 85 10

FDM: Frøjkvej 4, 7500 Holstebro, Telefon: +45 - 70 80 85 10

Pava: Væselvej 6, 7800 Skive, Telefon: +45 - 97 52 96 96

FDM: Vintervej 1, Hasle, 8210 Århus, Telefon: +45 - 70 80 85 10

Pava: Edwin Rahrsvej 42, 8220 Brabrand, Telefon: +45 - 86 26 26 33

FDM: Gunnar Clausens Vej 10, 8260 Viby J, Telefon: +45 - 70 80 85 10

Pava: Fabrikvej 4, 8260 Viby J, Telefon: +45 - 86 28 25 88

FDM: Stagehøjvej 4, 8600 Silkeborg, Telefon: +45 - 70 80 85 10

FDM: Bilernes Hus, Bredhøjvej 5, 8600 Silkeborg, Telefon: +45 - 70 80 85 10

FDM: Gl. Århusvej 241, 8800 Viborg, Telefon: +45 - 70 80 85 10

FDM: Vestergade 5, 8900 Randers, Telefon: +45 - 70 80 85 10

FDM: Håndværkervej 20, 9000 Aalborg, Telefon: +45 - 70 80 85 10

Pava: Håndværkervej 10, 9000 Aalborg, Telefon: +45 - 96 31 66 76

Pava: Sundsholmen 33, 9400 Nørresundby, Telefon: +45 - 98 19 18 22

FDM: Frederikshavnsvej 255, 9800 Hjørring, Telefon: +45 - 70 80 85 10

Pava: Udviklingsvej 1, 9900 Frederikshavn, Telefon: +45 - 98 43 87 00

23.6 Sprachschulen

Klären Sie bei Ihrer Kommune ab, welche Schule für Sie zuständig ist. Die Sprachschulen sind nach Postleitzahlen geordnet:

Studieskolen København, Borgergade 12, 1300 København K,
Telefon: +45 - 33 18 79 99, *(L416) http://www.dansk.studieskolen.dk*

Københavns Sprogcenter, Valdemarsgade 16, 1665 København V,
Telefon: +45 - 33 21 31 31, *(L417) http://www.kbh-sprogcenter.dk/*

VUF Frederiksberg, Falstersvej 3-5, 2000 Frederiksberg,
Telefon: +45 - 38 15 85 00, *(L418) http://www.vuf.nu*

Sprogcentret IA, Hejrevej 26, 2, 2400 København NV,
Telefon: +45 - 38 88 32 33, *(L419) http://www.sprogcenter-ia.dk*

CBSI - Sprogcentret Kigkurren, Hejrevej 10, 2400 København NV,
Telefon: +45 - 82 56 52 00, *(L420) http://www.kig.kk.dk*

Vestegnens sprog- og kompetencecenter, Park Allé 292, 2605 Brøndby,
Telefon: +45 - 43 28 29 66, *(L421) http://www.vestegnenssprogcenter.dk*

Høje Taastrup Sprogcenter, Erik Husfeldtsvej 2 B, 1. Sal, 2630 Tåstrup,
Telefon: +45 - 43 35 38 50, *(L422) http://www.sprogcenter.htk.dk*

Ishøj Sprog- og Integrationscenter, Ishøj Søvej 200, Hus R., 2635 Ishøj,
Telefon: +45 - 43 54 56 76, *(L423) http://www.ishoj.dk/Default.aspx?ID=101*

AOF Sprogcenter Vestegnen, Hvidovre Enghavevej 2, 2650 Hvidovre,
Telefon: +45 - 36 34 03 80, *(L424) http://www.aof-sprogcenter-vestegnen.dk/*

CLAVIS Sprog og kompetence, Frydenhøj Allé 73, 2670 Greve,
Telefon: +45 - 43 97 87 00, *(L425) http://www.csok.dk/*

Ballerup Sprogcenter, Malmparken 10, 2750 Ballerup,
Telefon: +45 - 44 77 26 26, *(L426) http://www.ballerupsprogcenter.dk*

Lyngby-Taarbæk Kommunes Ungdomsskole, Gyrithe Lemchesvej 20, 2800 Lyngby,
Telefon: +45 - 45 28 44 80, *(L427) http://www.ltu.dk*

Sprogcenter Hellerup, Bernstorffsvej 20, 2900 Hellerup,
Telefon: +45 - 39 46 30 50, *(L428) http://www.sprogcenterhellerup.dk*

Sprogcenter Nordsjælland in Helsingør, H.P.Christensensvej 1, 3000 Helsingør,
Telefon: +45 - 49 25 05 70, *(L429) http://www.sprogcenternordsjaelland.dk/*

Sprogcenter Nordsjælland in Frederiksværk, Valseværksstræde 5, 1.,
3300 Frederiksværk,
Telefon: +45 - 47 72 18 76, *(L430) http://www.sprogcenternordsjaelland.dk/*

Sprogcenter Nordsjælland in Hillerød, Milnersvej 41C, 3400 Hillerød,
Telefon: +45 - 48 22 78 80, *(L431) http://www.sprogcenternordsjaelland.dk/*

Samkurser, Datavej 58, 3460 Birkerød,
Telefon: +45 - 44 99 05 00, *(L432) http://www.samkurser.dk*

Sprogcenter Furesø, Hvedemarken 3-5, 3520 Farum,
Telefon: +45 - 72 35 50 50, *(L433) http://www.sprogcenter.furesoe.dk*

Sprogcenter Nordsjælland, Abt Frederikssund, Løgismose 2, 1., 3600 Frederikssund,
Telefon: +45 - 47 3716 00, *(L434) http://www.sprogcenternordsjaelland.dk/*

Sprogskolen, Bornholms Erhvervsskole, Minervavej 1, 3700 Rønne,
Telefon: +45 - 56 95 97 00, *(L435) http://bhes.dk/*

Roskilde Sprogcenter, Maglehøjen 6, 4000 Roskilde,
Telefon: +45 - 46 31 65 30, *(L436) http://www.roskilde-sprogcenter.dk*

Midtsjællands Sprog- og Integrationscenter, Mellem Broerne 14, 4100 Ringsted,
Telefon: +45 - 57 61 61 60, *(L437) http://www.flygtning.dk/ringsted*

Slagelse Sprogcenter ved AOF, Sct. Pedersgade 18, 4200 Slagelse,
Telefon: +45 - 58 50 18 76, *(L438) http://www.slagelsesprogcenter.dk/*

Holbæk Sprogcenter, Lundemarksvej 24, 4300 Holbæk,
Telefon: +45 - 59 43 62 62, *(L439) http://www.holbsprog.dk/*

SIK-Sprogcentret i Kalundborg, Elmegade 19, 4400 Kalundborg,
Telefon: +45 - 59 51 39 45, *(L440) http://www.lof-sprogcenter.dk/*

Køge Sprogcenter, Tigervej 39, 4600 Køge,
Telefon: +45 - 56 67 66 60, *(L441) http://www.sprogcenter-koege.dk*

Næstved Sprog- og Integrationscenter, Kasernevej 20, 4700 Næstved,
Telefon: +45 - 55 73 55 08, *(L442) http://www.nsi-center.dk*

Guldborgsund kommunes Sprog- og Integrationscenter, Kraghave Gaabense-
vej 100, 4800 Nykøbing F.,
Telefon: +45 - 54 86 10 66, *(L443) http://www.sprogcenter-nyk-f.dk*

Sprogcentret AOF Odense, Vestre Stationsvej 8–10, 5000 Odense C,
Telefon: +45 - 63 11 99 00, *(L444) http://www.aof-odense.dk*

Rising Ungdomsskole, Rugårdsvej 9, 5000 Odense C,
Telefon: +45 - 63 75 23 50, *(L445) http://www.rising-ungdomsskole.dk*

Studieskolen i Odense, Vestre Stationsvej 8–10, 5000 Odense C,
Telefon: +45 - 66 15 90 60, *(L446) http://www.odsp.dk*

Sprogcenter Odense – Dansk Flygtningehjælp, Østergade 32, 5000 Odense C,
Telefon: +45 - 63 13 63 13, *(L447) http://www.laerdansk.dk/odense*

Kerteminde kommunale Ungdomsskole, Fabers Allé 2, 5300 Kerteminde,
Telefon: +45 - 65 32 41 00, *(L448) http://www.kertemindeungdomsskole.dk*

AOF Svendborg Sprogcenter, Vestergade 23, 5700 Svendborg,
Telefon: +45 - 62 21 73 73, *(L449) http://www.aofsvendborg.dk*

Nyborg Sprogcenter, Vester Voldgade 34, St., 5800 Nyborg,
Telefon: +45 - 65 31 28 44, *(L450) http://www.drc.dk*

Sprogskolen i Kolding, Ågade 27, 6000 Kolding,
Telefon: +45 - 79 30 85 10, *(L451) http://www.sprogskolenkolding.dk/*

Sprogcentret Haderslev, Bygnaf 14, 1., 6100 Haderslev,
Telefon: +45 - 74 34 79 00, *(L452) http://www.sprogcentret-haderslev.dk*

AOF Sprogcenter Aabenraa/ Tønder, Nørretorv 5, 6200 Aabenraa,
Telefon: +45 - 74 62 24 23, *(L453) http://www.aofsyd.dk/aktivitet2/*

Sønderborg Sprogcenter, Augustenborg Landevej 7, 6400 Sønderborg,
Telefon: +45 - 74 42 45 11, *(L454) http://www.flygtning.dk/Soenderborg_Sprog
cen. 4035.0.html*

VUC Vest Vejen, Baungårdsvej 2, 6600 Vejen,
Telefon: +45 - 76 12 17 50, *(L455) http://www.vucvest.dk*

VUC Vest Ribe, Bøge Allé 4, 6760 Ribe,
Telefon: +45 - 76 12 17 60, *(L456) http://www.vucvest.dk*

Sprogcenter Vest, Darumvej 112, 6700 Esbjerg,
Telefon: +45 - 75 13 74 44, *(L457) http://www.sprogcentervest.dk/*

Esbjerg Ungdomsskole, Østergade 3, 6700 Esbjerg,
Telefon: +45 - 76 16 62 60, *(L458) http://www.esbu.dk/*

VUC Vest Esbjerg, Kronprinsensgade 62, 6700 Esbjerg,
Telefon: +45 - 76 12 17 70, *(L459) http://www.vucvest.dk*

Integrationsskolen i Varde, Vestervold 11, 6800 Varde,
Telefon: +45 - 75 21 14 15, *(L460) http://www.i-skolen-varde.dk/*

VUC Vest Vade, Vestervold 11, 6800 Varde,
Telefon: +45 - 76 12 17 30, *(L461) http://www.vucvest.dk*

Sprogcentret Vejle Fredericia, Klostergade 4, 7100 Vejle,
Telefon: +45 - 76 81 38 00, *(L462) http://www.sprogcentret-vejlekom.dk*

VUC Vest Grindsted, Banegårdsvej 26, 7200 Grindsted,
Telefon: +45 - 76 12 17 40, *(L463) http://www.vucvest.dk*

Give Uddannelsescenter, Østergade 3-7, 7323 Give,
Telefon: +45 - 79 71 50 00, *(L464) http://test.teamgive.dk/*

Sprogcenter Syd, Voldgade 6, 6900 Skjern,
Telefon: +45 - 96 27 58 90, *(L465) http://www.sprogcentersyd.dk/*

Tørring Daghøjskole, Bredgade 22, 7160 Tørring,
Telefon: +45 - 75 80 23 44, *(L466) http://www.torringdaghojskole.dk*

Sprogcenter Herning, Merkurvej 101, 1. Sal, 7400 Herning,
Telefon: +45 - 96 26 17 26, *(L467) http://www.laerdansk.dk/herning*

Sprogcentret Holstebro, Danmarksgade 13 C, 7500 Holstebro,
Telefon: +45 - 96 11 39 00, *(L468) http://www.sprogcentret-holstebro.dk*

Skiveegnens Sprogcenter, Hjalmar Kjems Alle 4, 1 Sal, 7800 Skive,
Telefon: +45 - 99 15 35 30, *(L469) http://www.sprogcenter-skive.dk*

Århus Kommunes Sprogcenter, Vestergade 72, 3. Sal, 8000 Århus C,
Telefon: +45 - 87 32 54 00, *(L470) http://www.laerdansk.dk/aarhus*

Sprogcenter Midt, Holmboes Allé 2, 3. Sal, 8700 Horsens,
Telefon: +45 - 76 25 99 25, *(L471) http://www.sprogcenter-horsens.dk*

Sprogcenter Viborg, Vesterbrogade 7, 1., 8800 Viborg,
Telefon: +45 - 87 25 28 87, *(L472) http://www.viborg.dk*

Sprogcenter Randers, Odinsgade 4, 8900 Randers,
Telefon: +45 - 87 10 64 40, *(L473) http://www.sprogcenter-randers.dk/*

Sprogcenter Thisted, Nytorv 6, 7700 Thisted,
Telefon: +45 - 99 17 37 88, *(L474) http://www.thisted.dk/*

AOF Dronninglund Daghøjskole, Søndergade 31, 9320 Hjallerup,
Telefon: +45 - 98 28 28 98, *(L475) http://www.aof-dronninglund.dk/*

Aalborg Ungdomsskole, Godthåbsgade 8, 9400 Nørresundby,
Telefon: +45 - 99 31 41 91, *(L476) http://www.2sprogede.dk/*

Hobro VUC, Amerikavej 5 A, 9500 Hobro,
Telefon: +45 - 98 52 40 77, *(L477) http://www.vucnordjylland.dk/hovedside.aspx*

AOF Hjørring Daghøjskole, Hedevold 11A, 9800 Hjørring,
Telefon: +45 - 98 90 32 00, *(L478) http://www.aofhjoerringdaghoejskole.dk*

23.7 Nichtdänische Schulen

23.7.1 Internationale Schulen

Übersicht der IB-Schulen (IB = International Baccalaureat):
(L479) http://www.ibo.org/school/search/index.cfm?programmes=&country=DK

Übersicht aller Schulen mit einer anderen Unterrichtssprache als Dänisch:

Storkøbenhavn
Sankt Petri Schule, deutsche Schule, seit 1575, Larslejsstræde 5, 1451 Kopenhagen,
Telefon: +45 - 33 13 04 62, *(L480) http://www.sankt-petri.dk/*

Lycée Français Prins Henrik, französische Schule, seit 1954, Frederiksberg Allé 22A,
1820 Frederiksberg,
Telefon: +45 - 33 21 20 48, *(L481) http://www.prinshenriksskole.dk/*

Bjørn International School, seit 1967, Gartnerivej 5, 2100 Kopenhagen Ø,
Telefon: +45 - 39 29 29 37, *(L482) http://www.b-i-s.dk/index.php*

Nørre Gymnasium, seit 1990, Mørkhøjvej 78, 2700 Brønshøj, Kopenhagen,
Telefon: +45 - 44 94 27 22, *(L483) http://www.norreg.dk/fpib.htm*

Copenhagen International School, seit 1963, Hellerupvej 22-26, 2900 Hellerup,
Telefon: +45 - 39 46 33 00, *(L484) http://www.cis-edu.dk*

Rygaards School, seit 1909, Bernstorffsvej 54, 2900 Hellerup,
Telefon: +45 - 39 62 10 53, *(L485) http://www.rygaards.com/*

Bagsværd Kostskole und Gymnasium, ab 2010, Alderhvilevej 138, 2880 Bagsværd,
Telefon: +45 - 44 98 00 65, *(L486) http://www.bagkost.dk/*

Hørsholm International School, seit 1998, Christianshusvej 16, 2970 Hørsholm,
Telefon: +45 - 45 57 26 16 *(L487) http://www.his.dk/*

Seeland
Birkerød Gymnasium, seit 1991, Søndervangen 56, 3460 Bikerød,
Telefon: +45 - 45 81 02 56, *(L489) http://www.birke-gym.dk/bg.htm*

Herlufsholm Skole, seit 1998, Herlufsholm Allé 170, 4700 Nestvæd,
Telefon: +45 - 55 75 35 00, *(L490) http://www.herlufsholm.dk/gbstart.html*

Fünen

Nyborg Gymnasium, seit 1999, Skolebakken 13, 5800 Nyborg,
    Telefon: +45 - 65 31 02 17, *(L491) http://www.nyborg-gym.dk/uddannelser/ib/*

Jütland

The Cosmo – International School of Southern Denmark, seit Sept. 2008, Skovvangen 10, 6000 Kolding,
    Telefon: +45 - 75 52 05 00, *(L492) http://www.thecosmo.dk/*

International School of Als, seit 2007, Vølundsgade 18, 6400 Als, Südjütland,
    Telefon: +45 – 74 43 05 50, *(L493) http://www.isals.dk/*

Esbjerg International School, seit August 2008, Kronprinsensgade 55–59, 6700 Esbjerg,
    Telefon: +45 - 29 13 05 02, *(L494) http://www.esb-intschool.dk/*

International School Ikast-Brande, seit 2009, Vestergade 47-49, 7430 Ikast,
    Telefon: +45 - 40 22 77 05, *(L559) http://www.isib.dk/*

Struer Statsgymnasium, seit 2003, Jyllandsgade 2, 7600 Struer,
    Telefon: +45 - 97 85 43 00, *(L495) http://intra.stgym.dk/ib/index.htm*

International School of Aarhus, seit 2003, Engtoften 22, 8260 Vijby J,
    Telefon: +45 - 86 11 45 60, *(L496) http://www.isaa.skoleintra.dk*

Grenå Gymnasium & HF, seit 2003, N.P Josiassensvej 21, 8500 Grenå,
    Telefon: +45 - 87 58 40 50, *(L497) http://www.grenaa-gym.dk/IBny/ibenglish.htm*

Skipper Clement School International Department, seit 2001, Gammel Kærvej 28–30, 9000 Aalborg,
    Telefon: +45 - 98 12 11 88, *(L498) http://www.aais.dk/*

Hasseris Gymnasium, seit 2003, Hasserisvej 300, 9100 Aalborg,
    Telefon: +45 - 96 32 71 10, *(L499) http://www.hasseris-gym.dk/ib_world_school/*

23.7.2 Einrichtungen der deutschen Minderheit

Deutscher Schul- und Sprachverein für Nordschleswig:

(L501): http://www.dssv.dk

A. Kindergärten der deutschen Minderheit

Kindergarten Hadersleben (Warteschule): Rabensvej 2, 6100 Haderslev,
Telefon: +45 - 74 34 52 20, *(L502) http://dssv.dk/kindergaerten/3*

Kindergarten Dronning Margarethesvej: Dronning Margrethesvej 5,
6200 Aabenraa,
Telefon: +45 - 74 62 40 72, *(L503) http://dssv.dk/kindergaerten/2*

Kindergarten Jürgensgaard: Jørgensgaard 5, 6200 Aabenraa,
Telefon: +45 - 73 76 87 41, *(L504) http://dssv.dk/kindergaerten/1*

Kindergarten Loit/Schauby: Skovby Bygade 37, 6200 Aabenraa,
Telefon: +45 - 74 61 72 24, *(L505) http://dssv.dk/kindergaerten/21*

Kindergarten Feldstedt: Nørballe 5, Felsted, 6200 Aabenraa,
Telefon: +45 - 74 68 53 55, *(L506) http://dssv.dk/kindergaerten/17*

Kindergarten Rothenkrug, Østergade 49, 6230 Rødekro,
Telefon: +45 - 74 66 17 04, *(L507) http://dssv.dk/kindergaerten/20*

Kindergarten Lügumkloster: Vindmøllegade 4, 6240 Løgumkloster,
Telefon: +45 - 74 74 36 17, *(L508) http://dssv.dk/kindergaerten/13*

Kindergarten Osterhoist: Holmevej 2 B, Øster Højst, 6240 Løgumkloster,
Telefon: +45 - 74 77 52 32, *(L509) http://dssv.dk/kindergaerten/15*

Kindergarten Jejsing: Hostrupvej 28, Jejsing, 6270 Tønder,
Telefon: +45 - 74 73 42 07, *(L510) http://dssv.dk/kindergaerten/12*

Kindergarten Tondern: Popsensgade 6B, 6270 Tønder,
Telefon: +45 - 74 72 36 03, *(L511) http://dssv.dk/kindergaerten/7*

Kindergarten Hoyer: Nørrevej 64 A, 6280 Højer,
Telefon: +45 - 74 78 20 19, *(L512) http://dssv.dk/kindergaerten/60*

Kindergarten Gravenstein: Stenvej 27, Rinkenæs, 6300 Gråsten,
Telefon: +45 - 74 65 00 26, *(L513) http://dssv.dk/kindergaerten/10*

Kindergarten Broacker: Vestergade 39, 6310 Broager,
Telefon: +45 - 74 44 12 83, *(L514) http://dssv.dk/kindergaerten/8*

Kindergarten Pattburg: Kalvehaven 15, 6330 Padborg,
Telefon: +45 - 73 67 89 23, *(L515) http://dssv.dk/kindergaerten/16*

Kindergarten Wilsbek: Vilsbækvej 22 A, Vilsbæk, 6330 Padborg,
Telefon: +45 - 74 68 76 61, *(L516) http://dssv.dk/kindergaerten/24*

Kindergarten Tingleff: Grønnevej 48, 6360 Tinglev,
Telefon: +45 - 73 76 88 12, *(L517) http://dssv.dk/kindergaerten/6*

Kindergarten Uk: Uge Bygade 21, Uge, 6360 Tinglev,
Telefon: +45 - 73 76 88 19, *(L518) http://dssv.dk/kindergaerten/23*

Kindergarten Rapstedt: Hovedgaden 44, Ravsted, 6372 Bylderup Bov,
Telefon: +45 - 74 64 72 10, *(L519) http://dssv.dk/kindergaerten/18*

Kindergarten Renz: Skolevej 9, Rens, 6372 Bylderup Bov,
Telefon: +45 - 74 64 82 61, *(L520) http://dssv.dk/kindergaerten/19*

Kindergarten Bülderup: Sottrupvej 2, 6372 Bylderup Bov,
Telefon: +45 - 73 76 88 31, *(L521) http://dssv.dk/kindergaerten/9*

Kindergarten Arnkielstraße: Arnkilgade 12, 6400 Sønderborg,
Telefon: +45 - 74 42 13 03 *(L522) http://dssv.dk/kindergaerten/5*

Kindergarten Ringreiterweg: Ringridervej 13, 6400 Sønderborg,
Telefon: +45 - 74 42 45 79, *(L523) http://dssv.dk/kindergaerten/4*

Kindergarten Lunden: Overbjerg 15, 6430 Nordborg,
Telefon: +45 - 74 45 09 07, *(L524) http://dssv.dk/kindergaerten/14*

Kindergarten Mölby, Tovskovvej 10, Mølby, 6560 Sommersted,
Telefon: +45 - 74 50 41 50, *(L525) http://dssv.dk/kindergaerten/22*

B. Schulen der deutschen Minderheit

Übersicht der Schulen der deutschen Minderheit in Dänemark:

(L526) http://www.deutscheschule.dk/

Deutsche Privatschule Apenrade, Svinget 15, 6200 Åbenrå,
Telefon: +45 - 74 62 20 08, *(L527) http://www.deutscheschule.dk/Apenrade/*

Deutsche Privatschule Feldstedt, Kildemarken 1, 6200 Åbenrå,
Telefon: +45 - 74 68 54 07, *(L528) http://www.deutscheschule.dk/Feldstedt/*

Deutsche Schule Hadersleben, Ryes Møllevej 19, 6100 Haderslev,
Telefon: +45 - 74 52 47 46, *(L529) http://www.deutsche-schule-hadersleben.dk/*

Deutsche Schule Rothenkrug, Østergade 49, 6230 Rødekro,
Telefon: +45 74 66 20 29, *(L530) http://www.deutscheschule.dk/Rothenkrug*

Deutsche Schule Hoyer, Nørrevej 64C, 6280 Højer,
Telefon: +45 – 74 78 21 19, *(L531) http://www.ds-hoyer.dk/Willkommen.html*

Deutsche Schule Osterhoist, Holmevej 2, Øster Højst, 6204 Løgumkloster,
Telefon: +45 - 74 77 51 28, *(L532) http://www.deutscheschule.dk/Osterhoist/*

Deutsche Schule Lunden, Ringgade 1a, 6240 Løgumkloster
Telefon: +45 - 74 74 37 21, *(L533) http://www.schulemachtspass.dk/*

Ludwig-Andresen-Schule Tondern, Popsensgade 2, 6270 Tønder,
Telefon: +45 - 74 72 25 21, *(L534) http://www.deutscheschule.dk/Tondern/*

Förde-Schule Gravenstein, Bomhusvej 4, 6300 Gråsten,
Telefon: +45 - 74 65 19 35, *(L535) http://www.foerde-schule-gravenstein.dk/*

Deutsche Schule Pattburg, Nørregade 64, 6330 Padborg,
Telefon: +45 - 74 67 31 06, *(L536) http://www.deutscheschule.dk/Pattburg*

Deutsche Schule Tingleff, Grønnevej 53, 6360 Tinglev,
Telefon: +45 - 74 64 48 35, *(L537) http://www.deutscheschule.dk/Tingleff/*

Deutsche Schule Buhrkall, Burkal Kirkevej 6–8, 6372 Bylderup,
Telefon: +45 - 74 76 22 52, *(L538) http://www.deutscheschule.dk/Buhrkall/*

Deutsche Schule Rapstedt, Ravsted Hovedgade 44, 6372 Bylderup,
Telefon: +45 - 74 64 71 19, *(L539) http://www.deutscheschule.dk/Rapstedt*

Deutsche Privatschule Sonderburg, Arnkilgade 10, 6400 Sønderborg,
Telefon: +45 - 74 42 37 85, *(L540) http://www.deutscheschule.dk/Sonderburg/*

Deutsche Schule Lunden, Overbjerg 15, 6430 Norborg,
Telefon: +45 - 74 45 12 77, *(L541) http://www.deutscheschule.dk/Lunden*

C. Gymnasium der deutschen Minderheit

Deutsches Gymnasium für Nordschleswig, Svinget 26–28, 6200 Aabenraa,
Telefon: +45 - 74 62 26 36, *(L542) http://dssv.dk/gymnasium/*

24 Dänische Abkürzungen

a.i. (ad interim):
    bis auf Weiteres

adr. (adresse):
    Adresse

afd. (afdeling):
    Abteilung

afg. (afgang):
    Abfahrt, Abflug

afs. (afsender):
    Absender

alm. (almindelig):
    gewöhnlich

att. (attention):
    zu Händen von

bl.a. (blandt andet):
    unter anderem

d.d. (dags dato):
    heute (offiziell)

dvs. (det vil sige):
    das bedeutet

d.å. (dette år):
    dieses Jahr

e.b. (efter bemyndigelse):
    nach Ermächtigung

edb (elektronisk databehandling):
    elektronische Datenverarbeitung

e.Kr. (efter Kristus):
    nach Christus

el (elektricitet):
    Elektrizität

eks. (Eksempel):
    Beispiel

e.o. (efter omstændighederne):
    umständehalber

evt., evtl. (eventuelt):
    eventuell

f.eks./fx (for eksempel):
    zum Beispiel

f.o.m. (fra og med):
    ab inklusive

f.v.t. (før vor tidsregning):
    vor unserer Zeitrechnung

g.d. (gårs dato):
    gestern (offiziell)

hh, hhx (højere handelseksamen):
    Wirtschaftsabitur

henv. (henvendelse):
    bezugnehmend

htx (højere teknisk eksamen):
    technisches Abitur

hhv. (henholdsvis):
    beziehungsweise

H.K.H (Hans/Hendes Konglige Højhed):
    seine/ihre Königliche Hoheit

i.e. (id est = det er):
    das ist, das sind

ift. (i forhold til):
　　im Verhältnis zu

it (informations teknologi):
　　Informationstechnologie (IT)

Kbh. (København):
　　Kopenhagen

kr. (kroner):
　　Dänische Krone (DKK)

m.a.o. (med andre ord):
　　mit anderen Worten

mf (midt for):
　　in der Mitte (bei Wohnungen)

mfl/m.fl (med flere):
　　und andere

m/k (mand/kvinde):
　　Mann/Frau

m.m. (med mere):
　　und anderes

mob. (mobiltelefonnummer):
　　Handynummer

mvh., m.v.h. (med venlig hilsen):
　　mit freundlichen Grüßen

mht. (med hensyn til):
　　unter Berücksichtigung von

osv. (og så videre):
　　und so weiter

p.a. (per anno):
　　pro Jahr

pct (procent):
　　Prozent

pga. (på grund af):
　　wegen

p.t. (pro tempore):
　　zurzeit

s.u. (svar udbedes):
　　bitte antworten

SU (Statens Uddannelsesstøtte):
　　staatliche Studiumsunterstützung

t.o.m. (til og med):
　　bis einschließlich

t/r (tur/retur):
　　hin und zurück

th (til højre):
　　zur Rechten (bei Wohnungen)

tlf. (telefonnummer):
　　Telefonnummer

tv (til venstre):
　　zur Linken (bei Wohnungen)

vedl. (vedlagt):
　　beigelegt

vedr. (vedrørende):
　　bezüglich

vejl. (vejledende):
　　richtgebend

VVS (ventilation, varme, sanitær):
　　Ventilation, Heizung, Sanitär

25 Bibliographie

Alring, Michael (2002) Berømte Danskere – kort fortalt.
Ashehoug Dansk Forlag A/S. ISBN 8711162236

Dyrbye, Helen / Harris, Steven / Golzen, Thomas (2008)
The Xenophobe's Guide to the Danes. Oval Books: London. ISBN 9781902825243

Helweg, Anne-Mette / Ussery, Colleen / Swanson, Dee / Cribb, Robert (2001)
Welcome to Copenhagen. International Church of Copenhagen: Kopenhagen.
ISBN 8798830201

MacCarthy, Clare / Schmidt, Waldemar (2006) Denmark Limited – Global by Design. Gads Forlag A/S: Kopenhagen. ISBN 8712042900

Strange, Morten (2006) CultureShock.
Marshall Cavendish Editions: London. ISBN 9780462000077

http://adir.dk   *http://www.danskhistorie.dk*

http://www.bang-olufsen.com   *http://de.wikipedia.org*

http://www.berlingske.dk   *http://www.demant.com*

http://www.borger.dk   *http://dk-forum.de*

http://www.borgerinformation.dk   *http://www.dsn.dk*

http://www.carlsberg.com   *http://www.ecco.com*

http://www.carlsbergfondet.dk   *http://en.wikipedia.org*

http://www.copcap.dk   *http://www.folketinget.dk*

http://www.cphpost.dk   *http://www.ida.dk*

http://da.wikipedia.org   *http://www.imdb.com*

http://www.it-borger.dk

http://www.karrierevejviser.dk

http://www.kongehuset.dk

http://www.jp.dk

http://www.laegevagten.dk

http://www.lego.com

http://www.lifein.dk

http://www.maersk.com

http://www.meetup.com

http://www.novo.dk

http://www.novonordisk.com

http://www.novozymes.com

http://www.nyidanmark.dk

http://www.oticonfonden.dk

http://www.politi.dk

http://www.politiken.dk

https://www.smcm.edu/academics/in
ternationaled/Pdf/cultureshockarticle.
pdf

http://www.skat.dk

http://www.sproget.dk

http://www.sundhed.dk

http://www.statistikbanken.dk

http://www.statsforvaltning.dk

http://www.struermuseum.dk

http://www.studievalg.dk

http://www.tax.dk

http://www.tidsskrift.dk

http://www.ug.dk

http://www.velux.com

http://www.vestas.com

http://www.vidar.dk

http://www.vkr-holding.com

http://www.workimport.dk

http://www.workindenmark.dk